读懂新课程 丛书

丛书主编　张广斌　陈忠玲

语文项目式
学习设计与课例精选

YUWEN XIANGMUSHI

XUEXI SHEJI YU KELI JINGXUAN

主　编

吴欣歆

张　悦

北京师范大学出版集团
BEIJING NORMAL UNIVERSITY PUBLISHING GROUP
北京师范大学出版社

图书在版编目(CIP)数据

语文项目式学习设计与课例精选 / 吴欣歆，张悦
主编. -- 北京：北京师范大学出版社，2025.1(2025.12
重印) -- (读懂新课程丛书 / 张广斌，陈忠玲主编).
ISBN 978-7-303-30065-5

Ⅰ. G633.302

中国国家版本馆 CIP 数据核字第 2024L6D090 号

出版发行：北京师范大学出版社 https://www.bnupg.com
　　　　　北京市西城区新街口外大街 12-3 号
　　　　　邮政编码：100088
印　　刷：北京虎彩文化传播有限公司
经　　销：全国新华书店
开　　本：710 mm×1000 mm　1/16
印　　张：14.75
字　　数：272 千字
版　　次：2025 年 1 月第 1 版
印　　次：2025 年 12 月第 2 次印刷
定　　价：50.00 元

策划编辑：鲍红玉　　　　　　责任编辑：钟　慧
美术编辑：李向昕　　　　　　装帧设计：李向昕
责任校对：王丽芳　　　　　　责任印制：马　洁

读懂新课程

丛书编委会

顾 问

顾明远

主 任

田慧生

主 编

张广斌　陈忠玲

编 委（按姓氏笔画排序）

丁明怡　李晓东　杨 利　杨 清　杨明全
吴刚平　吴欣歆　张 悦　张广斌　张志忠
陆志平　陈忠玲　范佳午　胡定荣　桑国元
黄延林　黄晓玲　崔允漷　康世刚　綦春霞

总　序

　　课程教学是立德树人的关键环节，深化课程教学改革是建设教育强国的重点领域。习近平总书记多次强调课程教学改革的重要性。在 2018 年全国教育大会上，习近平总书记指出，要着眼于"教好"，围绕教师、教材、教法推进改革，探索形式多样、行之有效的教学方式方法，切实在素质教育上取得真正的突破；在 2024 年全国教育大会上，习近平总书记再次强调要全面提升课堂教学水平。新课程承载着党和国家的育人新要求、新使命，深化课程教学改革对于全面落实教育强国建设具有重大战略意义。

　　我国新修订的义务教育课程方案和语文等 16 门学科课程标准(2022 年版)颁布，标志着具有中国特色、世界水平的义务教育课程新蓝图绘就，并正式进入素养导向的课程实施阶段。深化课程教学改革是一项复杂系统工程，涉及方方面面。在新课程认识理解上，要站在党和国家事业发展全局，坚守为党育人、为国育才使命，整体把握新课程培养目标、课程方案、教学方式、考试评价、专业支撑等的内在逻辑；在新课程落地实施上，强调课程内容的结构化，强化综合学习、学科实践，倡导学习中心课堂，强调时代性、基础性、综合性、实践性等特点，创新探索教育教学新方式，培育课程教学改革新生态。

　　读懂新课程丛书重点在于推动从政策理念到教学行动的转变，既有从政策理论角度引领新课程教学的导论，又有针对一线教师关切，结合课程教学改革重点难点热点焦点，聚焦大单元教学、项目式学习、跨学科主题学习、STEM 教育、作业设计、中华优秀传统文化教育等重点领域进行的目标引领与实践探索。

　　为确保政策性、专业性、指导性和实用性，高站位、高品质、高质量，充分发挥不同领域专家在课程教学改革中的专业优势，本丛书邀请高校科研院所专家学者、课标教材修订专家、教研员、骨干教师等共研共创、协商对话，促使新课标理念与教学实践融通，让新课标理念落位课堂、培养教师、滋养学生。

　　本丛书内容主要包括三部分：一是总论部分，主要论述新课程的政策逻辑、顶层设计，以及课程教学改革新生态三方面的内容。二是学科分论或专题分论部分，分别概述并阐释大单元教学、项目式学习、跨学科主题学习等重点领域的教育理念及实施路径。三是教学实施部分，主要呈现新课程政策理念在课堂教学中的具体实践。课例主要由中国人民大学附属中学、清华大学附属中学、北京市十一学校、北京市第四中学、北京市第二中学、郑州外国语学校、重庆谢家湾学校、北京市中关村第一小学、杭州市春晖小学、贵阳市第一实验小学等全国知名学校的骨干教师参与教学研发。

本丛书将政策、理论、实践相互关联、相互促进。政策提供改革蓝图，理论提供指导思想，实践为新课程落地操作，它们相互依存、相互支撑，共同形成新时代深化课程教学改革的一盘大棋。另外，我们还运用数字技术开发了融媒体资源，打破时空限制，为读者提供了可视化的、鲜活真实的课堂教学案例。

新课程，是召唤性概念，既具有专业引领性，又具有课程教学改革的牵引性。新课程，是发展性概念，只有扎根教学实践土壤才能不断生长。新课程，还是协同性概念，需要政府、学校、家庭、社会共同培育课程实施新生态。读懂新课程，以行动诠释理念，以成果证明价值；读懂新课程，让课堂充满活力，让教学充满激情，让教育充满智慧；读懂新课程，才能最终实现从理念到行动的转换和升华。

感谢参与本丛书撰写的高校科研院所专家学者、课标教材修订专家、教研员、一线教师。他们的辛苦付出、精益求精的敬业精神和研究态度，保证了本丛书正确的方向性和专业的引领性。感谢北京师范大学出版社的大力支持和精心组织，鲍红玉编辑、郭翔编辑、何琳编辑在书稿前期的体例设计和撰写等方面提出了宝贵的意见，各分册图书责任编辑对书稿文字表述等进行了细致的修改，为本丛书的顺利出版提供了质量保证。

本丛书汇聚了专家学者对新课程的发展性思考，展现了一线教师的实践性创新。我们期待以此为支点，汇集更多新课程战线上的有识之士和中坚力量，撬动课程教学改革不断走深走实，为教育强国建设注入强劲动力。如有不足之处，敬请读者批评指正。

张广斌　陈忠玲
2024 年 10 月

前　言

《义务教育课程方案(2022 年版)》提出：课程标准编制应坚持素养导向，基于核心素养培养要求，明确课程内容选什么、选多少，注重与学生经验、社会生活的关联，加强课程内容的内在联系，突出课程内容结构化，探索主题、项目、任务等内容组织方式。深化教学改革要探索大单元教学，积极开展主题化、项目式学习等综合性教学活动，促进学生举一反三、融会贯通，加强知识间的内在关联，促进知识结构化。作为众多综合性学习方式之一，项目式学习凸显以学生为中心、以提升学生核心素养为本的教学理念，其做中学、用中学、创中学的特征符合义务教育培养目标，在新课程背景下具有很强的必要性。

本书整体分为三个模块，第一模块主要是新课程方案的整体介绍，由张广斌撰写；第二模块是语文项目式学习的发展历程与实践路径，由吴欣歆撰写；第三模块是语文项目式学习的案例，由吴欣歆和张悦共同组织编写。

语文项目式学习的发展历程部分首先从项目式学习的提出说起，将项目式学习的历史追溯到 16 世纪后期的建筑业，浓缩呈现以"做中学"为突出特征的项目式学习从产生、丰富到定型、完善的发展历程和基本理念的确立。其次，从研究主体、研究内容、研究成果三方面综述研究成果，逐层聚焦我国项目式学习、学科项目式学习和语文项目式学习的发展。最后，精选课堂教学微项目、整本书阅读项目、单元整体学习项目、跨学科学习项目的典型案例，展现项目式学习现阶段的实践成果。这部分梳理项目式学习的"过去"，帮助教师厘清项目式学习的发展史——从作为工具到作为成熟学习方法，从建筑领域到教育领域到学科再到语文学科，从罗马到世界再到中国。

语文项目式学习的实践路径部分包括以下内容。首先，在实践基础上明确项目式学习的特点。其次，呈现凸显项目式学习特点的设计与实施过程，便于教师从设计实施的角度深入理解项目式学习的特点。设计与实施过程包含制定学习目标、厘清核心知识、设计驱动问题、分析实施过程、展示学习成果等。最后，立足校本实施，从项目类型、项目方案、学校课程文化特色的角度，为项目式学习的校本实践提供建议。这部分指向项目式学习的"现在"，从项目式学习现有理论发展和实践成果出发，帮助教师从宏观视角切换到微观视角，了解项目式学习如何植入实践教学。

第三模块依次呈现四个学段的十个语文项目式学习案例，包含微项目学习、单元项目式学习方案和整本书阅读项目式学习三类。

课例由项目信息、学习目标、学情调研、学习项目、学习过程、课例评析六部分组成。每个课例根据项目成果命名主标题，副标题标注项目对应的年级、单元和项目类型。学习目标部分：根据教材、学段或学生发展情况拟定课时、单元、活动的学习目标，呈现学生完成单元学习后能够达到的程度和水平。从教材双线组元的特征入手分析，陈述单元基本情况、特点、文本价值和教学价值。对照《义务教育语文课程标准(2022年版)》中相关任务群对具体学段的要求，确定单元主题，并结合学情阐明学习目标。学情调研部分：围绕学习目标涉及的问题了解学情，呈现调研结果，说明是否要根据学情调整学习目标。学情调研旨在了解学生现有学习水平，确定项目式学习的起点，优化学习任务，查缺补漏，调整难度，通过问卷、访谈等方式充分了解学生有关项目驱动任务的已有学习经验和生活经验，捕捉学生的关注点、兴趣点和能力的起点。学习项目部分：在前两个板块的基础上概述项目内容，呈现设计思路及活动关联，说明项目实施的具体情境、项目与学生已有经验的契合情况，以及项目实施所需的知识背景与学习资源。学习过程部分：用若干活动拆解核心驱动问题，标注每个分解驱动问题对应的阶段成果，依次呈现具体活动，包含活动内容、工具、样例、资源、评价等，用教学设计、教学叙事或教学实录的形式分别呈现每个环节的组织与实施方式、学习工具、学习资源、学生学习过程中遇到的困难及解决方式、阶段学习成果等。课例评析部分：从不同角度对项目式学习的优势与问题角度展开讨论。

吴欣歆
2024年6月

目 录　C O N T E N T S

模块一
读懂新课程，实现从理念到行动的蝶变

一、站在党和国家事业发展全局的战略高度，把握新课程的政策逻辑　/003
　　（一）新课程是新时代国家意志的重要体现，具有鲜明的政治属性　/004
　　（二）新课程是新时代科技和经济的思想投射，具有鲜明的时代属性　/005
　　（三）新课程是新时代社会和文化的现实观照，具有鲜明的民生属性　/007

二、立足落实立德树人根本任务，系统把握新课程顶层设计的育人初心　/009
　　（一）新课程作为落实党的教育方针的关键载体，担负着促进学生全面个性发展的
　　　　使命　/009
　　（二）新课程明确了核心素养新导向，助推着立德树人根本任务落实落地　/011
　　（三）新课程作为育人思想的重要体现，刻画着立德树人的实践新样态　/012

三、着眼素养导向的学习中心课堂，培育课程改革新生态　/014
　　（一）确立素养导向的教学目标，强调核心素养本位　/014
　　（二）建立学习中心课堂，强调以学为主　/015
　　（三）培育课程新生态，聚焦新课程实施　/016

模块二
语文项目式学习的发展历程与实践路径

一、语文项目式学习的发展历程　/023
　　（一）项目式学习的提出　/023

目录 C O N T E N T S

(二)语文项目式学习的研究综述 /031

(三)语文项目式学习典型案例 /041

二、语文项目式学习的实践路径 /048

(一)明确项目式学习的特征 /048

(二)项目式学习的设计与实施过程 /054

(三)项目式学习的校本实施建议 /065

模块三
语文项目式学习课例精选

课例一 偏旁部首游艺会

——一年级(上)第六单元项目式学习教学方案 /079

一、项目信息 /079

二、学习目标 /079

三、学情调研 /079

四、学习项目 /080

五、学习过程 /082

六、课例评析 /087

课例二 讲述我敬仰的革命先辈故事

——二年级(上)第六单元项目式学习教学方案 /089

一、项目信息 /089

二、学习目标 /089

三、学情调研 /089

目录 C O N T E N T S

四、学习项目 /091

五、学习过程 /092

六、课例评析 /100

课例三 推荐一个好地方

——三年级(上)第六单元项目式学习教学方案 /102

一、项目信息 /102

二、学习目标 /102

三、学情调研 /102

四、学习项目 /104

五、学习过程 /105

六、课例评析 /113

课例四 办一场童年生活摄影展

——三年级(下)第六单元项目式学习教学方案 /114

一、项目信息 /114

二、学习目标 /114

三、学情调研 /115

四、学习项目 /116

五、学习过程 /119

六、课例评析 /128

课例五 编撰《我的最爱》班级文集

——五年级(上)第五单元项目式学习教学方案 /129

一、项目信息 /129

二、学习目标 /129

三、学情调研 /129

目录 CONTENTS

四、学习项目 /131

五、学习过程 /132

六、课例评析 /140

课例六 争做自然守卫者

——六年级(上)第六单元项目式学习教学方案 /141

一、项目信息 /141

二、学习目标 /141

三、学情调研 /141

四、学习项目 /143

五、学习过程 /144

六、课例评析 /151

课例七 《西游记》剧本创编

——七年级(上)整本书阅读项目式学习教学方案 /153

一、项目信息 /153

二、学习目标 /153

三、学情调研 /154

四、学习项目 /155

五、学习过程 /157

六、课例评析 /170

课例八 筹办活版工艺校园推介会

——七年级(下)第六单元《活板》微项目学习教学方案 /172

一、项目信息 /172

二、学习目标 /172

三、学情调研 /173

目 录 C O N T E N T S

四、学习项目 /174

五、学习过程 /177

六、课例评析 /190

课例九 《火星一日》科幻小说创作周
　　——七年级(下)第六单元项目式学习教学方案 /191

一、项目信息 /191

二、学习目标 /191

三、学情调研 /191

四、学习项目 /193

五、学习过程 /195

六、课例评析 /201

课例十 新闻报道
　　——八年级(上)第一单元项目式学习教学方案 /202

一、项目信息 /202

二、学习目标 /202

三、学情调研 /203

四、学习项目 /204

五、学习过程 /206

六、课例评析 /219

后 记 /220

模块一
读懂新课程，
实现从理念到
行动的蝶变

科技经济的发展尤其是数智技术的突破，推进并催生着学校教育和整个教育体系的重构，学生学习生活的实体空间和虚拟空间被打通，学校、家庭、社会教育的边界被解构，育人方式正在发生深刻变革，全域教育时代到来。党的二十大报告首次把教育、科技、人才进行"三位一体"统筹安排、一体部署，党的二十届三中全会明确教育、科技、人才是中国式现代化的基础性、战略性支撑。2024 年 9 月，习近平总书记在全国教育大会上发表重要讲话，明确了教育强国的性质和方向，揭示了教育强国的基本特质，提出了教育的政治属性、人民属性、战略属性的科学内涵和实践要求，将党对教育的认识提升到一个新的高度。对党的教育政策、方针的理解必须坚持系统的观念，坚持联系的观点，从政治、经济、文化和社会发展出发来整体把握党和国家对育人的需求。

新课程承载着党和国家的育人需求。课程方案和课程标准是规范基础教育课程运作的纲领性文件，是教育行政部门推进课程改革行动的指导性文件。课程方案明确了培养目标、基本原则、课程设置、课程标准的编制和教材编写、课程实施等内容。课程标准规定着课程性质、课程理念、课程目标、课程内容、学业质量和课程实施等。课程方案和课程标准是教材编写、教学实施、考试评价以及课程管理的直接依据。可以说，谁读懂了课程方案、掌握了课程标准，谁就掌握了课程改革的领导权和话语权。2022 年我国新修订的义务教育课程方案和语文等学科的 16 个课程标准正式颁布实施，标志着具有中国特色、世界水平的义务教育课程蓝图绘就并进入实施层面。

课程实施是一项复杂的系统工程，涉及理念、政策、实践等诸多环节，涉及课程标准修订、教材修订、教科研、学校师生等诸多要素，需要利益相关者共同努力、协同推进。读懂新课程，实现从理念到行动的转变，首先在读懂，重点在行动，关键在实效。在对新课程的认识理解上，要站在党和国家事业发展全局，置于国内外政治、经济、社会大环境中，整体把握新课程目标、理念、行动等的内在逻辑；在新课程落地实施上，要在吸纳国内外已有课程教学典型经验和有效做法的基础上，聚焦时代性、基础性、综合性、实践性等课程改革新要求和素养育人新使命，培育新课程新生态，积极探索、大胆创新，力争在教育教学方式变革和提高育人质量上取得新突破。

一、站在党和国家事业发展全局的战略高度，把握新课程的政策逻辑

任何真实的课程改革都是时间和空间维度的过程性存在，都有其植根的社会历史

情境和具体关系，有其在地化的资源、历史和本土反思。将课程置于政治、经济、社会、文化场景中进行理解和建构，是认识新课程政策的逻辑起点。正如再生产理论所强调的，学校教育与社会、政治、经济、文化结构之间存在对应关系；新课程作为课程改革的政策载体，反映着政策生态的性质、特征与现实要求，同政策生态存在投射性关系。① 读懂新课程，不是一头扎进教育，而是要跳出教育认识新课程的精神实质，了解新课程与政治、社会、经济、科技和国家安全的关系，整体把握新课程的理念和内在逻辑。为此，下文从政治、经济、科技、社会和文化等几个维度呈现新课程的政策逻辑，以帮助大家整体认识新课程蓝图的立意初衷。

（一）新课程是新时代国家意志的重要体现，具有鲜明的政治属性

习近平同志强调，要从党和国家事业发展全局的高度，坚守为党育人、为国育才。党的十八大以来，党中央高度重视课程教材工作，从治国理政的战略高度，强调课程教材建设体现国家意志。新课程作为立德树人的关键载体，具有鲜明的政治属性。这是认识理解新课程的根本所在。

1. 新课程承载着党和国家的政治新使命

一个国家实施什么样的课程，反映并决定着这个国家培养什么样的人和能够培养什么样的人。新时代党的使命任务是以中国式现代化全面推进中华民族伟大复兴。为党育人、为国育才是党和国家在推进中国式现代化过程中的育人要求。新课程是落实党和国家课程改革政策的重要载体，政治性是新课程的第一属性，决定着培养什么样的人、为谁培养人以及如何培养人等核心问题。新课程明确把"以习近平新时代中国特色社会主义思想为指导""全面贯彻党的教育方针"②写进其中，并全面融入课程方案和课程标准；同时，系统吸纳了马克思主义基本原理与中国实际相结合、与中华优秀传统文化相结合等马克思主义中国化最新成果。党的领导是我国政治体制、政治结构和政治关系的根本，是建设中国特色、世界水平的课程体系的根本政治保证。

2. 新课程体现着党和国家发展的战略新要求

义务教育是国家依法统一实施的所有适龄儿童、少年必须接受的基本公共教育，是现代国民教育体系的基石，具有先导性、奠基性、全局性作用。新课程系统体现了党和国家发展战略的时代需要，蕴含着深入实施科教兴国战略、人才强国战略、创新

---

① 屠莉娅：《课程改革与政策生态之关联——基于我国基础教育新课程改革的分析》，载《北京大学教育评论》，2011(3)。

② 中华人民共和国教育部：《义务教育课程方案(2022年版)》，前言1页，北京，北京师范大学出版社，2022。

驱动发展战略对义务教育的育人要求，明确宣告"将个人追求融入国家富强、民族振兴、人民幸福的伟大梦想之中"①，旨在为全面建成社会主义现代化强国、实现中华民族伟大复兴奠定人才基础。可以说，新课程的质量和实施效果将直接关系到党领导的中国特色社会主义事业的巩固与发展，关系到第二个百年奋斗目标和中华民族伟大复兴中国梦的实现，关系到国家的繁荣昌盛、长治久安。

3. 新课程确立为党育人、为国育才的新规格

新课程旗帜鲜明地提出为党和国家培养有理想、有本领、有担当的少年，为德智体美劳全面发展的社会主义建设者和接班人成长奠基，明确了义务教育阶段培养担当民族复兴大任时代新人的具体要求。古今中外，每个国家都是按照自己的政治要求来培养人的。为党育人，就是为了为国育才。教育始终是国之大计、党之大计。人才始终是社会主义现代化的第一资源。与 2001 年培养目标"有理想、有道德、有文化、有纪律"的"四有"新人相比，新课程进一步凝练提升为"有理想、有本领、有担当"的"三有"少年。"有理想"一以贯之、内涵不断丰富，"有本领、有担当"更加凝练聚焦。新课程的政治属性更加凸显，明确要求"热爱祖国，热爱人民，热爱中国共产党，学习伟大建党精神"②，加强政治修养，增强"四个自信"，从小树立远大理想，扣好人生第一粒扣子。

（二）新课程是新时代科技和经济的思想投射，具有鲜明的时代属性

经济基础决定上层建筑，也制约着课程改革的政策空间；科技和经济发展与课程教学关系日趋紧密，课程结构对科技和经济变革有很大的依从性。新课程的政策主张反映着科技和经济发展的环境变迁。由于特定政策观念及执行中的政策具有其存在的某种经济条件，当后者发生了变化或被认为发生了变化时，现存政策的所有部分都要解体，然后一种可能的、包括新要素的政策将被制定出来。③ 20 世纪 80 年代以来，特别是我国加入世界贸易组织之后，我国经济经历了从计划经济体制向市场经济体制的加速转型，市场配置和自由竞争推动着经济环境更加开放包容，科技和经济发展的一体化形态更迭出现，新课程思想要素与科技和经济的生态联结愈加紧密。在以往党

① 中华人民共和国教育部：《义务教育课程方案（2022年版）》，2 页，北京，北京师范大学出版社，2022。
② 中华人民共和国教育部：《义务教育课程方案（2022年版）》，2 页，北京，北京师范大学出版社，2022。
③ ［英］斯蒂芬·鲍尔：《政治与教育政策制定——政策社会学探索》，王玉秋、孙益译，78 页，上海，华东师范大学出版社，2003。

代会报告中，科技一般被安排在经济建设中，教育一般被安排在社会建设中，人才被安排在党的建设中。立足新时代新征程，党中央突出强调了创新在我国现代化建设全局中的核心地位。立足实施科教兴国战略，强化现代化建设人才支撑的大局，着眼全面建设社会主义现代化国家，必须开辟发展新领域新赛道，不断塑造发展新动能新优势，全面深入实施坚持教育优先发展、科技自立自强、人才引领驱动的重大举措。

1. 新课程反映着新科技和经济发展的主体性要素

党的二十大报告明确提出，高质量发展是全面建设社会主义现代化国家的首要任务，把实施扩大内需战略同深化供给侧结构性改革有机结合起来，加快建设现代化经济体系，着力提高全要素生产率。二十届三中全会要求"健全因地制宜发展新质生产力体制机制"，并作全面部署。新科技和经济形态下的经济制度结构、经济状况和面向未来等要素，尤其是大数据电子商务的发展，在市场供需关系中，使需求方的主体性地位更加凸显。同时新科技和经济形态需要人人拥有市场主体意识、市场生存发展能力，要求经济主体成为自我负责、自负盈亏者。市场中的人就是要自我负责，供需关系中需求方主体性地位的突出投射在新课程中就要求新课程培养适应新科技和经济的人。在教育供需关系中，学生的主体需求更加凸显。一方面，学生不再是知识的被动接受者，而是学习的主体，具有独立精神和自我生活诉求；另一方面，学生是知识建构者和主体性存在者，学生的学习需要直接反映着社会政治经济生活对学生的要求，刺激新课程内容的重构和优化。新课程明确提出"为每一位适龄儿童、少年提供适合的学习机会"①，在学习方式上倡导"创设以学习者为中心的学习环境，凸显学生的学习主体地位"②，同时"发挥新技术的优势，探索线上线下深度融合，服务个性化学习"③；在学习内容上强调精选课程内容，注重培养学生的爱国情怀、社会责任感、创新精神和实践能力，奠基未来。这些都是新科技和经济主体性要素在新课程中的映射。

2. 新课程反映着新科技和经济发展的公共性思想

面对国内外经济发展新常态，我国正在大力推动数字经济，加快形成以国内大循环为主体、国内国际双循环相互促进的经济发展新格局。为此社会需要建立更加彰显

---

① 中华人民共和国教育部：《义务教育课程方案(2022年版)》，4页，北京，北京师范大学出版社，2022。

② 中华人民共和国教育部：《义务教育课程方案(2022年版)》，14页，北京，北京师范大学出版社，2022。

③ 中华人民共和国教育部：《义务教育课程方案(2022年版)》，14页，北京，北京师范大学出版社，2022。

民主与公平的公共生活模式，构建与新经济环境相契合的机制与规范，促进更大范围的经济生活公共参与。这反映了公众的公共性诉求。新课程强调教师不再是权威的知识传授者，而是课程政策公共性的代表者和实施者；教师通过对课程的理解与创造性建构走向对课程的适应和创生。课程政策话语更加强调基础性、共同性，凸显基本公共服务的价值理念与课程实践。新课程在政策运行上打破了高度集中的科层行政模式，拓展了政策制定的公共参与范围，引入专家参与、论证、咨询等更为开放、民主且有效的机制；在课程政策管理上明确了国家、地方和学校三级课程管理体制，使课程改革的多方创造性得到进一步激活。

3. 新课程反映着新科技和经济发展的开放性样态

创新是引领经济发展的第一动力，是建设中国式现代化的重要战略支撑。实现我国经济更高质量、更有效率、更加公平、更可持续的发展，必须坚持改革开放。改革开放促进我国经济与国际接轨，积极吸收借鉴其他国家和世界组织在科技和经济领域的典型经验和成功实践，特别是世界知识经济、数字经济等新思想、新要素为我所用。比如，在数字经济时代，数据成为代替土地、劳动力、原材料和资本等促进经济发展的直接资源和动力，引发产业结构的巨大调整。这些新要素、新形态不仅对学生核心素养发展提出新要求，还是推动课程变革的新动力。新课程以更加开放的姿态，对经济新形态的人才素质和结构新需求进行了系统呈现。为此，新课程进一步明确培养学生的核心素养，增加了"信息科技"等新元素，更加凸显了课程的育人功能，实现了核心素养目标在整个基础教育的贯通设计，实现课程目标、课程内容、课程结构、学业质量、教学和评价等方面的系统转型升级。

（三）新课程是新时代社会和文化的现实观照，具有鲜明的民生属性

课程改革是特定历史时期和特定社会的产物，应以社会文化为背景，为社会文化发展服务。课程政策与社会文化发展的关系是课程改革永远无法回避的问题。伴随着中国特色社会主义进入新时代，我国社会主要矛盾已经转化为人民日益增长的美好生活需要和不平衡不充分的发展之间的矛盾。人民的美好生活需要日益广泛，不仅对物质文化生活提出了更高的要求，而且在民主、法治、公平、正义、安全、环境等方面的要求日益增长。社会学家拉尔夫·达仁道夫（Ralf Dahrendorf）认为，我们没有看见过一个社会，在那里所有的男人、妇女和儿童都能享有同样的应得的权利和同样的供给。其原因就在于每种社会都必须协调人的不同的任务，不过也必须协调人的权益和能力。[1]　面对现实社会生活的多样性、多元性和多指向性，社会公平和正义导向的社

---

[1]　［英］拉尔夫·达仁道夫：《现代社会冲突》，林荣远译，38 页，北京，中国社会科学出版社，2000。

会治理必须对现实社会的各种复杂利益诉求进行约束、协调和引导。这也是当前课程改革的社会性新要求。

1. 新课程促进着社会公平正义的实现

改革开放以来，我国经历着社会结构的变迁，出现了政治领域、经济领域和公共领域或社会组织，特别是伴随着自媒体、大数据、人工智能等快速发展产生了大量虚拟社区、社群等准公共领域。这种社会结构的变迁直接带来民主参与社会、政治、经济活动和政策制定的热情，以及维护国家权力和自身利益的觉醒。新课程不仅反映了公共政策运行的基本社会结构和关系，还为公共政策的运行提供必要的精神动力，引导和协调社会文化和价值观的传播，为公共政策运作提供充分的智力条件。[1] 新课程作为促成社会正义的公共政策产品，为每个人提供学习和发展的均等机会；作为一种公共服务，则承担着促进社会发展和学生主体发展的双重使命。

2. 新课程传承着社会主流文化价值观

党和国家高度重视文化价值建设，特别是党的十八大以来，以习近平同志为核心的党中央明确提出培育和践行社会主义核心价值观、弘扬中华优秀传统文化、铸牢中华民族共同体意识等新要求。新课程在这些方面做了呈现：有机融入习近平新时代中国特色社会主义思想；有机融入中华优秀传统文化、革命文化和社会主义先进文化，以及法治、国家安全、民族团结、生态文明等内容。

3. 新课程承载着人民对美好生活的新向往

世界百年课程改革实践表明，各国普遍把课程改革作为推动社会发展和经济繁荣的重要举措，不断强化国家课程在发展战略中的地位和作用。党的十九大以来，我国经济社会发展取得一系列重大成就，人民对美好生活的向往与日俱增，对高质量教育的需求日趋强烈。20多年来的课程改革由早期的质疑、批判、论争到近些年的研究阐释、主动布局，凝聚着共识的课程改革文化生态正在逐步形成。这也反映了社会对新课程的共同期盼，正所谓具有正义感、责任感、政策目标群体的成员有良好的心理素质，制定的政策不仅体现公正、合理，而且执行起来也顺畅。[2] 课程作为文化资本，代表的是社会主流文化，与个人的前途、命运、社会地位息息相关。面向未来的新课程不仅奠定着共同社会结构的基础，也在话语体系上与社会生活的联系更加紧密，越来越大众化。

---

[1] 屠莉娅：《课程改革与政策生态之关联——基于我国基础教育新课程改革的分析》，载《北京大学教育评论》，2011(3)。
[2] 吴立明：《公共政策分析》，75页，厦门，厦门大学出版社，2006。

总体来看，在人类历史上，没有任何一个时期像当今时代，新课程与政治、科技、经济、社会和文化发展的联系如此紧密。可以说，政治、科技、经济、社会和文化发展不仅决定着新课程政策的核心思想、生命周期，还决定着新课程政策的未来取向和行动。这是认识理解新课程的政策逻辑起点。

二、立足落实立德树人根本任务，系统把握
新课程顶层设计的育人初心

课程是教育发展到一定阶段的历史产物，与教育的目的性和人类文化知识量的积累密切关联。当有目的、有计划、有组织的教育和人类文化知识累积到一定程度时，理性选择与逻辑组织是课程存在和发展的前提。课程自从出现后就成为教育的基石，课程改革亦成为教育改革的核心。课程在横向上与知识类型有关，在纵向上与主体人的知识内生过程有关。这种认识和关系一直延续至今，并不断得到拓展延伸。新课程以学生的身心发展为主线，明确了新时代义务教育阶段的培养目标，对教育发展的新使命、新样态、新趋势进行了系统的内化与呈现，进一步增强了育人目标的针对性、时代性，系统回答了"培养什么人、怎样培养人、为谁培养人"的根本问题。这是厘清课程与教育、课程改革与教育改革，特别是立足育人认识新课程的现实起点。

（一）新课程作为落实党的教育方针的关键载体，担负着促进学生全面个性发展的使命

课程政策不仅具有鲜明的本国教育历史与时代烙印，而且反映着世界教育发展趋势。新中国成立后，课程改革经过了学习苏联、借鉴西方等几十年的探索实践，当前又走到扎根我国历史文化传统，确立具有中国特色、世界水平课程体系的建设道路上。新课程在这些方面进行了优化完善，特别是进一步凸显了学生全面个性发展的政策、规律和实践性。

1. 新课程把落实党的教育方针置于根本性地位

20 世纪 90 年代，党中央把培养德、智、体全面发展的建设者和接班人确立为党的教育方针，指出教育必须为工农服务，必须为国家的生产建设服务。1999 年，《中共中央　国务院关于深化教育改革全面推进素质教育的决定》提出"美"的人才培养要求，强调教育必须为社会主义现代化建设服务，必须与生产劳动相结合，培养德、智、体、美等方面全面发展的社会主义事业建设者和接班人。2018 年，习近平总书记在全国教育大会上提出"培养德智体美劳全面发展的社会主义建设者和接班人"的新要求。德、智、体、美、劳"五育"并举的人才培养新思想为我国教育发展和课程改革指

明了新方向。"德、智、体、美、劳"的提出是对"德、智、体""德、智、体、美"育人的进一步拓展和丰富、延续和发展，是中国特色社会主义教育持续创新发展的最新成果。党的教育方针将马克思主义关于人的全面发展思想贯穿社会主义教育培养目标，指明了新时代建设教育强国必须牢牢把握的前进方向。新课程承载着对党的教育方针的新认识和对时代教育需求的新回应，以党的教育方针为根本指引，整体设计和系统完善义务教育新课程，落实"五育"并举和创新性人才培养要求，一体化设计道德与法治课程，将科学、综合实践活动课程提前至一年级开设，强化课程育人的整体性和系统性。同时，新课程强调将劳动、信息科技的内容从综合实践活动课程中独立出来，完善艺术课程，以音乐、美术为主线，融入舞蹈、戏剧、影视等内容。

2. 新课程贯穿融通着教育发展规律

尊重和敬畏教育规律是课程政策制定者应具备的教育自觉，好的课程政策要遵守间接经验与直接经验相结合、掌握知识和发展智力相统一、传授知识与思想教育相统一、教师主导与学生主体相统一等规律。进入 21 世纪以后，我国课程改革正是遵循教育规律、把握教育特性、体现社会发展和人的全面发展现实需要的教育变革。新课程体现着人的全面个性发展思想和教育规律的贯穿融通，按照社会主义教育方向，更加注重为学生全面发展和教育现代化建设服务的有机统一。一方面，按照育人逻辑，进行教育内容选择、组织和课程内在结构完善；另一方面，按照育人与成才逻辑，更加注重教育与社会实践相结合。这些新时代人的全面个性发展和教育规律有机融合的课程设计逻辑彰显着新课程的时代教育新元素、新特征。

3. 新课程内含教育的底层实践逻辑

育人为本的教育包含价值性和工具性双重属性，两者在人才培养规格和方式上存在差异。价值性重在培养人格，教授怎么做好人、达到人格完备；工具性重在培养专业人才，教授具体工作怎么完成。在工业化和后工业化时代，整个社会呈现出教育伴随科技发展进步的历史主线。传统与现代之间存在的对立性、同化性和支撑性等关系，以及工具与价值理性之间存在的冲突、平衡和融合等关系，成为推动课程改革的重要维度和关键要素。人们被调动起来加入科技引发的工具性竞争，需要分科教育不断细化扩张，释放教育的工具性能量。工具性教育越专业化、分科越详尽，人的视野就会变得越狭隘，整体理解和把握能力也就越匮乏。在数字时代，工具性与价值性呈现新现象、新样态。新课程一方面保持着对教育工具性的延续和扩张；另一方面强调对教育价值性的回归，试图以综合性打通各学科的底层逻辑，实现对人的全面发展的支撑。新课程提出的核心素养在不同学科存在不可替代性和外在表现差异，但在底层逻辑上都是对人性的回应、对人的健全人格的塑造。

（二）新课程明确了核心素养新导向，助推着立德树人根本任务落实落地

面对为党育人、为国育才和落实立德树人根本任务的新要求，新课程的载体做了较大调整完善。相较于2001年版、2011年版的课程方案和课程标准，新课程的结构框架进一步完善，课程性质、功能定位、内容质量和编写要求、课程实施以及管理等更加具体明确，特别是核心素养、学业质量标准等有重要突破，推动了新课程话语体系和课程生态文化的创新发展。总体来看，新课程在核心素养导向上更加明确，在学业质量标准上更加具有可操作性，使立德树人育人目标的落地路径更加清晰。

1. 培养学生的核心素养是新课程落实立德树人根本任务的集中体现

新课程强调围绕学生的核心素养，深化对育人价值的理解和认识，按照教学内容和教学活动的素养要求，精选和设计课程内容，精准设定教学目标，把立德树人根本任务落实到具体教育教学活动中，实现对学生正确价值观、必备品格和关键能力的培养。新课程强调以学生核心素养为纲，统领课程教学的话语体系。核心素养是后天经过学习逐步养成的，强调学习知识或技能之后能做什么、能解决什么问题。可以说，核心素养是三维目标的整合与提升，是学生学习课程后所具有的正确价值观、必备品格和关键能力。不同于以前的义务教育课程知识与技能、过程与方法、情感态度与价值观三维目标，新课程在知识基础上更加注重对关键能力的培养。同时，核心素养是义务教育阶段学生应具备的素养，是课程育人价值的集中体现。核心素养贯穿课程标准修订的全过程，统领课程标准的各部分，使课程标准各部分保持内在的一致性和统一性。在这个意义上，课程越来越成为教育问题而不仅仅是学科问题，课程标准的教育学味道越来越浓了，甚至可以说课程标准就是一门基于课程的"教育学"。

2. 学业质量标准是新课程结构自我完善的重要新突破

质量是所有活动的落脚点，质量标准是核心的标准。坚持育人为本，强化学业质量指导，明确各学科的学业质量标准，引导和帮助教师把握教育教学的深度和广度，为课程实施与评价提供依据，是这次新课程的亮点。在原有教学大纲内容要求的基础上，2001年、2011年颁布的义务教育课程标准呈现了内容标准，作为以知识点为载体的内容标准实现了里程碑式进步。前两版课程规定了教什么、学什么，但对于教成什么样、学成什么样等缺乏质量标准依据。新课程在结构上进行了完善，增加了学业质量标准，明确了学生在完成课程学习之后的学业成就综合表现。这里强调的不是知识点的成就表现，而是知识的综合运用。学业质量是学生在完成一门课程的阶段性学习后的学业成就表现，是学生在学完相应课程内容后发生的变化和收获，是以学生核心素养及其表现水平为主要维度，结合课程内容，对学业成就表现的总体刻画。学业质量标准不仅是作业、测验的依据，还是过程评价、结果评价与考试命题的依据。

3. 新课程设置更加科学合理，弹性适应学制安排

新课程中不同类别课程的性质和要求更加清晰明确。国家课程奠定共同基础，由国务院教育行政部门统一组织开发、设置，要求所有学生必须按规定修习。地方课程和校本课程强调拓展补充、兼顾差异。其中，地方课程由省级教育行政部门确定开发主体、统筹开发，并给予学校一定的选择权；校本课程由学校组织开发，原则上由学生自主选择，以多种课程形态服务学生的个性化学习需求。新课程强调九年一贯设置科目，小学以综合课程为主，初中采取分科与综合相结合的形式。同时，新课程赋予"六三"学制和"五四"学制更大的弹性空间，在科目设置上要求更加明确，比如，关于历史、地理在初中阶段开设的问题，新课程明确实施"五四"学制的地区可从六年级开设地理。在新授课总课时不变的情况下，新课程明确了年级周课时和各门课程总课时的上下限，增加了劳动教育内容，要求信息科技单独设课，使课程设置更加科学合理，更有利于核心素养落地。

（三）新课程作为育人思想的重要体现，刻画着立德树人的实践新样态

我国基础教育课程改革育人目标经历了从"双基"到"三维目标"再到"核心素养"的不同发展阶段，完成了从知识到学科再到育人的转向。新课程颁布实施推动着课程改革进入以人为本和核心素养的新时代。从以教为主转向以学为主、从以讲解接受为主转向以活动建构为主是育人方式变革较为集中、典型的表现。

1. 强调课程内容结构化，强化学习逻辑

当课程育人目标由"三维"走向核心素养时，课程内容的组织方式也随之改变。新课程以核心素养为纲，选择具有核心素养成分和价值的学科知识内容并进行结构化组织，以大观念、主题、任务等实现对课程内容的结构化。大观念、大概念等是一门学科知识内容体系中有解释力、统整力和渗透力的知识，这种知识内含学科思想、学科方法、学科思维，是核心素养在学科的体现。不同学科的课程标准称谓不同。如语文课程标准"任务群"，其他学科课程标准"主题""任务""项目"等，本质上都强调以素养为纲，构建以主题、任务、大单元等为形式的教学内容结构单位。强调大观念、大概念等，一方面旨在对学科知识内容进行精选和提炼，实现少而精的目标；另一方面旨在对学科知识内容进行重构和组织，实现有机整合的目标。长期以来，教育教学中存在学生学习的生活立场与学科立场、生活逻辑与学科逻辑的左右摇摆、相互批判甚至对立现象。新课程站位学习逻辑，强调生活逻辑对学习对象的整体感知，同时强调学习的学科逻辑进阶，通过习得过程实现从基础知识和基本技能向核心素养的升华。学习逻辑淡化阶段性目标、过程目标，强调内容结构化，从而实现素养目标。

例如，地理课程从空间尺度视角对课程内容进行组织，按照"宇宙—地球—地表—世界—中国"顺序，引导学生认识人类地球家园。地理课程以认识宇宙和地球的关系、地理环境与人类活动的关系为主要线索，将地理实践活动和地理工具运用贯穿其中，形成将学科知识与学科活动融为一体的课程内容结构。又如，英语课程内容由主题、语篇、语言知识、文化知识、语言技能和学习策略等要素构成，围绕这些要素，通过学习理解、应用实践、迁移创新等活动，可以推动学生的核心素养在课程学习中持续发展。课程内容的六个要素是一个相互关联的有机整体，共同构成核心素养发展的内容基础。其中，主题具有联结和统领其他内容要素的作用，能为语言学习和课程育人提供语境范畴。

2. 加强学段衔接，强化综合学习

《中华人民共和国国民经济和社会发展第十四个五年规划和 2035 年远景目标纲要》和联合国教科文组织发布的《共同重新构想我们的未来：一种新的教育社会契约》，强调未来需要学科深度融合，教育需要跨学科，需要变革育人方式。新课程注重幼小衔接，在小学一至二年级注重活动化、游戏化、生活化学习设计；同时结合学生从小学到初中在认知、情感等方面的发展特征，呈现课程深度、广度变化，进而体现学习的连续性和进阶性。新课程进一步增强了课程的综合性和实践性，强调积极开展主题化、项目式学习等综合性教学活动，设置占本学科总课时 10% 的跨学科主题学习活动；同时提出强化学科间的相互关联，促进知识结构化。

3. 创新育人实践，强化评价改革

育人实践是运用该学科的概念、思想与工具，整合心理过程与操控技能，解决真实情境中的问题的一套典型做法，是具有育人价值意蕴的典型教学实践。育人实践直接的体现就是学科实践。学科实践不是为了改造或改变学科世界，而是为了培育学生的核心素养。任何基于实践、通过实践的学科学习都是学科实践的表现。如各学科新课程标准倡导的观察、考察、实验、调研、操作、设计、策划、制作、观赏、阅读、创作、创造等活动，让学生真实地感受到知识的来源和背景，体验到知识的用处和价值并发展学以致用的能力。这是核心素养的形成之道，也是新课程倡导基于情境、问题、任务、项目进行学习之所在。

基于此，新课程在教学要求中提出注重做中学，强化学科实践育人，引导学生参与学科探究活动，经历建构知识、运用知识、解决问题、创造价值的过程，在实践中体会学科思想方法；强调知识学习与学生经验、现实生活和社会实践之间的联系，注重真实情境的创设，进一步增强学生认知真实世界、解决真实问题的能力。同时，新课程倡导基于证据的评价，增加教学和评价案例，强化"如何教"的具体指导，注重对学习过程的观察、记录与分析；强调对话交流，关注学生真实发生的进步，注重自我总结、反思和改进的意识和能力；注重动手操作、作品展示、口头报告等多种评价方式。

三、着眼素养导向的学习中心课堂，培育课程改革新生态

推动新课程从理念走向实践的行动，应是在新的育人理念和任务要求基础上的优化升级，而不是把原有经过实践检验的有效探索搁置一边甚至推倒重来。素养导向的新课程为素养导向的新课堂教学提供了政策空间，主要表现在：在教学目标上，强调知识本位转向素养本位，确立素养导向的教学目标；在教与学的关系上，强调以教为主走向以学为主，建立学习中心课堂；在学习方式上，强调从间接经验的"坐而论道"到与学科实践的相得益彰，构建实践育人方式；在知识内容上，强调从知识教学走向知识统整的大概念、大单元、大主题等教学。素养导向的新课堂教学一方面打破了传统课堂的内涵、外延，实践着育人在哪里发生哪里就是课堂的理念，特别是大数据、人工智能在教育中的广泛应用建构着新的课堂教学新时空；另一方面要求在育人方式和人才培养模式上进行深刻变革和创新，而不是进行零星的、局部的、简单的、表层的改变与调整。课程改革 20 余年，无论师资、条件保障，还是制度机制建设，都具备了较好的改革基础。同时伴随着课程改革进入深水区，后续改革的难度和复杂程度将会进一步凸显。素养导向的新课堂教学需要好的课程实施生态。实践表明，没有好的课程实施生态，再好的课程政策也会水土不服、难以落地。

（一）确立素养导向的教学目标，强调核心素养本位

教学目标是教学活动实施的方向和预期达成的结果，是一切教学活动的出发点和最终归宿。确立素养导向的教学目标并组织实施教学活动是新课程教学的基础和前提。

1. 确立素养导向的教学目标

素养导向的教学目标设计与表达是新课程相较以往的话语体系的不同之处。在教学目标上，我国课程改革经历了双基、三维目标、核心素养三个阶段。"双基"本位的教学把基础知识和基本技能的理解与掌握作为教学目标；"三维目标"本位的教学把知识与技能、过程与方法、情感态度价值观的落实、经历、体验作为教学目标；"核心素养"本位的教学把素养的培育作为教学目标，也就是核心素养等于"正确价值观＋必备品格＋关键能力"。

素养导向的教学目标表达也必然面临着一个素养与知识的关系性存在。素养不是天上掉下来的，每门学科的知识都以各种形式蕴含着"价值观""必备品格""关键能力"。这是学科的育人价值所在。也就是说，核心素养基于知识、高于知识，是从知识中提炼出来的"精华""营养"。素养导向的教学就是把学科知识转化为学生核心素养的过程。同时，学科知识必须根据核心素养来选择、组织并转化为课程知识。课程知识要少而精，指向核心素养。

所有学科要基于核心素养确立教学目标，以核心素养的形成、落实、发展为教学目标和要求，即遵循着核心素养—课程目标—教学目标的具象逻辑，实现着教—学—评的一致性。这就要求揭示具体知识内容与核心素养的关联，把核心素养作为教学目标，进而避免以单纯识记和掌握知识点为教学目标。

以数学课程标准的教学建议为例。教学目标的确定要充分考虑核心素养在数学教学中的达成。每一个特定的学习内容都具有培养相关核心素养的作用。要注重建立具体内容与核心素养主要表现的关联，在制定教学目标时将核心素养的主要表现体现在教学要求中。例如，确定小学阶段"数与运算"主题的教学目标时，关注学生符号意识、数感、量感、运算能力等的形成；确定初中阶段"图形的性质"主题的教学目标时，关注学生空间观念、几何直观、推理能力等的形成。①

2. 把素养导向的目标落实在具体教学中

素养导向的教学在确立核心素养在教学中的核心地位的基础上，要实现教学的一切资源要素、环节流程、实践活动等围绕核心素养组织和展开，并最终指向学生核心素养的发展。具体包括：一是以核心素养为教学的出发点。教学面临的首要问题是为什么而教的问题。可以说，为核心素养而教是新课程区别于以往为知识而教的教育教学的分水岭、分界线。二是以核心素养为教学的落脚点。教学成效最终要落在学生核心素养的形成和发展上，而不是"双基""三维目标"的掌握上。这也是检验教学的有效标准。三是以核心素养为教学的着力点。素养导向的教学必须在核心素养的形成上发力，把教学的宝贵时间和精力投放在学生核心素养培育上。这是评价教学是否得法的重要依据。

（二）建立学习中心课堂，强调以学为主

教与学的关系是贯穿教育教学活动始终的一对主要关系，由教与学关系产生的问题不仅是教学论研究对象，更是课程改革的一对永恒主题。历史上各种教学理论和教

---

① 中华人民共和国教育部：《义务教育数学课程标准（2022年版）》，84页，北京，北京师范大学出版社，2022。

学改革基本上都是围绕教与学这一关系展开的。素养导向的教学改革必须重视教与学的关系变革，明晰教与学的关系立场。

1. 建立学习中心课堂是全面深化课程教学改革的必然要求

改革的核心要义是解放人，课堂教学改革的宗旨是解放学生。从教走向学是当前世界教学改革的共同价值旨归。新课程改革强调从教走向学、倡导学习方式变革，也取得了明显成效，创造了自主、合作、探究等典型经验。总体看，现实中"教"的本位意识和讲授中心课堂尚未得到根本性改变，以教为主向以学为主的转变还有一定差距。从根本上实现以教为主转向以学为主，推进教与学关系的根本性调整，是新课程的价值使然，更是建立新课堂教学的首要任务。试想，以教师讲授活动为主的课堂无论采用什么新颖的模式，或者以什么新奇的样态出现，即使是非常吸引学生的注意力，甚至一时取得多么显著的成效，都不是教学改革的方向和正道。全面推进教与学的根本性调整，实现以教为主向以学为主的转变，才是教学改革的根本方向和长久之计。

2. 建设学习中心课堂是核心素养落地的必然要求

学习中心课堂要以学习为主活动、主形式、主线路，这是激活学生学习的潜力、能力、实力的基础。只有学生学的力量被激活释放，知识才能有效转化为学生素养，核心素养导向的教学才能有效落地。一方面，要把课堂教学建立在依靠、利用、发挥学生的学习潜力、能力和实力之上。教学过程是教不断转化为学的过程，最终实现教是为了不教。培养能力的路径就是使用能力，让教学走在发展的前面，引领、刺激、带动学生学习能力的发展。另一方面，课堂教学要以学生的学习活动为主。课堂教学的设计、组织必须以学生的学习为主线，让学生的学习从不知到知、由浅入深、由表及里、从感性到理性。学生的学习活动包括自主学习、合作学习等。这些新形态的学习应占据课堂的主要时空并成为课堂教学的主要形态，进而让学生的学习在课堂教学中真实、深刻、完整发生。

(三)培育课程新生态，聚焦新课程实施

新课程实施生态由政府主导、学校主体、社会协同、专业和技术支持的价值行为系统组成。① 构建新课程实施新生态，是当前乃至今后相当长时期新课程实践面临的首要任务。

1. 构建新课程实施的政治文化生态，发挥新课程实施的政府主导功能

任何教育改革都是思想价值观念的变革，深受制度机制和利益的触动。应试教育

① 张志勇、张广斌：《义务教育课程改革的政策逻辑与生态构建——〈义务教育课程方案和课程标准(2022年版)〉解读》，载《中国教育学刊》，2022(5)。

政绩观不改变，功利化、短视化教育盛行，立德树人的根本任务就难以落实。新课程必须构建管、办、评、督一致的课程实施新生态。

一是明确四级课程实施主体。新课程首次提出国家、省、地市县和学校四级课程实施主体，要求各司其职、各尽其责，协同推动新课程落地实施。国务院教育行政部门负责指导省级教育行政部门全面落实国家课程、建设地方课程、规范校本课程；省级教育行政部门负责统筹规划本区域课程实施安排、资源建设与利用等，同时指导督促地市、县级课程实施；地市、县级教育行政部门负责课程实施过程的检查指导，提供条件保障；学校被赋予课程实施的责任主体地位，负责健全课程建设与实施机制，制定有效措施，加强教师队伍建设，提升课程实施能力。

二是建立课程实施监测机制。课程质量监测的目的是服务、反馈、改进和推动新课程更好实施，是课程实施政治文化生态的重要内容。新课程首次提出"开展国家、省两级课程实施监测"[①]，明确教育部和省级教育行政部门委托专业机构进行课程实施监测。监测范围覆盖国家课程、地方课程和校本课程，监测内容包括课程开设、课程标准落实、教材使用、课程改革推进等方面，同时把党中央和国务院系列教育要求等作为监测重点。

三是建立课程实施督导机制。建立督导机制旨在督导课程实施环境和条件保障，明确要求对地方各级人民政府课程实施保障情况、学校课程开设和教材使用情况进行督查，并把义务教育质量监测结果作为课程实施质量的重要指标，以督导确保义务教育课程开齐、开足、开好。

2. 构建新课程实施的学校文化生态，赋予学校教师课程实施的自主权

只有赋予教师课程改革的主体地位，教师才能成为课程改革的第一责任人，才能真正在实践中自觉把新课程理念落地。

一是营造素质教育课程改革的文化生态。广大教师应深刻把握新课程的性质、定位及新理念、新变化，形成新课程改革的内在自觉和自主实践。

二是教师专业发展和心灵成长相结合。教学是一项专业化事业。教师要避免专业恐慌和专业孤独，在专业共同体中获得专业支持、享受专业成长的幸福。教师专业成长要建立纵向衔接、横向交叉的研究共同体。学科教研在现有基础上要进一步探索基于学校的跨学科、跨年级教师教研共同体，让更多教师承担起课程实施主体责任并将其转化为自觉行动；探索基于区域的跨学科、跨年级教师教研共同体，解决区域层面

---

① 中华人民共和国教育部：《义务教育课程方案（2022 年版）》，16 页，北京，北京师范大学出版社，2022。

的新课程育人短板问题，引领区域课程发展方向；同时促进教师能力建设与心灵成长相结合。好的课程实施不仅需要教师的专业成长，还离不开教师的心灵成长。美好心灵需要教师自我呵护，更需要人们对教师职业的尊重。没有教师的心灵成长和人们对教师职业的尊重，教师很难发自内心地关爱学生，新课程实施也将会大打折扣。

三是拓宽教师新课程实施的自主空间。目前，学校作为千条线中的"一根针"，疲于应付各种活动检查，以至于出现教师教书育人主业被副业化现象。学校既不能两耳不闻窗外事，也不能被社会事务缠身、过度社会化。地方和学校要研究教师工作日常，为教师减轻负担；同时，建立教师实施新课程任务责任清单制，确保教师课程教学、研究和交流研讨时间，以及保障课程教学、教科研等经费，明确教育政治红线，让教师轻装上阵、全身心投入课程改革。

3. 构建以数字为底层的新课程实施的社会文化生态，形成协同育人合力

数字时代，学校、家庭、社会教育边界被解构，人人皆学、处处能学、时时可学成为现实。人与地球的关系、人与技术的关系都在发生着深刻的变化，而这正在改变着人与人的关系。这带来了新的可能，也凸显了整个世界是相互关联的。我们的教育系统应该更加重视世界的关联性，体现关联性的力量源泉作用。学校教育作为立德树人主阵地，就必须走出"知识再生产"的"孤岛"状态。同时，数字技术在教育教学中被广泛应用，数字教育教学正在成为推动课程实施的新动能，以数字为底层的教育教学成为数字时代课程改革的新样态。

一是提高协同育人的认识站位。学校、家庭、社会协同育人，无形中给教师增加了工作量，带来较大的工作压力。要解决这一问题，首先要从理念认识上明确学校、家庭、社会协同育人机制是教育体制机制的重要组成部分，是国家、地方或学校为了达到协同育人的效果而制定的有关设计安排、有效运转以及考核评价等系统性制度。[①]

二是做好协同育人的优质教育资源供给。义务教育新课程的实施特别需要社区、家庭教育资源的支撑。开放的、多元的教育资源供给是义务教育新课程实施的必备条件。

三是多举措推进学校、家庭、社会协同育人。新课程呼唤学校、家庭、社会教育新生态。学校教育以学科教育为主，家庭教育以生活教育为主，社会教育以实践教育为主，三者应相互协同、相互支撑、相互补充。

---

① 张广斌、陈朋、王欢：《我国学校家庭社会协同育人的政策演变、研究轨迹与走向》，载《北京教育学院学报》，2021(6)。

4. 构建新课程实施的专业和技术文化生态，提升新课程实施能力和水平

当今教师工作的专业化、智慧化、协同化要求越来越高，义务教育新课程的实施离不开良好的专业和技术文化生态。新课程实施专业支持系统建设尤为重要，要加快建立新课程、新教材落地的专业服务体系。

一是强化新课程实施的国家专业支持。国家层面依托课程教材专家团队和教材研制出版单位，研制义务教育课程实施指南，依据学业质量标准研制学生分层作业训练体系，开发学业质量评价标准工具，提供大量可供选择的优质教学案例资源；组织创建新课程创新实施示范区、示范校，及时把典型经验和成果向全国宣传推广，适时组织开展新课程资源案例遴选工作，进一步提高教师对课程资源的选择性和利用率。

二是强化新课程实施的区域专业服务。发挥我国各级教研力量在义务教育新课程实施中的专业支持作用，建立新课程区域全员专业服务体系，形成教研员全员服务、名师带动、骨干引领的新课程实施专业支持网络，让广大教师在新课程实施中做到"经验可分享，问题能解决"。

三是强化新课程实施的社会专业服务。素养导向的义务教育新课程实施对资源支撑和专业要求提出了更高标准。团结更大范围内的课程教学专业共同体为课程实施提供专业支持，是未来课程实施专业服务的重要方向。发挥高校、民间研究机构在新课程实施中的专业支持作用，鼓励支持区县、中小学通过政府购买服务引入高质量专业服务。

四是发挥数字教育教学的新动能、新优势。伴随着数字时代的到来，互联网、大数据、生成式人工智能等新技术正在改变着人们的生产生活方式，也改变着教育教学方式，对新课程实施既是挑战，也是机遇。国家教育数字化战略行动实施以来，国家、区域、学校教师课程实施的数字化环境发生了很大变化，数字教育教学生态环境正在孕育形成。一方面，国家智慧教育公共服务平台不断优化升级，为新课程实施提供了丰富的课程资源，使教师数字化课程资源共建共享能力得到进一步提升。另一方面，学校把建设数字教育教学生态环境作为课程实施的重要任务，借助各种教育教学服务支持数字技术，为教师课程实施提供实时有效的教学反馈信息，帮助教师动态把握学生的学习情况。同时，学校积极创造条件，让每位教师都有机会、有能力、有热情成为数字时代数字教育教学的建设者和推动者。

模块二
语文项目式学习的
发展历程与
实践路径

一、 语文项目式学习的发展历程

项目式学习的历史可以追溯到 16 世纪后期的意大利建筑领域。项目式学习从培养优秀建筑师的辅助方式，逐渐发展为得到广泛认可的教学方法。我国的项目式学习始于 20 世纪 90 年代末。随着项目式学习研究和实践成果的引入，各类研究主体从自身特点和教学目的出发，在多个领域开展项目式学习探索并取得了丰硕的成果。语文项目式学习蓬勃发展，教师围绕课标、专题、单元开展教学实践，形成了很多较为成熟的项目式学习案例。

（一）项目式学习的提出

项目式学习又被称为"项目化学习""项目教学法""基于项目的学习"。项目式学习从提出到现在，涉及的领域从专业技术人员培养转向学校教育，目标指向从专业技能转向学科素养，影响范围从欧洲扩展到全世界。随着相关理论研究和实践转化的不断深入，项目式学习对当代教育理念的革新和教育模式的优化产生了越来越广泛的影响。

1997 年，诺尔全面梳理了 16—20 世纪项目式学习发展流变过程。从词源入手分析，诺尔认为项目式学习起源于 16 世纪后期意大利的建筑工程教育运动，而不是斯帝姆森的"家庭项目计划"或理查德斯和杜威的手工和工业艺术课程。诺尔在 1997 年的文章中提到，项目一词来自 16 世纪后期意大利的建筑工程教育运动，历经 200 多年，成为欧洲学术界认可的一种教学方法，即项目式学习。①

1. 项目式学习提出的背景

文艺复兴是发生在 14—16 世纪的一场反映新兴资产阶级要求的思想文化运动。意大利作为文艺复兴的发祥地，孕育了但丁、彼得拉克、达·芬奇、米开朗琪罗等文艺复兴先驱，在科学和艺术领域开启了新的历史篇章。

意大利文艺复兴在建筑方面始于佛罗伦萨，影响遍及整个欧洲，形成日渐典型的意大利文艺复兴建筑风格。这一时期，意大利的世俗建筑得到了极大发展，大批城市广场、公共园林的建成不仅为市民的公共生活提供了便利，而且孕育了如梵蒂

---

① Michael Knoll，"The Project Method：Its Vocational Education Origin and International Development," *Journal of Industrial Teacher Education*，1997 (34)，pp. 59-80.

冈宫、枢密院、教廷贵族府邸等代表性建筑物。建筑市场需求的壮大、设计手法的创新、建筑大师的相继诞生等有利条件共同促成了建筑理论巨著的问世和建筑理论的突破。这些进步和超越都使意大利文艺复兴建筑对后世的建筑发展产生了深远的影响。

(1)以佛罗伦萨的建筑为代表的文艺复兴早期(15 世纪)。

14 世纪至 15 世纪初,意大利文艺复兴运动早期的主阵地在行会。行会是欧洲中世纪最富特征性的组织。行会由同一行业的手工业者组成,有明确的行规、调解纠纷机制和对外交涉模式,具有较强的垄断性、职业性、阶级性和区域性。意大利文艺复兴在建筑方面的主力军是行会工匠,建筑师是行会的工艺匠师。

随着城市生活的富足和人文主义思想的发展,意大利中部、北部等经济较为繁荣的城市对公共建筑的需求逐渐增强,日益完善的公共建筑物成为城市中心广场上的主要建筑物。出于实用性和需求量的考虑,这类建筑的风格保持了较强的市民文化特点。从设计角度看,虽然采用柱式结构,但整体构图活泼,充分体现了这一时期世俗建筑发展的趋势。

14 世纪下半叶至 15 世纪前 20 年,意大利北部和中部的部分城市逐渐成为地中海较为富庶的地区,为佛罗伦萨成为早期文艺复兴运动的中心创造了经济基础。在美第奇家族影响和支持下,佛罗伦萨吸引了各行各业的大量人才,文学和艺术欣欣向荣。

(2)以罗马的建筑为代表的文艺复兴盛期(15 世纪末至 16 世纪上半叶)。

随着新航路的开辟和新大陆的拓殖,欧洲贸易中心逐渐从地中海转向大西洋沿岸。断断续续统治佛罗伦萨近三个世纪的美第奇家族身边聚集了大量文学家、艺术家。美第奇家族族长教皇利奥十世继承了家族对文艺的热忱态度,为以艺术为生的工艺者提供无偿的经济资助。但由于贪图享乐、挥霍无度,他将原本摇摇欲坠的教皇国推向悬崖。客观地说,利奥十世对文学艺术的保护和对传统建筑的完善促进了罗马的蓬勃发展。受到这一因素的影响,音乐家、画家、文学家、建筑师纷纷涌向罗马,罗马真正成为新的文化中心,促使文艺复兴运动到达鼎盛时期。

美第奇家族为建筑业的繁盛提供了人才汇聚的基础;长期战乱造成的屋宇残败为建筑业的发展提供了现实需求;才华横溢的建筑师可以在教廷、教会和贵族兴起的土木工程中施展艺术才华,开创建筑流派;普通的建筑工匠可以从众多的建设项目中获得生计,磨炼技艺。这些因素共同促成了 15 世纪末至 16 世纪上半叶意大利建筑行业的繁盛。

(3)文艺复兴晚期(16世纪中叶和末叶)。

随着意大利经济的衰退，封建势力得以巩固。自16世纪中叶起，贵族在城市复辟，宫廷借机恢复中世纪的制度和地位。这一时期，教皇在欧洲疯狂镇压发端于德国的宗教改革运动，企图利用耶稣会迫害进步思想和先进科学。特伦特宗教会议发动了全面的反宗教改革运动，编订《特伦特教会会议法律与议案》，旨在整顿教会纪律、抵制新教、排斥异端。文艺复兴因此受到严重打击，力量逐渐衰弱，直至16世纪末叶走到晚期。

和盛期相似，文艺复兴晚期的艺术家和建筑师仍旧主要为教廷和宫廷服务。他们的身份彻底固化，既不是文艺复兴初期的工匠，也不是文艺复兴盛期的人文主义者，而是教廷和封建宫廷的臣仆。教廷和宫廷越发重视他们，设立了专门的学院来培养艺术家和建筑师。

对于这样看似"优渥"的身份地位，艺术家们似乎并不满意。意大利建筑师意欲改变当时所属的工匠阶层，实现职业的专业化发展，提高社会地位，同时为弟子们争取通过学习来提高文化程度的机会。在他们看来，在传统上，建筑工人接受的训练不足以满足艺术和科学的要求，也不足以使他们设计出真正具有艺术性和实用性的建筑作品。为了提升职业地位和专业水平，建立建筑艺术学科迫在眉睫。

1577年，在教皇格雷戈里十三世的赞助下，罗马建立了一所艺术学院——圣卢卡艺术学院。学院把艺术的创造性和专业化作为培养目标，为优秀学生提供富有挑战性的设计项目，如设计教堂、纪念碑、皇宫等。课程学习主要通过教师做示范、学生动手操作来进行，旨在引导学生在体验中领悟建筑原理，在实践中学到操作技术。教学模式主要是将建筑设计项目从工作室搬到学院，就像科学家的实验、律师的案例研究一样，以"做中学"的模式搭建起理论和实践之间的桥梁。

2. 项目式学习的发展历程

项目式学习的发展经历了漫长的历史时期，可归结为以下四个阶段：19世纪前，项目式学习的理念逐渐兴起，方法逐步形成；19世纪开始，项目式学习的中心逐渐从欧洲转移到美国，领域不断扩大，实践模式日渐丰富；20世纪，项目式学习的中心回到欧洲，随着研究和实践的深入，项目式学习的内涵和价值被广泛讨论；21世纪，有关项目式学习的讨论转向目标价值的提升和对实践成果的提炼与反思。

(1)理念兴起和方法形成。

1577年，圣卢卡艺术学院创建了最早的项目式学习模式，旨在为优秀的建筑人才提供富有挑战性的模拟真实建筑工程的项目，但影响力较弱、覆盖面较小。设计教堂、纪念碑等公共建筑的模拟项目主要用于学院组织的建筑设计大赛，学生在虚拟场景和情境任务中体验建筑的设计过程。

1671 年，法国巴黎皇家建筑学院扩大了项目式学习模式的应用范围，要求相关项目比赛的参赛者必须是注册的学生，并将每年一次的赛事改为每月一次。1763 年，学院专门设立了"普利斯竞赛奖"，帮助获奖学生得到建筑专业领域的认可，进一步扩大了这一学习模式的影响力。随着项目式学习模式的推广，它的效果得到了认可，项目式学习在真正意义上完全融入培训课程，并且逐渐融入建筑学院课程大纲，成为学术界普遍认可的教学方法。

这一时期的项目式学习的影响力和教学效果得到了较为广泛的认同，但还停留在建筑设计领域的职业技能教育方面，被看作建筑课本理论学习的实践演练和练兵场。

（2）角色定位和模式探索。

19 世纪，项目式学习的实践领域不断扩大，影响力不断增强，从建筑拓展到工程，从欧洲传播到美国，随之而来的是对项目式学习自身角色定位、意义价值和理论研究的突破。研究者和实践者逐渐意识到项目式学习的优势不仅在于弥补书本知识的不足，为学生提供实操和模拟的机会，提升学生的操作和实践能力，而且在于能够加深学生对书本知识的理解，使学生实现知行合一。随着项目式学习成果和学习效果的推广，项目学习逐渐走向建筑设计和手工业培训的舞台中央。

1865 年，麻省理工学院创始人罗杰斯从德国和瑞士带回"项目"的概念，旨在培养掌握科技知识的优秀工程师。1867 年，麻省理工学院校长郎克尔创办了机械艺术学院，将手工操作项目作为弥补相关专业学生实践动手能力不足的辅助措施。

在项目式学习从边缘走向中心的过程中，不同研究者和实践者就项目式学习的价值和发展方向提出了不同的看法。伊利诺伊州工业大学机械工程学院的罗宾逊教授从理论与实践关系的角度出发，提出项目式学习应该贯穿课程始终的观点，主张让机械工程学院的学生走进车间，体验完整的创造和生产过程，尝试把在课堂上设计的方案变成实际产品。华盛顿大学的机械工程教授伍德沃德提出项目式学习的"线性模式"，即由简到繁、由易到难、由已知到未知，在教授中让学生熟知简单的工具名称及基本技术，经过一系列基础练习，最后在实践中实施项目。"线性模型"先理论后实践的路径能够弥补原有教学模式重实践轻理论的问题。实用主义教育家杜威提出"建构性作业"的概念，即学生应该在体验生活中主动学习。他提出：教育即生活，学校即社会；为社会生活做准备的唯一方式就是投身于社会生活；教师要引导儿童"做中学"；等等。杜威的教育理论强调个人发展、在实践中学习和体验式学习，成为 20 世纪项目式学习研究与探索最重要的理论支撑。

项目式学习在 19 世纪经历了由附加的培训项目到理论课的补充，由贯穿课程始终再到降级使用的"线性模式"这种折中方法，最终以"建构性作业"的体验式学习模式完成了其从附属地位到主导地位的角色蜕变。实践领域的丰富探索不仅积累了操作经验，而且为项目式学习内涵、意义及理论的挖掘打下了坚实的基础。

（3）内涵揭示和价值讨论。

19 世纪末，受到杜威思想的影响，研究者们对项目式学习的关注点逐渐从形式转向内涵。美国哥伦比亚大学的理查兹实施"自然的和社会的学习"项目、斯廷森等研究者在马萨诸塞州一所职业高中的农业类课程中实施的"家庭项目"等实践尝试让项目式学习的应用领域从建筑设计从业的手工操作培训走向不同学科的课程和教学。人们认识到：项目学习除了应使学生掌握技能外，还应探讨其对个人兴趣和经历的特殊意义；项目学习课程应该建立在了解其内涵、意义、学习过程及学习者心理的基础上，不仅要考虑单个项目从设计到成果的完整性，还要考虑学科逻辑。研究者们在大量实践经验的基础上开始将目光转回项目式学习自身，探讨项目式学习的本质价值。

斯奈登、艾丽斯等研究者从各自的研究领域出发，对项目式学习进行定义。大部分定义关注真实情境和问题解决，但都不具备普遍性，难以对整个教育领域的项目学习起到概括和宏观指导的作用。克伯屈尝试对项目式学习进行广义的界定，他提出了建构式、体验式、问题式、特定式四种项目课堂模式，阐明项目式学习主要指以学生为中心的学习和注重现实体验的学习模式。克伯屈对项目式学习的广义界定引发了学术界对项目式学习深层内涵的讨论。20 世纪 70 年代末至 80 年代初，欧洲一些教育改革家坚信项目学习帮助他们找到了学校乃至社会民主与解放的机制，认为项目学习是教育的自然本法，所有公民都因为它而发生改变。20 世纪，项目式学习经历了内涵界定和价值讨论的过程，研究者们在实践基础上展开讨论，从"是什么"到"怎么做"有了非常明确的概念，项目式学习的内涵、目标与价值有了明确定位，项目式学习理念得到普遍认同，项目式学习方法在国际范围内得到了广泛的传播。

（4）价值提升和反思验证。

进入 21 世纪，项目式学习的相关研究从对内涵与价值的揭示阶段进入反思和思辨阶段。项目式学习作为一种推动教育改革的重要力量，影响着学习内容、学习方式、学习主体等一系列关键要素。

相关研究成果可以分为实验性研究、探索性研究和反思性研究三大类。实验性研究主要集中在项目式学习对学习成绩或某种能力提高的有效性研究上。相关研究得出结论：项目式学习不仅可提高学习成绩，而且对思维能力、深度学习能力、跨学科学习能力、可持续发展的学习能力等具有很好的促进作用。探索性研究多见于将项目式学习用于不同的受教育群体和环境的实践，尝试项目式学习在各自领域的可行性和适用性。这类研究普遍认为项目式学习可用于所有受教育群体和环境，也可用于各种内容的教学。研究者们认为现代教育技术用于项目式学习可以使教学效果较好。反思性研究主要指对项目实施过程、研究结果等进行再认识和再思考的研究。这类研究发现，在项目实施过程中，教师的角色与态度对项目式学习的实施效果有很大影响。相关研究在取得成果的同时发现了项目式学习在应用中面临的挑战，如项目学习耗时多、容量大、活动难以掌控、资源需求强等，这些在实践层面的挑战会影响项目式学习的实施效果。三类研究涵盖了项目式学习在实践基础上的理论探索，但并没有建立起相对完整、独立的理论体系，尚未给项目式学习的实践提供系统化指导。[①]

3. 项目式学习的基本理念

项目式学习中的项目是管理学科中的项目在教学领域的迁移、延伸、发展和具体运用。将管理学科中的项目迁移到教育领域，学生扮演制作者、推销者、展示者的角色，遵从项目目标，运用学科基本原理制作符合客户要求的作品。

美国巴克教育研究所在《项目学习教师指南：21世纪的中学教学法(第2版)》中把以课程标准为核心的项目式学习定义为一套系统的教学方法，强调它是对复杂、真实问题的探究过程，也是精心设计项目作品以及规划和实施项目任务的过程，学生在此过程中能够掌握所需要的知识和技能。[②] 简言之，教学领域项目式学习指的是一种围绕项目展开的探究性学习模式。学习者为了完成项目目标，需要完成展开调查、参与设计、解决问题、制定决策等一系列复杂任务，最终以陈述或交付实际产品的方式结束项目。

项目式学习的基本理念包含建构主义理论、实用主义理论和发现学习理论。

(1)建构主义理论的基本理念。

建构主义是认知心理学派的分支。在皮亚杰"认知结构说"的基础上，科尔伯

---

① 刘育东：《国外项目学习的历史沿革及发展趋势》，载《教育理论与实践》，2019 (39)。

② [美]巴克教育研究所：《项目学习教师指南：21世纪的中学教学法(第2版)》，任伟译，4页，北京，教育科学出版社，2008。

格、斯腾伯格、维果斯基等研究者对认知结构的性质和发展条件、个体主动性的作用、最近发展区等问题进行了深入研究。

建构主义理论的核心观点是学习者主动建构知识的意义的过程，而非被动接受知识本身的过程，因此教学并不意味着教师把知识简单地传递给学生。不同学习者由于成长背景、个性特征、知识储备、文化差异等因素的影响，对不同事物的意义的建构结果会存在差异。依照建构主义理论的观点，事物的意义在学习者与现实世界的接触中产生并被构建起来。学习者基于已有知识和经验基础对外部信息进行选择、加工、处理，建构专属于学习者个体的意义。在这一过程中，学习者已有的知识经验因为新知识和经验的进入而发生改变。

同化和顺应是学习者认知结构发展变化的两种途径。同化是学习者把外在的信息纳入已有的认知结构，以丰富和巩固已有的思维倾向和行为模式的过程。顺应是学习者已有的认知结构与新的外在信息产生冲突，引发原有图式的调整或变化，从而建立新的认知结构的过程。同化和顺应是学习者与周围环境达成平衡的重要路径。学习者能够用已有图式同化新知时，便处于认知平衡的状态；已有图式不能同化新知时，学习者需要通过修改已有图式或创造新图式来寻求新的平衡。知识结构在不断同化与顺应中逐步建构、完善，新旧知识与经验间的反复交互，也是学习者与学习环境交互的过程。

对建构主义理论而言，情境、协作、会话、意义建构是学习环境中的四大要素。情境必须有利于学生对所学内容的意义建构。协作贯穿整个学习活动过程，教师与学生之间、学生与学生之间的协作对学习资料的收集与分析、假设的提出与验证、学习进程的自我反馈、学习结果的评价以及意义的最终建构都起到十分重要的作用。会话是协作过程中不可缺少的环节，学习小组成员之间必须通过会话来商讨如何完成规定的学习任务。协作学习过程是会话过程，在此过程中每个学习者的思维成果都为学习群体所共享。建构的意义指向事物的性质、规律以及事物之间的内在联系。在学习过程中帮助学生建构意义，使其对当前学习的内容所反映的事物的性质、规律以及事物之间的内在联系产生较深刻的理解，是教学活动的最终目标。

项目式学习是在真实情境中通过教师指导来让学生主动探究和广泛交流，从而不断解决疑难问题的学习模式。在这一过程中，学生完成知识意义的建构。基于建构主义理论的项目式学习教学设计须关注问题、中心、环境、评价四个要素。

第一，项目式学习强调以问题为核心驱动。问题可以是项目、案例或实际生活中的真实矛盾或两难处境。问题应该在真实的情境中展开，教师应为学生设计真实性任务。第二，项目式学习以学生为中心。教师、教学内容等教学因素都作为广义的学习环境支持学生的自主学习，引导学生聚焦问题。第三，项目式学习要求学习环境具有复杂性和真实性，这反映在学习目标、学习资源、认知工具和评价工具等方面，是项目具有挑战性的保障。学生必须在复杂环境中开展学习活动，环境为学生提供支持和挑战。第四，项目式学习强调非量化的整体评价，注重评价的过程性、评价主体的多元性和学习者的个性特点，反对过分细化的标准参照评价。

（2）实用主义理论的基本理念。

杜威针对以课堂为中心、以课本为中心、以教师为中心并且注重强制性的纪律和教师的权威作用的传统教育，在美国哲学家皮尔斯、詹姆斯等人的实用主义哲学的基础上提出了实用主义教育理论。他阐述了新"三中心论"，即经验中心、儿童中心、活动中心的教育思想，和旧"三中心论"相对。

①经验中心：杜威认为知识不是由读书或听人解释而得来的结论，一切知识都来自经验。他提出教育即生活教育，教育是传递经验的方式。

②儿童中心：实用主义理论反对传统教育忽视儿童兴趣和需要的做法，主张教育应以儿童为起点。杜威认为，当时的教育正发生的一种变革是重心的转移，在这种转移中儿童成了"太阳"，各种教育措施围绕着他们展开。兴趣显示着最初出现的能力，教育者需要细心观察儿童的兴趣。

③活动中心：杜威认为崇尚书本的弊端是没有给儿童提供主动学习的机会，只提供了死记硬背等被动学习的条件。他将学校看作一种社会组织和社会生活的一种形式，认为让学生从实践活动中获得学习体验和相关知识（即"做中学"）尤为重要。

杜威提出了教学过程的五个要素：设置疑难情境使儿童对学习活动有兴趣；确定疑难在什么地方并让儿童进行思考；提出解决问题的种种假设；推断哪一种假设能解决问题；进行试验、证实、驳斥或反证假设，通过实际应用来校验方法是否有效。这五个要素反映了杜威重视实践应用和在实践中培养学生能力的主张。但从某种程度来说，这一观念忽视了间接知识和课堂教学形式等因素对学生学习的影响。

项目式学习强调对学生实践能力的培养，对应杜威所强调的经验中心、儿童中心、活动中心。项目式学习在实践过程中主要采用"做中学"的方式开展教学。学生在真实情境中开展各种探究活动，以完成作品和产品的方式实现知识学习。

（3）发现学习理论基本理念。

针对传统教学的知识传递的观点，布鲁纳提出了发现学习理论。他认为学习者的学习过程和人类的认识过程是一致的，学习者需要用自己的头脑亲自获得知识。

对学科学习而言，掌握学科结构至关重要。学科结构不能靠简单传授获得，因此要教会学生去不断发现。发现学习有助于提高学生的智力和记忆力，将学生的外在动机向内在动机转化，使学生学会发现。因此，他主张学生在学习过程中主动利用学习材料，像数学家那样思考数学，像历史学家那样思考历史，像作家那样揣摩创作规律和读者心理，用自己的头脑亲自发现问题的结论、概念和规律，以发现者而非接受者的身份进行学习。他认为，对学习过程而言，发现不限于寻求人类尚未知晓的事物，还包括用自己的头脑亲自获得知识的一切方法。

布鲁纳设计了发现学习的程序：提出问题、创设问题情境、提出假设、检验假设、得出结论。和发现学习理论一样，项目式学习同样主张学生扮演发现者而非接受者的角色。在学习过程中，学生以解决问题为目的，形成假设，提出解决问题的方案，然后通过各种途径收集资料、提出假设、实践探究、验证假设、形成结论。

在以上三种理论的基础上，项目式学习主要由内容、活动、情境和结果四大要素构成。内容，即学科核心观念和原理。项目式学习的主要内容是现实生活和真实情境中的各种复杂的、非预测性的、多学科知识交叉的问题。活动，即生动有效的学习策略。项目式学习的活动主要指学生在采用一定的技术工具和研究方法来解决所面临的问题时所采取的探究行动。活动具有挑战性、建构性，尊重学生的个性。情境，即特殊的学习环境。情境指支持学生进行探究学习的环境，既可以是物质实体的学习环境，也可以是借助信息技术条件所形成的虚拟环境。结果，即丰富的学习成果。结果指在学习过程中或学习结束时学生通过探究活动所学会的知识或技能。同时，项目式学习可以帮助学生学会学习。[①]

(二)语文项目式学习的研究综述

项目式学习自 20 世纪 90 年代末被引入我国后，经历了不同的发展阶段，展示了不同的发展路径。各学科的项目式学习实践均取得了丰硕的成果，语文找到了与项目式学习相切合的实践路径，语文项目式学习蓬勃发展。语文项目式学习研究主体包含专业科研开发者、区域教科研组织、各级学校教师三类。三类研究主体围绕课标任务群、单元、专题开展语文项目式学习实践，探索适合语文的项目式学习研究内容。研究成果日益丰富，在概念、特点、实施策略等方面形成了语文项目式学习的研究成果。

---

① 刘景福、钟志贤：《基于项目的学习（PBL）模式研究》，载《外国教育研究》，2002(11)。

1. 我国项目式学习研究概述

项目式学习在 20 世纪 90 年代末被引入我国。1995 年，《科学课》杂志刊登了德国的波拉克在中德自然常识研讨会上介绍的"德国家乡常识课项目设计教学实例"的翻译稿，介绍了项目教学法的价值及其在德国基础教育教学中的应用。1998 年，《管理与效益》刊登的《项目教学法的培训效果初探》介绍了在工商管理干部培训中应用项目教学法的收获，成为第一篇描述项目式学习在成人教育中的应用的论文。1999 年，《中国培训》刊登的《"项目教学法"——一种有益的尝试》介绍了项目教学法在企业培训中的效果。2000 年，《职教论坛》刊登了《国外职教的教学方法》一文，将项目式学习介绍到了我国职业教育领域。同年，张彦通在《英国高等教育"能力教育宣言"与"基于行动的学习"模式》一文中介绍了英国莱斯特大学的项目教学模式，认为项目教学作为英国高等院校的人才培养模式之一，对我国的教育教学改革具有积极的借鉴意义。在几位研究者的关注和介绍下，项目式学习逐渐被国内研究者知晓，这是项目式学习进入国内研究者视野的过程。

项目式学习的研究领域逐渐扩大，涉及基础教育、职业教育、高等教育、成人教育等领域。理论研究和实践研究均有所突破，相关研究成果和论文数目大幅增加，各类研究百花齐放。刘育东在《我国项目学习研究：问题与趋势》中将相关研究大体分为六类。

①综述类：对项目式学习的内容、理论依据及应用原则等进行介绍和讨论或对项目式学习的实施进行概述。

②有效性研究类：对项目式学习在教学中的应用过程进行叙述性研究、描述性研究或实验研究，以此证明项目式学习的有效性。

③评价研究类：针对项目式学习中的评价问题进行研究。

④教师发展研究类：针对项目式学习中的教师发展问题进行研究。

⑤课程建设与人才培养类：针对项目式学习中的课程建设与人才培养进行研究。

⑥问题与对策研究类：针对项目式学习中出现的问题及其对策进行研究。①

2. 学科项目式学习研究

随着项目式学习在国内研究和实践的日益深入，学科项目式学习逐渐替代综合

---

① 刘育东：《我国项目学习研究：问题与趋势》，载《苏州大学学报(哲学社会科学版)》，2010(4)。

实践活动，成为项目式学习的研究和实践中心。项目式学习与学科教学的深度融合是项目式学习真正从课外走进课堂的重要转折。

与学科教学融合的项目式学习仍旧保持注重创新能力和实践能力培养的特征。以项目式学习为学习模式开展学科教学实践，学习目标、驱动任务、核心概念、学习结果等凸显学科特点。与综合实践课程中的项目式学习不同，在学科课程中实施的项目式学习具有以下特点。

①项目式学习在应用于综合实践活动时，经常作为核心课程的边缘，而项目式学习与学科教学的融合强调以项目为中心、学科知识与项目目标无缝融合。

②项目式学习在应用于综合实践活动时，学习内容、途径、方法、学习结果的表达方式都具有充分的开放性，强调学生参与探究的过程，重视学生在探究实践中的体验，并不特别强调对某一特定学科的知识、技能的系统掌握。项目式学习与学科教学的融合一般依托特定的学科知识内容展开，尽管非常重视学习的开放性，但始终以特定学科知识的掌握和学科能力的培养为目标。

③项目式学习在应用于综合实践活动时，课与课之间的联系较为松散，缺乏连贯性的设计。项目式学习在与学科教学的融合中，特别注重教材使用的个性化和多样化，强调课程之间的关联设计，以项目贯穿整个课程学习过程。①

3. 语文学科项目式学习研究

从项目式学习的特点出发，学生在语文学习中围绕学习项目，通过丰富的语言实践活动来真正将知识内化为能力，并在情境体验中将其凝练为素养。从项目式学习的角度看待语文课程和教学，教学设计要素没有改变，要素的内涵发生了变化：课程目标不是静态的规定，而应考虑目标与过程、目标与学生表现行为之间的关联；教学资源不只是教材中一篇一篇的课文，而应基于问题解决，充分考量课内外文本作为教学资源的价值；教学方法不仅限于技巧层面的教学设计和教学环节，还应包含引发学生的学习行为、让行为与实践发生关联的策略；教学过程的设计不只关注课堂，教师应形成整体意识，站在单元、专题、课程的角度设计有利于项目目标达成的活动；教学评价不仅限于纸笔测验，还应关注评价内容、评价方式、评价标准、评价主体等，关注体现学生核心素养的过程性表现。

《义务教育语文课程标准(2022 年版)》指出：语言文字的运用，包括生活、工

---

① 李玉顺、张远卓：《基于项目的学习实践趋势与建议》，载《中小学信息技术教育》，2016(8)。

作和学习中的听说读写活动以及文学活动，存在于人类社会的各个领域。语文学科的外延和生活是一样的，语文学科的工具性和人文性统一的特点是其在与项目式学习融合过程中表现出的最为恰切的属性。项目式学习将生活情境中的真实语言运用转化为典型的学习活动，促使学生在完成学习项目的过程中通过积极的语言实践，形成在文化自信、语言运用、思维能力、审美创造方面的学科核心素养。项目式学习能够在考虑语言文字运用的前提下，始终围绕识字与写字、阅读与鉴赏、表达与交流、梳理与探究等语言实践活动展开项目，精选学生发展必备的知识技能，融入社科主题、科技主题、生活主题，注重思维训练和素养建构。项目基于解决实际问题，许多研究者和实践者肯定了项目式学习在课程目标、学习内容、教学实施等方面推动语文教学改革的重要作用。

4. 研究主体

从项目式学习理论和语文学科的特点出发，语文项目式学习的研究主体可以分为专业科研开发者、区域教科研组织和各级学校教师三类。

(1)专业科研开发者。

由于项目式学习发源于国外并已形成较为成熟的实践体系，国内研究者在开发标准化课程时大多参考和引用国外项目式学习的实践经验或与国外课程研究组织合作，开发具有国际前沿性并且适合我国的课程。

专业科研开发者开发项目式学习的优势在于借鉴国外项目式学习的开发经验并结合我国项目式学习的实践现状，呈现出开发人员多元化、开发角度多维化、开发种类多样化的特点，为我国项目式学习的本土实践提供了丰富的实践基础。专业科研开发者开发项目式学习的弊端在于课程的实践性转化和理论化提升方面。由于一些专业组织成立时间较短，课程设计经验稍显不足，所成立的项目式学习工作坊以及所举办的讲座、会议等多以介绍国外理论体系为主。想实现长足发展，专业组织需要加强统筹规划，完善课程框架，依据课程标准和实施主体的特征，设计出较为完善、适应一线教学需求的课程。

(2)区域教科研组织。

区域化课程是在整合区域内专业力量的基础上形成区域内项目式学习的实践方案，用以指导区域科研组织实施项目式学习的课程。区域科研组织多与试点学校合作。在科研组织的指导下，试点学校从体验式参与到每年开发课程，从学习借鉴国外项目式学习的教学案例和经验到实现项目式学习的本土实践研究。上海、浙江、江苏、北京、山西、广东等地的区域化课程呈现出鲜明的个性化与本土化特征。

以上海为例，上海市区域化课程具有逻辑清晰的开发链——上海市教育委员会统筹管理,上海市教育科学研究院普通教育研究所和上海市学习素养课程研究所整合市区科研、教研、师训等部门力量,为实验区和实验校提供专业和政策支持,以学校活动项目、学科项目、跨学科项目为主要载体,探索基于国家课程方案和课程标准的项目式学习新样态。在资金、师资、生源均为常态配置的条件下,上海市徐汇区康健外国语实验小学经过近五年的实践探索,创造出"4+1"课程模型,即实行每周四天的分科课程学习和一天的跨学科学习。以一周五天为学习单位,四天开展相对常规的分科教学,一天开展教师包班的跨学科课程,围绕"自我认识""自我表达""自我组织""身边科学""地球空间""技术工程"等主题展开。这一模式打破课时界限,模糊学科边界,让学生开展探索性活动。康健外国语实验小学所推行的"4+1"课程模型包含完整的框架结构,为学校提供了校本化的空间——方便不同学校都在同一个模型内,根据本校实际情况,形成本校特色。对我国尝试实行常态化项目式学习课程的公办学校而言,"4+1"课程模型具有可操作性。另外,"4+1"课程模型的成功实施表明分科教学与项目式学习可以打破非此即彼的对立关系,二者可以相互补充、支持,从而形成一种符合我国国情、学校校情和学生学情的课程模式。

(3)各级学校教师。

高校学者、中小学教师基于个人研究兴趣自主开展项目式学习的课程种类丰富多样、个性化较强,课程的实施者、实施目的、实施方法、实施对象各不相同。

高校学者实施的课程多面向高校学生,大多是为提升所在高校教学质量而进行的课程实验。高校学者借鉴国外相关领域项目式学习经验,依照个人对项目式学习的理解,遵从相对规范的研究流程和研究方法,将实施项目式学习的课程视为变量,设置实验组和对照组,在收集、整理、分析实验数据的基础上,得出关于项目式学习的有效性的结论。

中小学教师实施的课程多面向中小学生,注重项目式学习与学科教学的融合,多体现为实验性探索。为优化现有实践,中小学教师可以参考和借鉴专业科研开发者的课程设计和实施经验,结合所在学校特点和学科特征,运用恰当、合理的研究方法进行科学化、规范化实践。

5. 研究内容

语文项目式学习的相关研究成果不断出现,数量呈上升趋势。从宏观角度来看,研究内容主要包括项目式学习在语文学科中的价值和项目式学习在语文学科中的设计与实施策略;从微观角度来看,研究内容主要包括以语文学科中的问题为主的项目式学习或者以语文学科中的课程内容为主的项目式学习。大部分语文项目式学习研究将项目式学习作为语文教学的手段和方式，或针对某一个实践案例，或将语文项目式学习作为整体的研究对象或学习方式，旨在探索能够体现语文学科特点的项目式学习模式。

从关键词矩阵(见图 2-1-1)中可以看到，语文项目式学习研究学段包含小学、初中、高中(含中职)，其中小学占比最多，其次高中，再次初中。语文项目式学习的研究内容可以分为课标任务群维度、单元维度、专题维度这三个维度。

	项目式学习	项目化学习	项目学习	小学语文	高中语文	教学中的应用	阅读教学	大概念	小学语文阅读	整本书阅读	语文学习任务群	核心素养	教学探究	项目化	部编版	语文教学	统编教材	项目式教学	八年级	实施策略	当代文化参与	问题与对策	小学语文教育	基于项目	学习任务群	项目教学法	理性思维	六年级	群文阅读教学	教学改革
项目式学习																														
项目化学习																														
项目学习																														
小学语文	4	8																												
高中语文	4	3	1																											
教学中的应用	3	3	1	3																										
阅读教学	1	2		3		3																								
大概念	3			2																										
小学语文阅读	2	2		4		3	3																							
整本书阅读	3	1				2																								
语文学习任务群						1																								
核心素养	2	1	1	1							1																			
教学探究	1			1								1																		
项目化		1		1																										
部编版	2			1		3			3																					
语文教学				1																										
统编教材	2			2												1														
项目式教学	1			1	1																									
八年级		2																												
实施策略	1	1		1																										
当代文化参与	2			2					1				1	1																
问题与对策																														
小学语文教育				1		1																								
基于项目									1																					
学习任务群	1																													
项目教学法				2														1												
理性思维								1																						
六年级		1		1																										
群文阅读教学	1	1		1												1														
教学改革		1																												

图 2-1-1　关键词矩阵

(1)课标任务群维度。

《普通高中语文课程标准(2017 年版 2020 年修订)》在教学建议部分明确提出项目式学习在提升语文素养方面的重要作用：加强课程实施的整合，通过主题阅读、比较阅读、专题学习、项目学习等方式，实现知识与能力，过程与方法，情感、态度与价值观的整合，整体提升学生的语文素养。研究者们从学习任务群出发探索项目式学习与语文学科教学的结合。吴素荣在《项目学习：提升学生语文素养的有效学习方式》一文中提炼项目式学习的核心词，结合统编版初中语文教材的特点，通过具体阐述项目式学习典型案例实施的缘由、过程及效果，突出项目式学习的特点及对学生成长的意义①；秦旭芳、马晓亮在《大概念视域下的"当代文化参与"项目式学习设计——以部编版高中语文必修上册第四单元"家乡文化生活"为例》一文中提到的项目式学习设计案例的教学指向明确，依照"收集—交流—感悟"递进式设计，通过四个任务从不同角度引导学生，达到使学生会撰写人物(风物)志、思考家乡精神内核并增强对家乡文化的认同感的教学目的②。

《义务教育语文课程标准(2022年版)》明确提出素养型课程目标的要求，提出了分为三个层次的语文课程内容：基础型学习任务群，包括语言文字积累与梳理；发展型学习任务群，包括实用性阅读与交流、文学阅读与创意表达、思辨性阅读与表达；拓展型学习任务群，包括整本书阅读和跨学科学习。六个学习任务群各有侧重又相互交融，为语文项目式学习提供了有针对性和选择性的设计实施空间。研究者们针对学习任务群开展了针对义务教育语文课程的教学实践。基于《普通高中语文课程标准(2017年版2020年修订)》中的任务群的实践为《义务教育语文课程标准(2022年版)》发布后的实践提供了很好的参照和实践经验。相关实践多以《义务教育语文课程标准(2022年版)》中的学习任务群为依托，从对应的核心素养中提炼恰当的项目目标，以教材自然单元为项目式学习原点，联系与之相关的社会生活资源，创设相应情境，注重在真实的语言实践活动中提升素养。例如：林映在《基于学习任务的单元项目化学习路径——以四年级上册第四单元为例》一文中介绍的案例将项目式学习与文学阅读与创意表达学习任务群结合，以教材神话单元为主统整课外资源，以精读、略读、习作、语文园地、课外阅读组合的形式开展围绕神话的语言实践活动。③

---

①　吴素荣：《项目学习：提升学生语文素养的有效学习方式》，载《基础教育课程》，2019(16)。

②　秦旭芳、马晓亮：《大概念视域下的"当代文化参与"项目式学习设计——以部编版高中语文必修上册第四单元"家乡文化生活"为例》，载《教育科学论坛》，2023(14)。

③　林映：《基于学习任务的单元项目化学习路径——以四年级上册第四单元为例》，载《教学月刊小学版(语文)》，2023(9)。

（2）单元维度。

一线教师设计并实施的项目式学习多从教材自然单元或板块出发组织教学。从教材单元或板块中选择核心知识，基于真实情境确定驱动问题，组织语文实践活动，解决实际问题，探索实践路径的研究。

杨葛莉在《项目化学习：统编初中语文教材实施困境的突破》一文中提到以项目为载体，重构教学单元，"既可落实统编教材'双线组元'"的课程设计，将立德树人的课程目标贯穿始终，又可将语文学科核心素养的培育落到实处，规避以往单元学习虚化，以单篇课文代替语文课程学习内容的弊端，实现与高中语文学习的有效对接"[1]。李波的《在自己的"足迹"中完成游记——统编语文八年级下册第五单元项目化学习探索》、叶雪冰的《学习任务群视域下大单元教学的实施路径——以四年级上册"神话故事"单元为例》、杨蓉的《基于项目化学习开展小学语文综合实践活动——以统编版小学语文六年级下"难忘小学生活"为例》等，这些研究者或依托教材单元开发学习项目，或立足整本书的阅读开展项目式学习设计，或整合综合性学习与相关单元内容提炼学习项目。除此之外，还有研究者在此基础上对项目式学习设计进行分类归纳，旨在提炼教学策略和实施路径。比如，段天才基于整体单元教学视角探索小学语文项目式学习的实践路径：一是项目式学习的任务路径，明确知识目标；二是项目式学习的单元路径，实现整体把握；三是项目式学习的主体路径，构建学习共同体。[2]

（3）专题维度。

口语交际、读写结合、整本书的阅读是研究者们较为关注的专题。

李军、戴华尝试借助项目式学习解决口语交际教学的实际问题，以小组合作为形式，充分发挥学生在项目式学习中的主体地位，探索基于项目式学习的小学语文口语交际教学优化策略。[3] 舒芳围绕七年级下册第一单元和第三单元的阅读与写作

---

① 杨葛莉：《项目化学习：统编初中语文教材实施困境的突破》，载《中国教育学刊》，2019(12)。

② 段天才：《基于整体单元的小学语文项目式学习》，载《教育理论与实践》，2021(35)。

③ 李军、戴华：《基于项目化学习的小学语文口语交际教学优化研究》，载《中国教育学刊》，2023(8)。

要求，设计符合学生真实生活情境的"人物讲述"微信推送的读写结合专题。① 整本书的阅读的完成性和复杂性既是活动设计和实施的难点，也是与项目式学习结合的契机。施牡丹、何亨达通过重新编排《红星照耀中国》的相关章节来统整学习资源，以"阅读纪录片制作"为驱动任务，充分发挥评价的作用，引导学生在项目式学习过程中充分体验纪实作品的阅读策略和方法。②

除此之外，还有从文体概念本身入手的专题研究。文体指的是文章的行文特点，包括文章的章法特点和语体风格。文体是文章的上位概念，作家的创作风格、流派、美学追求等决定了文章的内容和形式，也决定了文章的本质特征。黄玉平打破课文与课文之间的壁垒，将教材中的小说作为学习资源，围绕驱动任务"我最爱的小说课本剧系列"开展专题教学。③ 项目式学习引导学生在任务实践中实现具身学习，在真实情境中建构语文知识，丰富情感体验，创造个性化项目产品。

6. 研究成果

经过研究者们的不断探索和实践，语文项目式学习的研究取得了丰硕的成果，主要表现在概念、特点、实施策略等方面。

褚树荣将语文项目式学习的概念确定为：在真实或模拟的语境中，教师精心设计项目式学习任务，整合相关课程资源，通过综合、开放、自主的语文实践活动使学生习得语文关键能力，获得语文学习成果，建构语文学习经验，形成语文核心素养和人文价值观念。褚树荣将项目式学习的特点概括如下。

第一，有一个驱动问题或引发性问题。问题是用来组织和激发学习活动的，学习活动则是有意义的项目式学习的主体。

第二，有一个或一系列最终作品，学生之间要就作品制作进行交流和讨论，从而在交流和讨论中得出结论和发现一些新的问题。

第三，关注的是多学科交叉的知识。来源于现实生活的问题是多种学科交叉的问题。在学习过程中，面对现实生活中的问题，学生需综合运用多种学科知识来理解和分析，单纯依靠一门学科的知识则无法解决所遇到的问题。

---

① 舒芳：《探索人文主题和读写能力统整的项目学习——以制作"人物讲述"微信推送为例》，载《语文建设》，2021(21)。

② 施牡丹、何亨达：《以项目化学习推进〈红星照耀中国〉整本书阅读》，载《语文建设》，2023(13)。

③ 黄玉平：《优化项目的三"度"空间，让学习更智能——以六年级上册第四单元小说教学为例》，载《语文建设》，2021(14)。

第四，强调学习活动中的合作。教师、学生及涉及学习活动的所有人员合作，形成学习共同体。在学习共同体中，成员之间是一种密切合作的关系。

第五，学习具有一定的社会效益。项目式学习能促使师生与广大的社区进行联系。学生的作品，如学习过程所需的文献资料和学生的最终作品都能够与教师、家长或商业团体进行交流和分享。学生制作的作品可以送给社区，从而获得一定的社会效益。

第六，学习是在现实生活中进行探究。项目式学习要求学生对现实生活中的问题进行探究，学生通过探究来获得学科知识的核心概念和原理，从而掌握一定的技能。

第七，学习过程中需运用多种认知工具和信息资源。在学习过程中，学生会使用各种认知工具和信息资源来陈述他们的观点、支持他们的学习。这些认知工具和信息资源有计算机、实验室、超媒体、图像软件和远程通信等。[①]

从语文学科特点出发，语文学科项目式学习的特点主要表现在以下方面：首先是情境的创设。《义务教育语文课程标准（2022 年版）》在学业质量方面提出，"依据义务教育四个学段，按照日常生活、文学体验、跨学科学习三类语言文字运用情境，整合识字与写字、阅读与鉴赏、表达与交流、梳理与探究等语文实践活动，描述学生语文学业成就的关键表现，体现学段结束时学生核心素养应达到的水平"。语文项目式学习的情境具有较强的复杂性和综合性。其次是驱动任务的设计。任务应该指向问题解决，具有系统性、探究性、实用价值及深度学习的可能，任务形式应围绕阅读与鉴赏、表达与交流、梳理与探究展开。最后是基于学科的跨学科视角。综合性是项目式学习的本质特征之一，语文项目式学习的综合性可以体现在学习任务、课程资源和多学科的整合上。语文学科的综合性指向语言能力、思维品质、审美趣味、文化理解的核心素养。

已有研究在项目式学习的实施策略方面有一定成果。蔡可在《美国项目学习与我国语文教学改革》中提出了项目式学习运用于语文教学的三个核心策略。

第一，设计适宜的驱动任务。基于真实生活，从学生的认知出发，设置探究问题，创设问题情境，将读书转化为任务驱动式的语言实践活动。设计高度精练的驱动问题，引导学生关注与经验密切相关的且有意义的事情，并且事情本身蕴含项目所要求学习的核心内容。

---

① 褚树荣：《素养需要实践：语文项目化学习刍议》，载《中学语文教学》，2021(4)。

第二，厘清重要的学习目标。基于项目问题解决的需要，每个文本都有其教学价值与目标。文本不应是学生在研习、模仿甚至膜拜后到达的终点，而是学生面对生活与成长中的种种困惑，在一定的情境中发现、探究、解决问题的辅助性材料。在明确项目重要目标的基础上，各阶段、各环节学习活动的分目标要具体、可实施、可操作，是学生通过语言实践可以达成的。

第三，提升项目式学习的实效。以终为始的设计基于表现性评价，以终为始即考虑怎样设计体现语文学习收获的终结性成果、终结性成果怎样分解为阶段成果。①

除此之外，已有研究在项目式学习的类型及特征、方法及步骤、实践取向等方面均在实践基础上有所提炼，如掌健的《语文学习项目的产生、类型及其特征》、曹军利的《语文项目学习四步法》、谭轶斌的《语文项目学习的实践取向与设计要点》等。

（三）语文项目式学习典型案例

随着语文项目式学习的研究和实践日渐成熟，一些经典案例产生了。这些案例一方面体现了不同研究主体在实践中的水平和成效，另一方面为未来的语文项目式学习研究内容和方法的拓展提供了思路。依照项目式学习内容的复杂性，本书依次选取课堂教学微项目、整本书阅读项目、单元整体学习项目、跨学科学习项目四类典型案例。

1. 课堂教学微项目

课堂教学微项目具有操作简便、内容精炼、实践性强、"颗粒度"小等特点，可以作为日常教学纵向深入挖掘、横向强化关联的锚点。课堂教学微项目通过核心知识和驱动问题来撬动单元和单篇，凸显学生的主体性和教学的交互性。

案例：陈娟《微项目式学习是推进统编语文单元整合教学的有效途径》

在这一案例中，教师尝试在小学语文单元整合教学中借助课堂教学微项目把教材自然单元作为系统开展教学，打破课文与课文、阅读与写作、课内与课外之间的壁垒。教师先聚焦语文要素，设计项目式学习的主题：三年级上册第八单元——沉思默想巧学文，一年级下册第六单元——吟荷诵雨知夏趣，六年级下册第二单元——聚焦情节品人物，等等。然后整合单元学习内容，设计梯度项目。以一年级下册第六单元和四年级下册第三单元为例（见图2-1-2）。

---

① 蔡可：《美国项目学习与我国语文教学改革》，载《语文建设》，2015(31)。

统编版一年级下册第六单元 （设计者：钟志玮）	统编版四年级下册第三单元 （设计者：卢艺芳）
▶项目主题◀ 吟荷诵雨知夏趣	▶项目主题◀ 诵读涵泳悟诗情
▶项目选文◀ 《古诗二首》《荷叶圆圆》《要下雨了》	▶项目选文◀ 《短诗三首》《绿》《白桦》《在天晴了的时候》
▶项目目标◀ 学生通过多种形式的朗读，感悟夏天的趣味。	▶项目目标◀ 初步了解现代诗的一些特点，体会诗歌蕴含的感情；能根据项目任务，运用习得的方法，独立思考，认真倾听，积极讨论。
▶项目准备◀ 学习单评价表	▶项目准备◀ 学习单评价表
▶项目推进◀ 课前项目：读课文，做预习 1. 学生朗读《古诗二首》《荷叶圆圆》《要下雨了》。 2. 阅读课文，圈画出课文中的生字、新词。 3. 查阅资料，寻找夏天的古诗。 可参考《山亭夏日》《晓出净慈寺送林子方》等。 课堂项目： 项目一：借插图，赏夏景（约5分钟） 1. 出示第六单元三篇课文插图，让学生根据插图猜课文。 2. 出示课文插图，小组进行句式训练。 （谁）在（做什么）。 （谁）在（哪里）（做什么）。 项目二：看图片，读夏词（约5分钟） 1. 出示本单元有关夏天的图片和词语。 食物：冰棍、西瓜、绿豆汤。 用品：蚊香、花露水、蒲扇。 动物：萤火虫、小青蛙、小蜻蜓。 星空：牵牛星、织女星、北斗星。 2. 小组擂台赛：小组"开火车"读夏词。 3. 小小挑战者：选词说一句话。 项目三：观句式，说夏美（约10分钟） 1. 教师出示句子"荷叶圆圆的，绿绿的"，学	▶项目推进◀ 项目一：览表格，理诗法（约5分钟） 1. 单元统整，回顾整理：回顾从一年级上册到四年级下册已学过的现代诗。 2. 出示课前完成的预习单。 3. 抽盲盒，检查预习成果；梳理方法，相机板书。 4. 出示园地交流平台，总结诗歌的一些特点：有节奏感、给读者带来独特感受、想象丰富、语言独特。 项目二：看泡泡，搭诗架（约10分钟） 1. 出示园地词句段运用第一题：读一读，你发现这些诗句是用什么方法来表达情感的？ 2. 出示泡泡视频：观看视频，感受泡泡的美。用习得的方法说一说泡泡是什么样子的。 3. 自由练说，同桌互说；教师范说，全班交流；配乐朗读。 项目三：观四季，仿诗歌（约15分钟） 1. 出示园地词句段运用第二题：读一读，你发现这两首诗是用什么样的方法表达情感的？ 2. 出示春、夏、秋、冬的图片，让学生以小组合作的形式仿照着写一写。

生练读。 2. 学生模仿句式，试着向同学们介绍。 ①大屏幕出示物品的图片和词语，四人小组组内练说。 ②小组内评价。 ③小组展示。 项目四：读课文，品夏趣（约 20 分钟） 1. 吟诵《古诗二首》。 2. 结合情境读《荷叶圆圆》。 3. 分角色表演读《要下雨了》。 4. 出示拓展资料，让学生用上刚才学习的吟诵、结合情境读以及分角色表演读的方式自由练读。（略）	3. 出示图片，创设情境。 ①小组讨论，自选季节。 ② 全员参与诗歌创编，限时完成。 ③组内交流，完成评价表，每组投票推选出"最佳小诗人"。 ④"最佳小诗人"依次上台分享，师生互评。 ⑤针对不足，组内进行修改，再次诵读。 项目四：诵名言，悟诗情（约 10 分钟） 1. 出示日积月累的诗歌名言，让学生反复诵读。 2. 教师提问：你还能体会到诗的哪些特点和表达的哪些情感？（小组交流）

图 2-1-2　课堂教学微项目案例

为夯实单元学习效果，教师设计项目评价，借助评价工具确保评价方式和评价主体的多元性。最后扩大单元学习空间，设计拓展项目，立足单元学习内容，增加贴近学生生活的形式丰富多样的拓展项目。比如，在四年级下册第三单元、一年级下册第六单元的教学中，分别开展诗配画和有表情地朗读诗的活动，旨在增强语文学习的趣味性，增强语文学习与生活之间的关联。①

2. 整本书阅读项目

项目式学习适用于整本书阅读的各个环节——选书、预读、通读、研读、展示。目标规划有助于良好阅读行为的养成；驱动任务能够统领完整的阅读过程，围绕核心知识层层深入，引导阅读行为；在成果展示环节学生能够将整本书阅读收获以产品的形式输出，达到获得乐趣、获取信息的目的。

案例：焦清艳《以项目化学习促进整本书阅读的真实发生——以〈昆虫记〉为例》

这一案例从《义务教育语文课程标准（2022 年版）》提出的拓展型学习任务群——整本书阅读的要求出发，以《昆虫记》整本书阅读教学为例，从设置任务驱动学生阅读、创设情境开展项目化活动以及展示成果师生评议三个层面，探讨如何以项目式学习促进整本书阅读的真实发生。

教师先聚焦核心知识设置任务，围绕核心知识，将《昆虫记》整本书阅读项目式

---

① 陈娟：《微项目式学习是推进统编语文单元整合教学的有效途径》，载《新课程导学》，2022(4)。

学习的核心知识设定为"生命"，从"法布尔笔下的生命""法布尔的生命"和"我们的生命"三个方面进行阐释。然后围绕"生命"开展项目式学习活动：学校将举行名著阅读主题展览，八年级(4)班将积极策划"昆虫记"主题展览并参加年级竞选。请学生梳理提取《昆虫记》中的信息并收集相关资料，策划一场能体现对作品深入解读的主题展览(见图 2-1-3、表 2-1-1)。班级计划先从五个小组里预选前三名，最终根据表 2-1-2选出一个小组参加年级竞选。

班级：　　　姓名：　　　评选结果：
　　一、展览的主题名、展览板块、展览内容
　【展览主题】
　【展览板块】精彩描写、昆虫习性、语言特色、作者思想、心得体会(任选一个板块)
　【展览内容】
　　二、本主题展览的前言
　　三、本主题展览的结束语

图 2-1-3　"昆虫记"主题展览策划书

表 2-1-1　"昆虫记"主题展览策划书具体要求

策划书内容	具体要求	分工
展览主题	可围绕文本内容(昆虫的习性、繁衍、死亡等)，也可围绕人物形象的某一点	①每四人一组 ②各组长代表展示 ③各组安排一人点评
展览内容	①从精彩描写、昆虫习性、语言特色、作者思想和心得体会板块中精选一个进行展示 ②涉及多种昆虫的，选择最有代表性的	一人负责
前　言	语言要具有概括性和感染力，能起到宣传的作用	一人负责
结束语	围绕主题价值意义或者人物形象展开	两人负责

　　最后师生评议阅读成果：各小组展示本组成果，评委依据表 2-1-2 对小组进行点评，按照得分选出前三名。通过成果评议达到检验、总结教学过程、关注学生知识建构成效的目的。①

---

①　焦清艳：《以项目化学习促进整本书阅读的真实发生 —— 以〈昆虫记〉为例》，载《语文建设》，2022(11)。

表 2-1-2　《昆虫记》主题展览策划小组评价表

标准	分　值			评价与反馈
	1～4 分 （接近标准）	5 分 （达到标准）	6～8 分 （高于标准）	
展览主题合理、 新颖				
展览内容丰富、 有深度				
前言具有概括性 与感染力				
结束语能揭示 主题、内涵				
总分				
评价人签名				

3. 单元整体学习项目

单元整体学习项目展现了项目式学习的原貌，即以识字与写字、阅读与鉴赏、表达与交流、梳理与探究等语文实践活动为主线开展项目式学习。相对于前两种，单元整体学习项目的活动环节更加完整，任务更加贴近生活，学生的参与感和体验感更强，活动设计、学习起点以及学程更有挑战性，对设计和实施者的要求更高。

案例：姚友良《辩论赛项目化学习策略探究——以九年级下册第四单元口语交际〈辩论〉例》

案例以九年级下册第四单元口语交际"辩论"为例，遵循三个基本策略：整合规划，变单篇学习为整体项目式学习；"三位一体"，变"一蹴而就"为形成性学习；转变观念，变接受学习为项目式探究学习。第一阶段以"学则须疑正确吗？"为驱动问题，引导学生进入辩论情境；第二阶段以"自媒体时代容易接近真相吗？"为驱动问题，为学生提供可模仿的辩论样式；第三阶段引入课外资源，引导学生以社会热点问题为驱动问题开展辩论，侧重培养学生分析思维、评估思维、推断思维等重要的思辨思维模式。通过撰写辩论稿和实际模拟辩论，学生在实践中运用相关思维模式。在活动过程中教师借助表 2-1-3 引导学生的语言实践活动，实现多元评价。①

---

① 姚友良：《辩论赛项目化学习策略探究——以九年级下册第四单元口语交际〈辩论〉为例》，载《语文建设》，2022(5)。

表 2-1-3　学生辩论评价量表

维度	表现	满分	学生自评	组内互评	教师评价
创造能力与问题解决能力	流畅性	10 分			
	变通性	10 分			
	独特性	10 分			
	精致性	10 分			
	背景分析，明确问题本质	15 分			
	头脑风暴，提出解决方案	15 分			
	尝试实施，修改解决方案	15 分			
	反复实施，评价实施结果	15 分			
总分					

4. 跨学科学习项目

跨学科学习项目最贴近项目式学习的原貌。学生从来自生活的真实问题出发，尝试从多学科视角，运用多学科知识解决问题，提升素养。语文项目式学习立足语文学科并向相关学科主动跨越，能够很好地体现语文学习与实际生活的关联，综合性、实践性强，真实完整的学习体验为学生核心素养的提升提供了优质平台。跨学科学习项目需要语文教师与多学科教师合作，确保项目设计的科学性和可行性。

案例：周群、任秋菊《初中语文跨学科学习任务群的设计与实践——以"我身边的植物"项目学习为例》

语文跨学科学习有两条实践路径：一是语文学科主导，在设计理念、学习主题和内容、学生完成学习任务须调用的知识和方法等方面跨学科；二是根据学习的主题和内容，不同学科的教师共同开发跨学科学习项目或课程并指导学生实践。本书以北京景山学校七年级学生于 2019 年开展的"我身边的植物"项目式学习为例，介绍语文学科主导下的跨学科学习设计与实践。

围绕八年级下册第二单元和 2019 年中国北京世界园艺博览会"绿色生活，美丽家园"的主题设计活动情境和驱动任务，将项目式学习目标设定为以下三点。

①阅读以分类别为主要说明方法的说明文，了解分类别在说明文中的作用。

②观察、了解身边的植物，能运用分类别的方法对所观察的植物进行分类，思考所调查区域公共绿化的特点以及是否存在改进空间。

③学写调查报告，掌握调查报告的格式及写作方法。在调查报告中，能得出有意义的结论，并针对公共绿化的问题提出改进意见和建议。

项目启动阶段占 1 课时，主要任务为制订调查计划。项目探究阶段占 4 课时，包含三个主要任务。

任务一：实地调查，拍摄植物。

任务二：认识身边的植物，为植物分类。

任务三：小组成员初步讨论所调查区域的公共绿化有什么特点以及还存在哪些不足等问题，找出公共绿化有待改进之处。

项目汇报阶段占 5 课时，包含三个主要任务。

任务一：学生通过案例式学习，了解调查报告的基本框架和写法。

任务二：撰写"我身边的植物"调查报告。

任务三：召开"我身边的植物"调查交流会。

项目总结阶段占 1 课时。学生根据教师的意见，修改调查报告。教师组织学生以量表的形式开展个人自评与小组互评(见表 2-1-4、表 2-1-5)，并指导学生进行评价，以培养学生的元认知能力。①

表 2-1-4　"我身边的植物"调查报告评价量表

评价项目	等级	评价要点	标准分	学生自评	组内互评	教师评价
标题	A	标题规范、明确	2 分			
	B	标题模糊，指向不明	1 分			
正文	A	有前言、主体、结尾完整的三部分	3 分			
	B	有前言、主体或有主体、结尾两部分	2 分			
	C	只有主体部分	1 分			
说明方法	A	运用了分类别、下定义、摹状貌的说明方法	5 分			
	B	运用了分类别、下定义的说明方法	3 分			
	C	运用了下定义、摹状貌的说明方法	1 分			
总分						

---

① 周群、任秋菊：《初中语文跨学科学习任务群的设计与实践——以"我身边的植物"项目学习为例》，载《新课程教学(电子版)》，2023(1)。

表 2-1-5 "我身边的植物"分享报告会评价量表

评价项目	评分要点	标准分	学生自评	组内互评	教师评价
报告内容	①内容充实 ②说明方法使用准确 ③层次分明，逻辑性强	5分			
报告技巧	①语言规范，声音洪亮 ②恰当使用肢体语言	3分			
综合印象	①仪表端庄，举止从容 ②表情自然，精神状态饱满	2分			
总分					

二、语文项目式学习的实践路径

研究者通过不断实践，在语文项目式学习方面取得了一定的成果，并摸索出相对成熟的实践路径。语文项目式学习具有过程完整、合作学习、深度学习的特点，这是语文学科思想方法与项目式学习特点相匹配的表现。教师在基于语文学科特点设计和实施项目式学习时，应确保学习过程的科学性和有效性，选择学习内容、厘清核心知识、确定项目类型、拆分实施过程、关注学习进程、展示学习成果等环节依次推进，形成较为完整的项目推进链条。既要遵循普遍规律又要凸显个体特征，因地制宜、因校制宜地开展项目式学习。对校本项目式学习规划和实施而言，需要统筹资源，整体规划项目类型，多方协调，集体设计项目方案，立足自身，凸显学校课程文化特色。

（一）明确项目式学习的特征

随着研究的深入，研究者对项目式学习的特征的概括日益细化。梅耶具体地列出了项目式学习的特征：需要教师指导和团队合作；对教师和学生而言，都包含许多"需要知道的"；是复杂的，需要一个团队的专业设计和实施；教师通常在设计前有诸多工作要做；学生在项目中根据指导手册进行充分的选择，教师经常会惊讶于学生的选择；基于驱动问题；基于明确的量规，这些量规是特别为这个项目而制定的；是开放的，学生在结果和研究路径上有选择权；与学生的未来生活相关；可以为真实世界中的真实问题提供解决方案；与真实世界中的真实生活看起来很相似；

包含真实的场景；学生有意识地运用技术、工具和真实生活的实践，根据目标来选择工具。①

我们可以从梅耶概括出的项目式学习的特征中提炼出三个关键词：挑战、开放、真实。挑战既是对教师设计教学活动而言的，也是对学生体验学习过程而言的，即梅耶所说的对教师和学生而言，都包含许多"需要知道的"。项目式学习的挑战性在于项目式学习本身，它的难度远超传统的学习，更需要团队合作。正是由于项目式学习的挑战性，教师需要通过团队合作来设计完整的教学过程，学生需要通过团队合作来完成复杂、有深度的学习任务，师生需要通过合作来共同决定项目的走向和成果。开放指项目式学习本身。相对于传统的学习，项目式学习存在极大的不确定性，项目式学习的最终结果、学生选择、活动过程等都不是照本宣科的。这一特点赋予了学生选择权和自主权，凸显了学生的主体地位。当然，这并不意味着项目式学习是随意的、无序的，教师需要在设计和实施过程中充分考量、规划、预判、优化，预设学生可能的选择，给出相应的工具支持和评价方式，在活动过程中依照学生的选择适度调整。真实是项目式学习最根本的特征，与项目式学习的缘起密不可分。来自真实生活的驱动问题、与真实生活相似的学习实践、指向真实问题解决的学习经验等都凸显了项目式学习的独特价值。基于已有研究，本书从完整过程的四个阶段、合作学习、深度学习三方面来叙述项目式学习的特征。

1. 完整过程的四个阶段

项目式学习的学程依照项目的复杂程度而定，教师要在项目设计和实施的过程中逐步落实项目规划，确保学习活动的完整性。项目规划既要包含项目整体安排、具体学习任务、学生任务单、拓展性资源、评价量表等，还要包含项目可扩展的方向及相应预案、为学生开放性的学习行为和预设外的选择提供的支持和引导。简言之，项目式学习的规划和项目式学习本身一样是半开放性的，教师可以支持和引导学生创造出优质、个性化的项目作品。

(1)前期规划。

提前规划对项目式学习而言至关重要，可以从教师和学生的角度合理安排。

教师，即项目式学习的设计者、指导者和评价者。从组织项目任务与活动目的出发，教师需要以驱动问题为指引，把一个完整的项目分解成若干具体任务。任务拆分不仅有助于项目操作执行、准确指导和适时优化，而且有助于对每个任务和整

---

① 张悦颖、夏雪梅：《跨学科的项目化学习："4＋1"课程实践手册》2 版，7 页，北京，教育科学出版社，2021。

个项目的科学评价。教师需要依照整体规划，提前准备好相应的学习资源、任务单、评价工具等。

学生，即项目式学习的实践者、决定者和主体。前期规划要充分考虑学情，通过前期调查来了解学生的已有经验，确定学生的知识储备能否支持他们完成相应的项目。如果学生未具备完成项目的基础条件，教师可以在开展项目前帮助学生准备和练习相关技能，补充必要的知识。

前期规划旨在确保项目式学习本身的合理性和学生顺利完成项目的可能性，充分的前期规划会大大增强项目式学习的有效性。

(2)启动项目。

项目式学习的开启需要仪式感，设计好起始课的启动方式会让学生体验到较强的代入感和角色感。启动项目的形式越多样、内容越真实，就越有助于学生迅速了解项目范围、明确项目成果和评价，最重要的是对即将体验的项目产生浓厚的兴趣和实践动力。

除常见的起始课外，起始课还可以以现场参观、实践参与、阅读文章、聆听讲座等方式展开，丰富多彩的启动形式能够激发学生的探究兴趣和深入思考的愿望，吸引学生主动加入项目，成为项目的主体。与启动活动同步的文字记录同样能够增强项目式学习开启的仪式感。在启动活动结束后，引导学生以"大事记""启动日记"的形式记录活动背景、启动过程、整体任务、角色分配、分组情况、补充说明等，可以起到强化和复盘启动仪式的作用。

(3)收集材料。

在项目式学习开展过程中，教师要有意识地收集材料。材料包括项目推进过程中所需要的材料和学生在完成项目过程中产生的材料。

项目所需的材料即学生完成项目时所需要的全部资源。有的是现成的，稍加筛选、裁剪即可使用；有的需要加工、整理、调整难度；还有的需要设计、撰写或购买、制作。项目所需的材料可以分为物质材料和非物质材料，教师需要依照项目的整体规划选择恰当的原始资源，将其转化为有助于学生完成项目的可用材料。

学生在完成项目过程中产生的材料同样具有收集价值，是完成过程评价的关键材料。可以收集的材料多种多样，可以是任务清单、进度表、观察笔记、讨论记录等过程性资料，也可以是阶段性学习成果。

在项目推进过程中教师要有意识地培养学生主动收集材料的能力，引导学生学习收集材料的方法，积累整理材料的经验，形成过程留痕意识。收集材料的过程是学生保留成果、复盘过程、进行自评和他评的过程。

（4）项目总结。

项目总结和项目启动一样，是项目式学习完整过程的重要节点。项目式学习的总结通常采用开展成果展示活动或撰写研究报告的方式。

大部分项目式学习以小组的形式进行，因此项目总结要处理好个人成果和集体成果之间的关系，二者之间的关系的合理性与项目开始时的分工和项目实施过程中小组的配合分不开。教师需要在项目开始时将项目总结方式和评价方式告知学生，在项目实施过程中和总结前进行相应的指导。

为了控制项目学程，成果展示活动和撰写研究报告都可以采用线上和线下结合的方式进行，确保学生能够尽可能多地看到不同小组的学习成果，既充分展示自己的学习收获，又有机会借鉴同伴经验，全面、客观地评价自己和他人的成果。

2. 合作学习

合作学习是 20 世纪 70 年代初在美国兴起的学习方式，以学习者通过小组协作完成学习目标为主要特征。区别于一般的学习方式，合作学习注重的小组协作能够将个体学习与集体学习相结合。学习者作为学习个体独立思考，作为小组成员沟通协作，作为集体的一部分承担责任。合作学习能够较好地凸显学习者在完成任务过程中的主体性，有助于促进个体各方面能力和素养的提升。

项目式学习强调以学习者为主体，从某种程度上重新界定了师生关系。在项目实施过程中，学生的角色由被动的知识接受者变为主动的知识建构者，有机会自主选择学习项目，在发现问题、解决问题的过程中自主决策。与之相对，教师作为项目式学习的设计者、组织者、评价者参与项目，与学生不再是单向的教和学的关系，而是共同完成项目的合作关系，二者组成学习共同体。项目式学习强调在学习活动中的合作，既包含学生合作、教师合作，又包含与涉及该项活动的所有人员相互合作。在学习共同体中，成员之间存在一种密切合作的关系，合作程度和协作关系直接决定项目的成败。

（1）学生合作。

项目式学习真正做到了以学生为中心，让学生成为活动的主体，这对教师提出了较高的要求。教师要为学生的学习活动提供丰富的资源、合理的路径、积极的引导、开放的空间和建立合作关系的机会。由于项目式学习的复杂性和挑战性，个体独立完成全部项目式学习的可能性不大，合作就成了项目式学习的重要技能。教师应有意识地引导学生找到同伴，创造不同人数的小组合作探究的机会。在评价时既应关注小组合作的成果，也应关注小组合作的过程，如在探究过程中小组成员是否分工明确、是否协作、是否共同为解决在项目中遇到的问题而努力。积极的学生合作应该是有温度、有深度的。

　　有温度的学生合作要从合作团队的组建做起。在项目式学习的开始阶段，特别是面对没有太多项目式学习经验的学生而言，组建一支具有团队意识的优质团队是一项重要的工作。教师需要引导学生充分意识到团队合作的重要性和必要性，帮助学生区分独立完成任务和团队合作完成任务的差别，培养学生相互信任、相互配合的意识，在此基础上组建团队。团队组建最常见的方式有三种：学生选择、随机组合和教师指定。项目式学习的学程从几天到几个月不等，复杂任务的时间跨度较大，因此需要一个相对稳定的团队，对学生的合作意识、团队精神、自我管理等要求较高。鉴于此，在大部分项目式学习实践中，教师根据学生的综合特点异质分组，确保小组内合作和小组间差异的整体持平。学生具备一定项目式学习经验后，面对挑战性不强的项目时可以采用学生分组、教师把关的方式。项目式学习注重分组方式的目的是确保团队成员之间能够产生相互依存、信任的合作关系。

　　有温度的团队是有效合作学习的基础，在组建团队的基础上要注重团队综合能力培养。首先，要制订计划，明确责任，确保在面对不同类型的任务时分工合理、各尽其长。其次，要注重团队内部的学习和沟通，提升沟通能力。最后，要在倾听、表达、合作的良性循环中循序渐进、由易到难地建立起具有良好合作关系的团队。

　　有深度的合作是项目式学习顺利、有效完成的保障。团队需要沟通，更需要探究和体验。有深度的合作学习模式需要学生具备主动参与、学习探究、讨论辩论的能力。主动参与是交流合作的基础，学生需要全身心投入任务，建立彼此充分信任的合作关系。在交流讨论过程中，学生要条理清晰地表达自己的观点，陈明理由与证据，尝试劝说他人接受自己的观点。除此之外，还要学会比较不同观点，接受别人合理的观点。讨论辩论是合作学习的价值所在，也是团队合作的重要组成部分，能够触及核心问题、激发创新意识。教师在设计和组织项目式学习的过程中，要特别注重学生之间的合作关系，了解学生各自的特点和专长，通过多样的学习活动来创造平等辩论、良性讨论的氛围。同时，观察团队的沟通模式，既给学生留足讨论和决策的空间和机会，又在恰当的时机提供指导，增强团队综合能力和协作意识。

　　巴克教育研究所在《项目学习教师指南：21世纪的中学教学法(第2版)》中给出的小组互动与合作能力评价表、分组策略、小组行为观察清单、小组贡献自我评价表，多个评价角度均指向学生个人成长和团队合作。[1]

---

[1]　[美]巴克教育研究所：《项目学习教师指南：21世纪的中学教学法(第2版)》，任伟译，137～139页，北京，教育科学出版社，2008。

(2)师生合作。

在项目式学习共同体中，师生合作是重要的一环，是项目顺利完成的关键。项目式学习中的师生关系或者说教和学的关系是平等的，这种平等体现在项目式学习共同体中，只有师生共同努力、通力合作才能有效实现教学目标，实现由低阶思维顺利向高阶思维过渡。在项目式学习的不同阶段，师生合作的方式和侧重有所不同。

在项目设计开发阶段，教师要发挥主导性，其设计需要体现育人观念在学科教学中的落实。在项目实施阶段，学生作为实践主体和学习主体，要围绕驱动问题，根据项目设计与学习支架，自主学习或合作探究，教师退居幕后负责引导和协助。在项目式学习成果分享阶段，学生依旧是实践和学习主体，教师作为评价主体之一，双方合作，共同评价项目式学习成果，这在某种程度上实现了课程标准对多元评价的要求。项目式学习最终的结果来自师生、生生对问题情境的共同探索。学生作为学习实践主体，需要复盘、反思学习过程，体悟学习的过程与规律。教师作为设计者、引导者，需要观察、指导、评价、反思学生的行为，引领学生构建知识体系、挖掘学习潜能、创新思维方式，并且从学生的行为表现中反思并优化已有设计的合理性。在此过程中，教师和学生不再是站在讲台上和坐在讲台下的面对面关系，而是面向同一个方向肩并肩站立，以合作的姿态相互促进，教学相长，实现智慧共生。

3. 深度学习

项目式学习的历程是持续探究以解决驱动问题的历程，包含调查探究、知识建构和问题解决等环节。探究对学生而言意味着有大量自主选择、自由安排时间的机会和可能。

深度学习具有自主建构、高阶思维、深刻理解和应用迁移等特征，学生的主体性体现在学习的整个过程中。开展项目式学习对促进知识的深度迁移和理解具有重要意义。相对于其他学习模式，深度学习注重学习者在教师引导下对具有一定挑战性的人类文明成果进行学习。深度学习注重学习过程而非学习结果，注重学习者在学习过程中的学习体验和身心投入，指向对全面发展的人的培养和核心素养的建构。深度学习与项目式学习在很多方面存在一致性，如学习任务的挑战性、学习过程的参与性、学习结果的真实性等。郭华概括出的深度学习的特点和发生条件与项目式学习的特点高度一致：深度学习并不能自然发生，先决条件是教师的自觉引导。此外，至少包含以下条件。

第一，学生思考和操作的学习对象必是经过教师精心设计的具有教学意图的结构化的教学材料。也就是说，教材内容并不等同于教学内容，更不等同于学生的学习对象。学生的学习对象必须隐含知识及其复杂而深刻的意义，又必须是学生基于当下水平能够直接操作的，即思维与动作的材料，其须经过两个转化：由抽象的知识转化为含有学生品质发展目标的教学内容，由教学内容转化为学生可以操作的具体教学材料。

第二，教学过程必须有预先设计的方案，教师要在有限的时空下，有计划、有序地实现丰富而复杂的教学目的。

第三，要有平等、宽松、合作、安全的互动氛围。教学活动本身是严肃、紧张的，因此教师需要营造安全的心理氛围，给学生充分表达自己见解的机会，不以任何理由压制、嘲讽、打击学生，应善于倾听、给予回应、与学生平等地展开讨论等。安全的心理氛围是保证学生全身心投入教学活动、开展深度学习的重要条件。

第四，依据反馈信息对教学活动进行及时调整与改进。教学过程虽然是预设的，但依然是流动的、即时的，因而必须依据现场情形进行及时调整。当然，这需要教师有清晰的评价意识、明确而细化的教学目标，能及时从学生的行为和反应中发现教学意义。只有这样，才能收集到有意义的教学反馈信息并依据这些信息对教学进行调整。①

（二）项目式学习的设计与实施过程

在开展项目式学习前，教师应该建立对该项目所涉及的学科领域、真实情境和实施过程的全局观念，做好周全的规划，妥善安排实施过程，确保项目式学习的有效推进。巴克教育研究所在《项目学习教师指南：21 世纪的中学教学法(第 2 版)》中提出了以终为始的项目式学习设计和实施宗旨，要求设计者和实施者在开始的时候就考虑好最终的结果和中间的过程，并基于以终为始的设计和实施宗旨提出设计要素和教学实践。

有挑战性的问题、持续的探究、真实性、学生的发言权和选择权、反思、批判性反馈及修改、公开展示的成果是项目设计的关键要素。项目式学习的驱动问题要具有真实性、复杂性和挑战性，难度不高的问题很难激发学习者持续的探究热情。项目式学习的主体无疑是学习者，学习者作为主动的参与者而非被动的接受者，对项目本身和参与方式等有选择权和发言权，在学习过程中不断接受挑战、完成任务、展示成果、交流互助、反思优化，形成批判精神和思辨意识。

围绕以上设计要素，项目式学习的教学实践要以核心概念的形成和核心素养的建构为目标。对项目式学习的整体设计和实施而言，以下六个环节至关重要，能确

① 郭华：《深度学习及其意义》，载《课程·教材·教法》，2016(11)。

保项目式学习以终为始，朝着既定目标稳步推进。

1. 选择学习内容，制定学习目标

以终为始的项目式学习设计和实施宗旨要求在开展项目式学习时先找到"终点"，即选择学习内容、制定学习目标。巴克教育研究所对项目式学习内容的选择提出了七条建议，依照语文学科特征可以将七条建议归结为如下内容。

(1)从教学实践倒推。

教师在日常教学中发现的真实问题、与同行讨论的困惑难题等都可以作为项目主题的灵感来源。当然，也可以从阶段教学内容和主题出发设计项目式学习。无论哪种主题灵感来源，开展设计前教师都应该向前追溯、倒推，整理灵感的来源和形成过程，使之符合课程标准的要求和学生的实际需要。

从教学实践倒推主题需要对标课程标准，看看哪些内容需要并适合通过项目式学习来教授给学生。教师需要很清楚地知道哪些课程标准将在项目中被评价，也需要知道如何通过项目式学习让所有学生都有机会展现他们所学到的知识和技能。

(2)从课程标准出发。

课程标准对学科教学有重要的指导和规范作用，同时提供了丰富的学习内容选择。因此，教师在进行项目式学习设计之初要充分熟悉课标，将课标作为选择学习内容和主题的基础。教师在设计项目之前应选择对应的课程标准，从中发现哪些内容适合用项目式学习的方式进行教学，依照项目的特点确定相应的课标要求。以《义务教育语文课程标准(2022年版)》为例，应围绕识字与写字、阅读与鉴赏、表达与交流、梳理与探究的语文实践活动维度确定评价目标，然后考虑组织怎样的项目式学习实现达成目标。参照课标的学段要求在项目设计中列上一个恰当的课程标准清单，同时考虑评价的有效性和操作性。

(3)从社会生活中来。

项目选题和科研选题类似，可以来自文章、新闻报道、座谈会、社会热点等。当今社会生活可以分为线上和线下两大类，教师应关注社交媒体、网站，以及各类教育者的实践。教师需要对来自社会生活的选题进行充分的加工和情境化设计。

从社会生活中来的项目式学习内容能够引导学生关注生活，不只是"两耳不闻窗外事"地学习。教师应将学生作为社会人看待，从学生真实的社会关系出发：关注人们的日常工作，如关注周围不同职业从业者遇到的问题；关注生活的社区，根据社区的需要，很容易设计出具有真实性的项目；关注当地的或国家的重大事件，通过项目引导学生把注意力集中在时事上。

明确从教学实践倒推、从课程标准出发、从社会生活中来等项目式学习主题确定的方向是设计和实施项目的第一步，第二步要具体到确定目标范围，对照学段特征，撰写具体的项目式学习目标。

项目式学习的优势在于能够统筹多种学习目标，不但包括课程内容的学习，还包括具体技能的培养和思维习惯的养成。针对语文项目式学习，巴克教育研究所关注的"7C"技能能够很好地体现知识时代的语文学习必备技能。

第一，关键的思维能力和执行能力，即问题解决，研究、分析、管理项目的能力。对语文项目式学习而言，学生应具备项目式学习的基本能力——思维能力和执行能力，这是学生完成复杂性、挑战性强的项目式学习所必备的能力，更是项目式学习的重要目标。学生需要具备项目式学习的基本技能，完成相应的任务。

第二，创造力，即创造新知识、设计最佳解决方案、艺术化地表达和讲故事的能力。创造力包含创造和创造性地表达两个步骤，创造性地表达对学生的语言运用和思维能力等语文核心素养提出了较高的要求。

第三，团队协作，即合作、折中、达成共识、团队建设等。

第四，跨文化理解，即跨知识背景、跨组织文化理解的能力。由于项目式学习的真实性和挑战性，学生需要使用本土知识，同时具备接纳并理解跨文化知识的能力。这对学生的思维能力、审美能力都提出了较高的要求。

第五，沟通能力，即整理要沟通的消息、有效地运用媒体工具的能力。团队协作中的沟通能力非常需要语文学科的表达能力，包括如何准确、充分地表达自己的意思，如何让对方乐于接纳，如何创设积极的讨论氛围，如何用简练的文字将讨论结果表述出来，等等。

第六，信息技术的掌握，即有效地使用知识管理工具处理信息，如信息检索、筛选、阅读、整理、利用，包含阅读与鉴赏、表达与交流、梳理与探究、识字与写字等多种语文实践活动。学生需要掌握信息技术，在海量的信息中找到自己需要的信息并妥善处理这些信息。

第七，自主规划职业和自主学习能力，即管理变化、终身学习和职业定位。

2. 厘清核心知识，设计驱动问题

项目式学习的设计和实施都离不开对知识观的探讨，历代项目式学习研究者和实践者都致力于妥善处理项目式学习与知识之间的关系。项目式学习是系统的学习设计，对教师而言，在设计项目式学习时要确定什么类型的知识适合以项目式学习的方式学习、项目式学习指向的学科核心知识是什么、设计什么问题驱动学生的主动投入。

开展项目式学习时要先寻找核心知识。项目式学习的设计不是从项目或活动开始的，就像巴克教育研究所提到的以终为始的设计原则，应该从期待学生理解和掌握的核心知识出发，逆向开展项目式学习的设计。从学科基本概念和基本结构出发，对标课程标准，以教材为主要学习资源，辅以补充资源，兼顾知识、能力与素养。

将核心知识以问题的形式表现出来，就会得到我们所说的驱动问题。驱动问题应从属于或来自学科本质问题，即学科核心知识。在此基础上，设计者需要进一步将本质问题转化为适合某年龄段学生的驱动问题，以激发学生主动投入。当然，不是所有的知识都适合使用项目式学习的方式来学习。想确定什么知识适合以项目式学习的方式学习，要先对知识类型有较为清晰的认识，这是项目式学习设计和实施的起点。

认知心理学将知识分为陈述性知识和程序性知识。布鲁姆提出教育目标的三大领域(认知领域、情感领域和动作技能领域)，并根据学习活动的心理进程特点，从各个领域要实现的终极目标出发，明晰了各个领域的目标分类及亚类。安德森等学者对已有成果进行了分析、测量、修订，从知识维度、认知过程维度设计分类学框架。知识维度包括事实性知识、概念性知识、程序性知识和元认知知识，认知过程维度包括记忆、理解、应用、分析、评价、创造六个层级。事实性知识——学生通晓一门学科或解决其中的问题所必须知道的基本要素，包含术语知识、具体细节和要素知识。概念性知识——关于能使各成分共同作用的较大结构中的基本成分之间的关系的知识，包含分类或目录的知识、原理和概括的知识、理论模型和结构的知识。程序性知识——关于"如何做"的知识，包含具体学科的技能和算法的知识、具体学科技术和方法的知识、决定和运用恰当程序和标准的知识。反省认知——一般认知知识和有关自己的认知的意识和知识，包含策略性知识、关于认知任务的知识(包括情境性的和条件性的知识在内)、自我知识。

一种观点认为，从项目式学习的特征出发看待四类知识，项目式学习主要处理的是与"做"有关的知识，也就是四类知识中的程序性知识。另一种观点认为，这仅看到了表象，项目式学习作为培育学生核心素养的关键，应该聚焦于概念性知识，如图 2-2-1 所示。

概念性知识的形成意味着学生不仅知道，而且能够把握概念的特点，明确概念对应的示例，能运用概念解决新问题。在贴近真实生活的项目式学习中，学生需要经历从大量事实性知识中提炼概念性知识的过程。反过来，概念性知识的形成有助于事实性知识的记忆和运用。概念性知识超越事实层面，是指向思维、各种事实性知识的整合的。相对于事实性知识，概念性知识更加抽象。知识越具体，学起来就越简单，但容易混淆和遗忘，并且难以迁移和运用，只能处于"就事论事"的阶段。

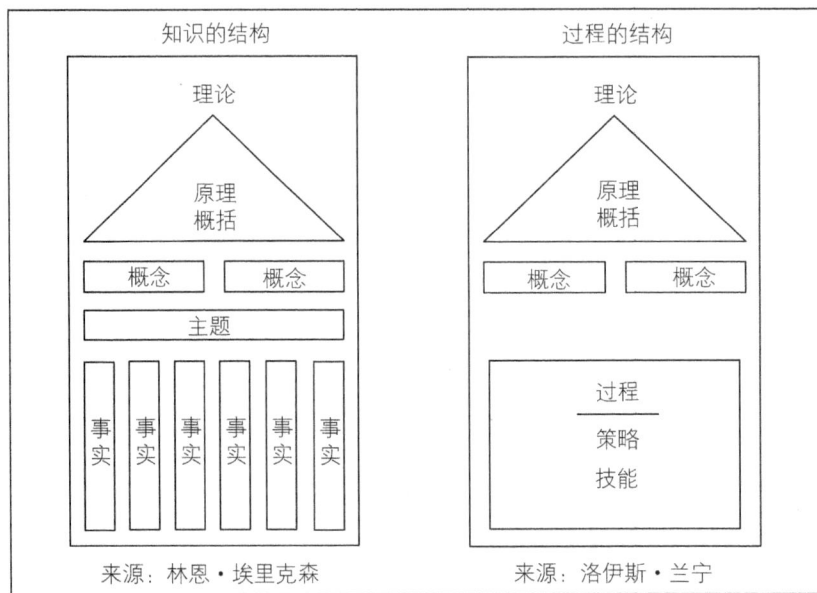

图 2-2-1　知识的结构与过程的结构

比如，过了一段时间很容易忘记，面对复杂的情境很难灵活运用。概念性知识虽然较为抽象，但是一旦上升到概念、原理或是理论的高度，特别是上升为学科核心知识后，对培养学生能力、素养的价值更高。概念性知识的习得要经历比习得事实性知识更长的时间，学生一旦习得了概念性知识，就会在不同的情境中产生更加深刻和持久的迁移。正是由于事实性知识和概念性知识的特点和转化关系，本书认为项目式学习应聚焦概念性知识，并且挖掘程序性知识背后的概念性知识。通常事实性知识和概念性知识都是程序性知识的结果。

例如：学生在阅读中发现《三国演义》《水浒传》《西游记》都是累积成书的，这是零散的事实性知识，结合阅读经验和教学指导就能从中提炼和概括，习得累积成书的概念——非一人一时之作，作品经历漫长复杂的发展流变过程，最后由一位集大成的作家编创而成的成书方式。学生能够关注到零散的事实性知识、概括出这个概念性知识，就是因为项目式学习设计依照程序性知识产生的规律让学生看到了故事的历史原点，看到了流变过程的重要节点，看到了小说的巅峰，体验到了作品流变的过程，从而形成了对概念的深度认识。学生参与了某个学习项目就会掌握某种程序性知识，从而获得在现实生活中运用的机会和可能。对项目式学习的设计者而言，想真正促进学生对程序性知识的理解和应用，就不能脱离概念性知识，也不能忽视对零散事实性知识的关注，应当挖掘程序性知识背后的概念性知识和可能提炼概念性知识的事实性知识。项目式学习设计应以事实性知识、概念性知识为基础，以引导学生不断地积累知识、技能和发展学生的思维为目标。

项目式学习是通过问题来引发学生对概念的思考和探索的，因此实施者在项目实施阶段要关注核心知识，提出本质问题，并从学科核心知识出发，将抽象庞大的知识转化为特定年龄段的学生能够接受并体验的驱动问题。驱动问题应具备以下特征。

第一，能够激发学生的学习兴趣。在项目式学习的开始，要向学生展示驱动问题。驱动问题能够激发学习兴趣，影响学生探究精神的持续性。恰当的驱动问题能够将学生带入陌生领域，促使学生主动接受挑战性任务。

第二，联结现实生活和学科核心概念。驱动问题应该是学科核心概念在真实的语言运用情境中的典型体现。恰当的驱动问题基于现实生活的情境，具有挑战性，需要学生依照学习支架，运用学习资源解决问题，透过现象和真实问题理解学科核心概念的本质。

第三，兼具一致性和开放性。驱动问题是贯穿项目式学习始终的，应具备一致性。同时，驱动问题在实践中会依照现实情境和学生的学习表现呈现不同的表征，具有开放性。驱动问题指向学生高级思维的形成，要求学生对信息进行整理、综合、分析、批判性评价。学生需要在实践和思考中根据自己的逻辑判断给出自己的答案，而非人云亦云。

3. 确定项目式学习类型，明确评价要求

研究者通常把项目式学习分为活动类型的项目式学习、学科类型的项目式学习、跨学科类型的项目式学习三类。无论哪种类型的项目式学习，其成果评价都不再通过传统纸笔测试的方式进行，而是采用真实的成果展示和评价方式。三类项目复杂性递增，从不同程度指向学生的问题解决能力、学科知识技能、高阶思维、学习品质等多方面。可以说学习成果的要求传达了设计者对项目式学习结果的要求，以终为始的项目式学习能够通过探究活动来引导学生将课程知识内容与建构有用知识的过程和方法结合起来。

设计者应该从项目式学习类型出发，通过恰当的项目式学习评价方式，明确成果要求并在项目启动时解读成果要求，让学生以终为始地完成项目。

项目式学习与一般学习模式的主要区别之处在于项目式学习的评价贯穿学习过程的始终，并且真正做到了定量评价和定性评价、形成性评价和终结性评价、个人评价和集体评价、自我评价和他人评价之间的结合。项目式学习评价应具备以下特征。

第一，评价主体多元。评价主体的多元性在项目式学习中得到了充分的展示，专家、学者、同伴或者学习者自己都可以作为评价主体。教师需要观察学生在项目式学习过程中的行为表现，运用知识、技能的情况以及语言运用等。学生需要关注自己和同伴的工作状况，及时交流，反思，优化工作流程，总结阶段收获。

第二，评价内容多样。项目式学习评价内容较为丰富多样，包含学生在活动中表现出的各类行为表现，如团队协作、人际沟通、问题解决、团队活动等，既包含项目式学习设计阶段预设的行为表现，也包含学生在选择和实践中超出预设的形成性行为。之所以将多样的行为表现纳入评价内容，是因为项目式学习中的实践始终是动态的、体验的、非标准化的。项目式学习评价不仅仅关注学习结果，还要把握学习过程。

第三，成果形式丰富。项目最终成果是所学知识与技能的综合体现。项目最终成果往往会在重要的场合进行展示，会有来自班级以外的观摩者，这样会鼓励学生重视成果展示，认真呈现他们的深度学习，为评价提供多元素材。成果形式包含：研究论文、研究报告、PPT、演讲稿、展览展示等。

第四，指向学习目标。项目式学习的评价贯穿学习全程，应在活动设计之初从目标出发确定相应的成果形式，依照成果的复杂程度确定评价工具。项目式学习评价量表的科学性和有效性尤为重要。评价量表要清晰地描述评价等级和评价维度，具有标识性和指引性。评价量表要在活动之初展示，教师要对评价量表的设计和使用进行解读，以帮助学生充分了解并熟悉评价量表的内容和评价角度，学习依照量表要求完成任务。在活动过程中学生会逐渐学会使用量表，也逐渐参与编制并优化评价量表。对教师而言，评价量表是很好的组织教学工具，编制过程有助于教师深入思考项目目标和核心能力，使用过程有助于教师理性、客观地观察、评价学生行为，评价过程有助于师生针对项目式学习目标有效沟通，从而形成高质量的学习成果。

以一篇调研论文的分析性评价量表为例，量表包括五个方面：内容、结构、研究深度、原始资料的使用情况、写作方法。这类分析性评价量表把一项任务分解成若干子项进行评价，能够帮助教师在项目式学习过程中给学生明确的反馈，以促进学生的学习。分析性评价量表不会把这些彼此独立的评价子项合并成一个评价项。与之相对，其采用多个评价指标，并综合各指标，形成总的评分。比如，演讲评价的若干指标包括：演讲内容、仪容仪表、与听众互动、肢体语言、脱稿程度等，诸多评价项目汇总成一个总分。

巴克教育研究所在《项目学习教师指南：21世纪的中学教学法(第2版)》中举了

评价标准的例子。有效的口头陈述的评价标准是：在陈述过程中，80％的时间里保持与听众的目光交流。有效的团队协作的评价标准是：团队的每一个成员都为最终作品做出了可见的、有意义的贡献。①

优质的评价量表需要把评价标准具体到要素和等级上，这就需要教师根据学生的表现确定使用什么评价标准。评价标准所描述的行为应该是易于观察和测量的，即针对某项具体任务确定关键的评价指标，用相对规范的语言对指标进行完整的描述，以便客观、合理地评价。除此之外，教师在设计评价量表时要根据学生最好的表现建立评价量表的评价标准，描述示范性的学生表现。评价量表的作用是给学生设立一个有效的目标和评分参考，向目标的方向引导学生。评价指标应用具体的语言描述有代表性的行为、特征和学生表现。好的指标能够使那些定性的描述具体、易于理解。建议设计评价量表时参考学生的实际表现，语言要清晰、有效、简洁。

4. 拆分实施过程，制订学习计划

项目式学习实施过程通常可以分为提出问题、理解问题、形成初步成果、交流讨论、形成最终成果五个环节，五个环节环环相扣，顺次进行，共同构成一个闭环结构。五个环节在活动类型的项目式学习、学科类型的项目式学习、跨学科类型的项目式学习中的表现不尽相同。活动类型的项目式学习相对来说体量较小，会存在合并和省略部分环节的情况，或以整合的方式融不同环节于一体。

提出一个有意义的问题是项目成功实施的开始。提出问题，或者说引导学生学会发现问题需要酝酿的时间。理想的问题应该从现实生活中或现实情境中来，教师应培养学生体察世界、关注周遭的敏锐感及察觉问题、聚焦问题的质疑意识。发现问题后就要面对并理解问题，这是项目式学习的关键，也是创造性解决问题能力产生的前提。就像我们常说的"一千个读者心中有一千个哈姆雷特"，学生对同一问题会有不同理解，教师要鼓励学生大胆表达，在此基础上借助思维工具，将学生对同一问题的不同理解系统化、条理化、深刻化，引导学生对问题进行精准分析，从而寻求解决的方案，形成初步成果。初步成果形成后，还要进行交流和讨论，通过学生之间和师生之间的表达与分享，对初步成果进行合理性论证。复盘实施过程，讨论和完善成果，为提升初步成果的质量和形成最终成果做好充分准备。在实施过程中要聚焦问题和成果本身，在确保环节完整性的基础上灵活处理，注重学生的活动体验和思维能力的培养。

---

① ［美］巴克教育研究所：《项目学习教师指南：21 世纪的中学教学法（第 2 版）》，任伟译，66 页，北京，教育科学出版社，2008。

以上五个环节对项目式学习而言至关重要，在设计和实施具体项目时可以依照实际情况调整环节之间的关联和每个环节的容量，以学生获得真实、完整的活动体验为目的。在依照五个环节实施项目的过程中，教师除了按部就班完成相应设计环节，还应关注活动背后的思维能力发展。教师要考虑到如何在项目式学习中带领学生经历探究过程，关注学生有没有得到好的体验，同时关注学生的思维有没有得到应有的发展。

思维发展状况能够在项目成果形成过程中外化，因此要注重项目成果并及时复盘成果产生的过程。任何类型的项目式学习都注重经学习和探究后解决问题，同时生成个人成果和团队成果。如果是学科项目或跨学科项目，对成果的评价标准就相对比较清晰，即要回应相应学科的核心知识和能力的掌握要求，对标单元教学目标。活动项目没有明确的关于知识和能力的指标、不知道如何判断学生在活动项目中的成长是一些教师对活动项目的成果的定位感到迷茫的原因，他们有时会花不少精力琢磨成果的形式。基于此，衡量活动项目成果的质量，需要师生一起对项目进行复盘和总结。教师需要引导学生对成果形成的过程进行充分复盘，重申成果的评价标准和现有成果可能改进的方向。通过复盘来确定如何调整活动环节、丰富现有资源、改进基本行动等，这个过程意在培育学生灵活的思辨能力和扎实的迁移能力，促进学生思维能力的发展。

为了确保五个环节有效推进，需要提前制订并适时调整计划。计划的详细程度决定实施的合理性，项目计划应包含项目所需资源、实施者、项目内容、小组分工、实施时间等。一个周全、合理的计划是项目成功完成的基本保证，但教师要清晰地意识到项目式学习不是照本宣科，再合理的计划也要充分尊重实践。教师应能够应对突发状况，尊重学生选择，调整操作细节，确保项目式学习的科学性和合理性。教师制订的项目计划应包括以下三点内容。

第一，时间安排。教师应对项目式学习所需的时间做一个总体规划，做出一个详细的时间流程安排。

第二，活动计划。活动计划指对项目式学习所涉及的活动进行计划。制订活动计划有利于学生掌握、调节活动进度。同时，有利于教师对整个项目式学习的引导、调节和评价。

第三，小组分工。明确的小组分工是确保项目式学习有效推进的重要保障。科学合理的分工建立在充分了解小组成员基本情况、特征专长的基础上。确保小组成员了解项目的总体情况和推进过程，不仅要熟悉自己主要负责的任务，还要了解与自己负责的任务相关的其他任务，以便积极地沟通协作。

在制订和解读项目计划的过程中，教师要向学生介绍分析问题的方法，并通过提供示例帮助学生了解研究方法，如学习设计问卷、文献综述、科学统计等。在实施过程中教师可以作为观察者或者指导者，针对学生使用策略的情况提出建议和指导。

5. 关注学习进程，评价阶段成果

前面提到的项目式学习的五个环节包含形成初步成果和最终成果，旨在关注学习进程，通过过程评价和结果评价来充分了解学生的学习过程，确保项目式学习过程和结果的科学和合理。从评价的角度来看，学生在项目式学习中的表现能反映出相应的信息，如知识能力和综合素养等。因此，教师要有意识地在项目实施过程中收集学生的阶段成果并进行评估。项目阶段性作品出现在项目初始阶段、中间阶段和最后阶段，它们可以是作品初稿，也可以是完成的作品，既可以由个人完成，也可以由团队完成。

关注并评价阶段成果有助于教师把握项目推进过程，谨防在活动结束时出现"拆盲盒"的紧张感。阶段成果见证并记录了项目式学习一步步完成的过程，同时标识了项目式学习的重要节点。教师通过引导学生完成阶段成果来为学生创造不断改进的机会，以确保实现项目的最终目标。阶段成果给教师提供了对项目过程进行控制的机会，帮助教师及早发现学生能否实现项目目标，或者发现学生遇到的未预料到的问题。评价阶段成果是检查具体教学内容完成情况的方法，教师能够据此评价项目的进展情况，决定是否采用其他方案，也可以现实地估计完成项目所需要的时间。评价可以包括对阶段成果的评价或针对某些必备知识技能的小测验。

完成并展示阶段成果有助学生学习动机和兴趣的维持，以多种形式展示他们的学习成就。通过项目阶段性作品设计一套系统的项目检查点，不仅能够帮助学生遵守进度计划，还能够帮他们完善项目工作。巴克教育研究所在《项目学习教师指南：21世纪的中学教学法(第2版)》中针对项目阶段成果给出示例。书面类作品包括研究报告、记叙文、书信、海报、简报、项目建议书、诗歌、提纲、手册、调研问卷、调查报告、人物自传、论文、书评、编者按、电影脚本等，展示类作品包括演讲、辩论、游戏、歌曲、抒情诗、音乐片段、口头报告、座谈会、戏剧和角色扮演、新闻播报、讨论、舞蹈、数据展示、作品展览等，技术类作品包括电脑数据库、电脑图像、电脑程序、数据盘、网站，培训类作品包括课程、手册、工作示范，策划类作品包括计划书、成本预算、投标书、蓝图设计、流程图、时间进度表，制作类作品包括实物模型、大众消费产品、系统、机器、科学仪器、博物馆展

品、立体模型等。①

6. 展示学习成果，总结学习经验

项目式学习成果指在项目式学习结束时产生的作品、产品、报告等。它不仅仅是对驱动问题的简单回答或项目式学习成果本身。驱动问题只提供问题情境。围绕一个驱动问题，有很多可能的成果，也有很多种可能的成果表现形式，设计者在设计时要考虑可能的成果方向和评价要点，不要一开始就给学生一个成果样例供学生模仿或参考，这会限制学生的思考和想象。项目式学习的最终成果应具备以下特点。

（1）指向驱动问题，具有思维的真实性。

驱动问题是有真实性的，成果也需要有真实性。应保证学生思维的真实性。比如，有一个项目式学习对最终成果的要求是这样的：请你以生活在小兴安岭森林里的一只小松鼠的身份，向人们介绍一下你生活的这个美丽的家园。从思维的真实性的角度考虑，这个成果设计的真实性不够。第一，小松鼠的身份是虚假的，学生并不能以动物的眼光来看待小兴安岭，小松鼠这种身份无法提供视角信息。第二，介绍美丽的家园这个要求看上去很真实，似乎需要使用高阶认知策略，但其实只需使用记忆和复述的策略，学生只需将课文中对不同景色的描写背诵出来就可以了。

成果的真实性需要身份代入，身份应该为学生的成果产出增加限制条件或提供视角，而非仅仅是一个情境角色。上述例子中小松鼠的身份可以换成在小兴安岭森林工作了 20 年的守林人，与之相关的情境任务可以设计为：守林人接到命令要离开小兴安岭到另一个地方去工作，这一天是他在这里的最后一天，那么，这时候他眼里的小兴安岭的景色是怎样的？或者是一个新来的护林工人，他刚从城市过来，看多了城市景象，他看到的小兴安岭的景色是怎样的？这样修改后，活动体验的真实性和学习成果的真实性都会有所增强。随着真实性的增强，学生的认知策略将发生改变。在搜寻信息、寻找小兴安岭的景色、与文本进行对比的过程中，具有真实性的人物身份有助于学生筛选景色，进行再组织加工，创造最终成果。

（2）成果包括个人成果和团队成果。

项目式学习要同时考查学生个体和团体在项目式学习中的进展，因此学习成果需要同时包含个体成果和团体成果。团队成果从某个角度说能够很好地考查学生个体的学习责任，但要谨防分工不明、只见集体不见个人的项目式学习，否则个人学

---

① ［美］巴克教育研究所：《项目学习教师指南：21 世纪的中学教学法（第 2 版）》，任伟译，66 页，北京，教育科学出版社，2008。

习质量得不到保证。

(3)指向对核心知识的深度理解。

学生在项目式学习中的学习质量要通过学习成果来评定，学习成果不仅仅是做出的作品，还包含对真实问题的解决、对核心概念的理解以及自己和团队成员在此过程中的深入理解与探究。在以终为始的设计理念下，成果与评价始终与学习目标是一致的。优质的评价能确保在每一个学习目标下列出来的重要概念都表现在成果中，学生通过报告、演讲、展示、作品表达感想、感悟，进而表达对核心知识的深度理解。

(4)包含过程和结果。

项目式学习中的公开成果不仅包括学习结果，即学生做出了什么，还包含过程，即个人和小组做的过程是什么，经过了怎样的思考和调整以及这些思考和调整涉及的知识、概念等。学生在项目式学习过程中生成的材料，如观察日志、过程记录、清单核查表、实验报告、项目方案、个人学习记录、小组清单、日记等，同时可以作为过程成果。

项目式学习的最终成果是公开的，可以通过线上或线下的方式展示在网络平台、班级或年级展板上，还可以把实物成果给生活中有需要的人。成果展示方式是多样灵活的，不拘泥于形式，以活动目标达成为标准。可以设置成仪式感较强的展示活动，也可以跟随日常教学节奏，以口头或书面的形式交流展示。

无论使用什么样的展示活动形式，成果展示的目的不是展示作品本身，而是展现学生对所学概念的理解和把握，记录学生个体和团体完成任务的过程，增强项目本身的真实性以及学生的仪式感和获得感。展示活动保证了评价的情境性，以项目目标的达成为评价标准。

(三)项目式学习的校本实施建议

巴克教育研究所在《项目学习教师指南：21 世纪的中学教学法(第 2 版)》中对项目式学习的校本实施提出了这样的建议：对那些已经突破常规 50 分钟课堂教学的学校而言，项目式学习是非常适用的；对那些由若干学习社团组成的学校而言，项目式学习是一种很合适的教学工具。即使你所在的学校没有适时开展教育改革，仍然可以给学生们带来极好的项目式学习。①

恰当的学习项目会促进学生素养的提升，也会促使学校组织机构和文化发生变

---

① ［美］巴克教育研究所：《项目学习教师指南：21 世纪的中学教学法(第 2 版)》，任伟译，66 页，北京，教育科学出版社，2008。

革。项目式学习可以鼓励教师的协作，激励学生取得成就。教师使用项目管理与组织变革的工具和方法，把学校层面的学习目标融入课程，从而提高教学水平、改善学习环境、提升个性化教育水平。项目式学习有助于创建学校文化，创造机会让家长和社区成员参与到学校教育过程中，从而获得广泛的资源支持。与此同时，学生的需求能够被理解、满足。因此，不少研究者认为项目式学习是最适合教师和学校开发校本课程的学习模式。

校本课程一词由菲昌马克等人在 1973 年的一次国际会议上提出，最初的含义是以学校为基地开发的课程，主要为了弥补当时国家课程的弊端。我国在 20 世纪 90 年代末正式将校本课程同国家课程、地方课程放在一起试行于中小学，并给予同等的重视。

《义务教育课程方案(2022 年版)》在课程设置中明确了课程类别："义务教育课程包括国家课程、地方课程和校本课程三类。以国家课程为主体，奠定共同基础；以地方课程和校本课程为拓展补充，兼顾差异。国家课程由国务院教育行政部门统一组织开发、设置。所有学生必须按规定修习。地方课程由省级教育行政部门统筹规划，确定开发主体。充分利用地方特色教育资源，注重用好中华优秀传统文化资源和红色资源，强化实践性、体验性、选择性，促进学生认识家乡，涵养家国情怀，铸牢中华民族共同体意识。校本课程由学校组织开发，立足学校办学传统和目标，发挥特色教育教学资源优势，以多种课程形态服务学生个性化学习需求。校本课程原则上由学生自主选择。"

《义务教育课程方案(2022 年版)》指出，"校本课程由学校按规定设置"，"劳动、综合实践活动、班团队活动、地方课程与校本课程课时可统筹使用，可分散安排，也可集中安排"。根据新课标精神和国家、地方、学校的三级课程模式，学校在完成项目式学习开发的过程中要充分研读现有文件和已有研究成果，整体规划项目类型，积极设计项目方案，凸显学校特色，以确保学校项目式学习合理有效开发，高效高质开展。

1. 整体规划项目类型

校本项目式学习可分为三类：综合实践活动中的项目式学习、学科项目式学习、跨学科项目式学习。无论哪一种校本项目式学习都需要从其特征出发，整体规划。

（1）综合实践活动中的项目式学习。

对于综合实践活动中的项目式学习，教师需要以项目视角进行规划设计，加入项目式学习的要素，思考如何培育学生在活动项目中的问题意识、创造能力与批判思维等学习素养。

综合实践活动中的项目式学习通常指向学生身边、日常情境中的真实问题，情境性强。综合实践活动中的项目式学习虽然是三类项目式学习中容量最小、难度最低和学程最短的，但仍具有项目式学习的基本特征：真实问题、驱动任务、项目成果等。

综合实践活动中的项目式学习的重点目标在于培养学生发现问题、分析问题、沟通交流、创造性思考等学习素养。区别于另外两种项目式学习，综合实践活动中的项目式学习不以学科知识的获取为主要目标，学生可以综合运用以往所学的知识或搜索相关信息创造性地解决问题。综合实践活动中的项目式学习的灵活性和操作性强，内容来源广泛。在问题选择上，教师可以鼓励学生观察周围的生活，在阅读中思考，在劳动中体验，在参观游览中联系以往经验，在共情、质疑中提出各种真实的问题。学生通过观察生活来发现问题，然后教师引导学生注意到任务情境，使学生主动投入情境式学习，寻求解决方案。

综合实践活动中的项目式学习开展的形式较为灵活多样，门槛相对较低，适合没有太多项目式学习实践经验的学校开展。在探索尝试阶段可以考虑以学校已有活动为基础，将学生社团、专题教育、团队建设、课后服务、社会实践等改造为活动项目，充分利用学校特色，引导学生在活动中提出真实问题。具备一定实践经验后，可以尝试将综合实践活动中的项目结构化，因校制宜创建项目活动。为了较好实现实践转化和操作，可以利用学校原有的活动时间，如班会、课后服务、晚自习等时间。学校如果要进行系统的规划，就可以采用固定集中或分散课时等不同的方式：每个学期固定项目式学习日或项目式学习周；每周固定半天或一天来开展项目式学习；上午实行分科教学，下午实行综合实践活动中的项目式学习；每周用 2 节左右的课时来开展项目式学习；等等。

（2）学科项目式学习。

相对于综合实践活动中的项目式学习的灵活性和跨学科项目式学习的综合性，学科项目式学习对学校和教师而言是普遍性和实践性最强的项目式学习模式。随着新课标的出台和学科核心素养的提出，与大单元、情境化的设计理念相呼应，国家课程的项目化实施成为学科核心素养落地的一种载体。在普通高中语文等学科课程标准(2017 年版 2020 年修订)中，多门课程的教学建议提到项目式学习，这是学科项目推进的基础。

学科项目从学科特征出发，以项目式学习的模式引导学生在探究性驱动问题下深度理解学科核心知识，在真实情境中建构学科核心素养。学科项目以某一学科为主，也可以依照情境需要立足某一学科并向其他学科进行主动跨越。

从学科项目式学习的特征出发，学科项目式学习的目标要基于课程标准，聚焦课程标准要求的核心知识与能力。基于课程标准确定项目式学习目标后统整所涉学科知识、能力，建立起知识间的内部联系。确定学科项目的学习单元设计，考虑如何关联到以往教学的类似目标，以及如何为未来基于类似目标的教学奠定基础。相对于单元教学，学科项目式学习要求教师在设计时不仅聚焦一册教材、一个单元，还要基于整个学段甚至全学段视角看待教材中与项目式学习主题相关的内容。可以说学科项目式学习的设计非常锻炼教师对教材的解读和站在学科课程角度、单元角度的整体设计能力。学科项目式学习处于学科与真实世界的交织之地，是"具有生活价值的学习"。戴维·珀金斯提出了"具有生活价值的学习"的四个特征：第一，具备深刻见解。学习的内容应具备深刻见解，有助于学习者了解周围的世界及事物的运行规律。第二，行动。学习内容对我们在生活中的各种活动有指导意义。第三，伦理道德。人类作为社会动物需要形成正确的相处模式，学习内容应该有助于激发对良性社会关系的追求。第四，机会。学到的知识能用来思考和分析现实状况。

学科项目式学习具备以上特征，它覆盖最上位的课程标准以及学生的学习难点。从课程标准的层面上说，很多学科的关键能力和概念都源于真实情境并需要在真实情境中深化理解；从教材的设计出发，语文、数学、科学、道德与法治等学科教材本身已经开始有情境化、任务化的单元导向；从学生学习的视角出发，那些学生感受到的学科难点、抽象概念以及那些需要通过实地实践、动手实验等才能理解的知识是学科项目式学习的重点。

学科项目式学习的主要阵地即相应的学科课程。为了满足实践的需要，学科项目式学习一般可以适当整合与这一项目有关联的班会、校本课程、课后服务等。依照项目的实际需要充分利用学校资源，如图书馆、报告厅等场所以及电教、网络等资源，增强活动的影响力和真实性。响应"双减"政策，为不加重学生课业负担，可以通过减少常规作业、调整作业的性质等方式来促进学科项目式学习的实施。

学科项目式学习指向国家课程的校本化实施，充分体现了分科课程设置背景下学与教的方式的变革。学校可以依照自身特点和已有校本课程开发经验，选择重点学科开展学科项目式学习。经过一个阶段的实践，可以在校内分享成功经验、展示优秀案例，再逐步扩展到其他学科，或进行跨学科交流。

(3)跨学科项目式学习。

跨学科指超越某个单一学科边界而进行的涉及两门或更多门学科的知识创造活动。跨学科既体现了一种知识与生活、科学与人文、不同学科领域之间彼此融合的价值追求与时代精神，又体现了一种强调互动建构、合作探究知识的学科研究的知识论与方法论。[1] 跨学科研究起源于 20 世纪的美国，教师为学生规划探究性科学课程，从学生的学习兴趣出发，制定富有探究性的主题，让学生综合运用多学科知识解决实际问题。我国的跨学科研究起步于 20 世纪 50 年代，蓬勃发展于 80 年代。[2] 2022 年版课程方案和课程标准的出台为跨学科学习指明了新的方向。

《义务教育课程方案(2022 年版)》明确要求"设立跨学科主题学习活动，加强学科间相互关联，带动课程综合化实施，强化实践性要求"，"加强课程内容与学生经验、社会生活的联系，强化学科内知识整合，统筹设计综合课程和跨学科主题学习。加强综合课程建设，完善综合课程科目设置，注重培养学生在真实情境中综合运用知识解决问题的能力。开展跨学科主题教学，强化课程协同育人功能"，"原则上，各门课程用不少于 10％的课时设计跨学科主题学习"。《义务教育语文课程标准(2022 年版)》在此基础上将跨学科学习正式列入课程内容，在教学提示部分对课程内容的主题情境、评价提出要求，在评价建议部分对跨学科学习的学习质量评价等有专门的板块设置。《义务教育语文课程标准(2022 年版)》指出，拓展型任务群跨学科学习旨在引导学生在语文实践活动中联结课堂内外、学校内外，拓宽语文学习和运用领域，围绕学科学习、社会生活中有意义的话题开展阅读、梳理、探究、交流等活动，在综合运用多学科知识发现问题、分析问题、解决问题的过程中提高语言文字运用能力。

跨学科学习与项目式学习在探索真实世界中的复杂问题上达成了共识。跨学科项目不是为跨而跨，而是立足于学科的主动跨越，旨在让学生在解决问题中产生自

---

① 张华：《论理解本位跨学科学习》，载《基础教育课程》，2018(22)。
② 郑梅：《跨学科学习研究综述》，载《江苏教育》，2020(83)。

然的、整体性的理解。跨学科项目的目标具有综合性，在设计中同时需要关注所跨学科的大概念、核心知识与能力、学习素养等。学生在完成跨学科项目式学习的过程中需要整合不同学科的知识和方法，解决真实而复杂的问题。

跨学科项目式学习在三类项目式学习中是最综合的，学程是最长的，所覆盖的学科核心知识与能力是最多的。除此之外，跨学科项目式学习的目标往往还需要体现对人类、世界所面临的真实问题的关怀和责任，问题往往反映出对真实而复杂的重大社会议题、科学议题(如可持续发展、环境保护、传染病防治等)的关注。跨学科项目式学习主要在与所跨学科相关的学科课程中开展，也可以借助研究性学习、研学旅行等课程载体开展。跨学科项目式学习旨在培养学生作为未来社会人的综合能力，因此学校和教师在设计和实施跨学科项目时要特别关注驱动问题的真实性。

初次进行项目式学习实践的学校可以从学校现有的实际问题出发，围绕一个真实问题，从多学科视角加以分析，从而带动对各个学科的整合性思考，进而上升到跨学科探索。教师作为项目式学习的主要设计者、实施者、评价者、组织者，在项目式学习实践前要充分了解跨学科学习的价值和其他学科在教什么。

2. 集体设计项目方案

区别于国家课程和地方课程，校本课程能更好地展现以学生发展为本的教育理念，在课程规划和设计时对单一学科或多学科内容进行整合，拓宽学生的知识领域，强化综合实践和合作创新。校本项目式学习设计和实施具有较强的灵活性和较高的自由度，为了确保项目式学习设计得科学合理、系统高效，在实际操作过程中，无论是综合实践活动中的项目式学习、学科项目式学习还是跨学科项目式学习都应该以集体为单位设计项目方案，谨防出现以偏概全、一叶障目等情况。

(1)以学校活动的组织者为项目式学习设计集体。

很多校本项目式学习来自学校原有的传统活动或特色活动，具有较强的地域特色和学校特色，如艺术节、科技节、读书节、体育节等。有些是以学校德育活动为主的特色活动，如开学典礼、校庆、百日誓师、毕业典礼等；有些是与我国优秀传统文化相关的活动，如与我国传统节日(如新年、端午节、中秋节、重阳节等)相关的活动。这些活动与项目活动有一定的相似性，组织者有一定的稳定性。可以以活动的主要组织者为集体，统筹校园各个部门集体设计项目式学习活动。可以在原有活动基础上聚焦一个主题，由原负责部门牵头，以相关学科教师为主导，围绕主题设计一些活动，追求活动内容和形式的丰富多彩。这类活动要特别注意项目式学习的评价过程，这是大多数活动缺失的环节。设计者应从驱动问题出发，本着以终为始的设计原则，围绕项目式学习的五个部分——提出问题、理解问题、形成初步成果、交流讨论、形成最终成果顺次进行。

（2）以备课组或教研组为项目式学习设计集体。

学科项目式学习在三类项目式学习中占比最大，大多数学科项目式学习是由校本课程或拓展课程转化而来的。备课组或教研组是有经验的设计集体，可以推动这些课程向活动转化，以问题来引领探究，把操作流程转换成子问题，引导学生创造性地解决问题。多学科教师可以通力合作，跟进社会热点问题，如垃圾分类、光盘行动等。这类项目资源可以从不同时期的社会热点问题中筛选，用项目式学习的方式去设计，用小项目撬动大问题，促使学生像专业人士那样思考社会问题，形成社会责任感。

（3）以学生团队为项目式学习设计集体。

学生对自然万物和社会生活的好奇心以及与生俱来的创造意识是开展项目式学习的基础和资源。教师可以充分利用并调动学生的积极性，尝试在学生看世界的过程中引导他们生成问题并探究世界。教师作为项目式学习的组织者可以利用学校已有的学生社团或组建学习小组，引导学生成为项目式学习的设计者。教师关注学生随时随地发出的疑问，或引导学生提出驱动问题，或通过提炼来将学生的疑问改造成驱动问题，在此基础上引导学生团队将形成的驱动问题转化成实际操作方案，通过讨论来确定问题的合理性和方案的可行性。以学生团队为项目式学习设计集体的思路充分体现了学生的主体地位和学生作为校园主人的校园特色。

3. 凸显学校课程文化特色

项目式学习的校本实施可以通过整体规划和集体设计来确保项目式学习在学校层面开展的推广度和规范度。为了避免"千校一面"的模式化生产，实现项目式学习的多元化和开放性发展，校本实施还应凸显学校课程的文化特色。设计者在开发、设计、实施校本项目式学习的过程中，既要深入理解项目式学习理念和实施路径，又要因地制宜、因校制宜，充分挖掘学校已有文化特色，实现项目式学习和学校课程建设的协同发展。

首先是项目主题的选择，可以根据地域和校本情况，为学生提供多样选择，增强学生的参与度。比如，根据区域自然气候选择项目主题，在恰当的时节开展季节性强的主题活动，综合多学科引导学生领悟自然规律。也可以基于学校优势学科选择主题，实现学校内部的优势资源利用，优势学科牵头，相关学科辅助。还可以根据学生的发展阶段选择主题，打破年级的限制，借助项目式学习的契机，实现不同年级学生的交流互动，如访谈、问卷调查、展示、示范等互帮互促的形式。

其次是学习目标的制定，应充分尊重学生特点和需求，旨在提高学生的实际操作与自主学习能力。以学生为主、教师为辅，共同制定学习目标。可以在项目式学习开始前组织"竞标"，学生根据自己的兴趣选择适合自己的学习目标，陈述理由。教师组织讨论交流，引导学生共同思考、相互启发，进一步确定并完善自己的学习目标。学生在教师的引导下针对项目目标制订合理的项目计划，编制评价量表。

最后是总结交流，可以充分利用校本资源，让项目式学习成果为校园文化增添新的元素。项目式学习成果是师生共同的智慧结晶，带有较深的校园文化烙印。在活动过程中要保留过程性资料，包括文字、图片以及相关的所有资料，还要充分发挥网络平台的优势，让家长、社区、校友、社会看到成果，这样有机会收到有价值的反馈。

以孙玉霞在《基于PBL项目式学习的馆校合作校本课程实践探究——以南汉二陵博物馆"广州革命史迹研学"为例》一文中选取的案例为例。该案例从学校自身特点、所在地区地域文化、校内外资源的充分利用、设计者多样化、活动真实性等角度展现了学校项目式学习的实践优势。南汉二陵博物馆与馆校合作单位广东实验中学联合开发并实施了"广州革命史迹研学"校本课程。该课程的实施包括以下环节。

第一个环节是组建项目团队和教师团队，通过双向选择来确定学生团队、建立复合型教师团队，教师团队涵盖了高校教师、南汉二陵博物馆研究者、广东实验中学历史教师、广州市岭南建筑研究中心研究者、研学涉及的广州市各革命史迹点研究者或专业讲解员等，以满足学生获取不同维度的专业知识的需求。

第二个环节是项目导入与激发。项目先导课由三部分构成：一是南汉二陵博物馆研究者讲授"花开红树英雄面——关于广州的红色资源"，介绍了广州红色资源概况、越秀区红色资源的分布及特色、红色资源导读等内容，为学生正式开启项目式学习做好知识储备与铺垫；二是广东实验中学历史教师讲述"伟人足迹——广州红色史迹径规划与设计"，介绍了课程缘起、目标、内容、形式、教师团队，以及文物径线路的相关背景知识；三是学生通过自主报名完成了初步的项目分工，即摄影摄像组、艺术创作组、访谈及信息收集组、策展小组、文物径规划设计组等（见表2-2-1）。

表 2-2-1 课程设计思路

黄金标准 PBL（project-based learning）的核心项目设计要素	课程设置	课程目标
具有挑战性的问题或疑问	通过对广州地区革命史迹的寻访与探索，学习中国共产党在广州领导的革命历史。	一是思想目标：实现学生思想政治教育与党史学习教育融合，将教育部的"四史"教育落实到中学历史教学实践中，学生学习和了解广州乡土历史，升华对家乡的热爱之情，让家国情怀深植于心中。二是专业能力：①形成信息素养；②掌握社会调查方法；③在城市规划理念指导下设计一条广州文物径线路；④结合小型原创展览的策划与实施，提升项目管理能力与团队协作能力；⑤提升学科素养、历史分析与解决实际问题的能力。
	策划一条广州文物径线路和一场小型原创课程成果展览。	
持续探究	课程实施周期为一学期，预计8~10次，内容涉及信息收集、革命史迹点调研、与专业研究者交流、小组讨论与团队协作等，学生围绕广州"革命史迹研学"这一主题开展项目式学习。	
真实性	课程安排两次革命史迹点实地调研；学生所完成的广州文物径研学线路设计以及其他成果展能够直接体现学生的价值。	走进身边的红色学堂进行调研，学习乡土历史，掌握社会调查的基本方法、调研报告的撰写规范，通过团队协作来完成调研任务。
学生的发言权和选择权	学生自主选择广州文物径线路规划、展览主题与内容。	学习对所学到的知识、获取到的信息进行处理与运用。
反思	课程设置两次小型座谈会，对项目实施、学习成果进行总结，找出存在问题及改进建议。	提高学生发现问题、提出问题、解决问题的能力。
批判性反馈和修改		
公开展示的成果	①规划设计一条以"伟人足迹——广州红色史迹径规划与设计"为主题的广州文物径研学线路。②博物馆策展人指导学生策划并举办课程成果展览，在校内展出。③结合课程成果开展导赏、宣讲活动。	提升学生的总结、表达、阐述以及项目组织策划与实施的能力，进一步激励学生参与学习探索。

第三个环节是开展革命史迹点调查研究课程。学生在博物馆研究者及学校教师的指导下，先后开展了两次革命史迹点实地调查活动，走访了春园、中国共产党第三次全国代表大会会址、毛泽东同志主办农民运动讲习所旧址纪念馆、广州鲁迅纪

念馆、广东革命历史博物馆等重要革命史迹点(见表 2-2-2)。

表 2-2-2　课程实施情况

课程内容	学习要点	学习地点	学习方式	教师团队
广州革命史迹概说	对广州革命史迹分布概况、广州革命历史有总体的认知,对项目内容有总体了解。	学校。	讲座。	博物馆研究者、学校历史教师。
伟人足迹——广州红色史迹径规划与设计				
小组成员任务分工				
第一次调研	调研春园、中国共产党第三次全国代表大会会址、庙前西街、毛泽东同志主办农民运动讲习所旧址纪念馆。	广州革命史迹点。	走访历史建筑、看展览。	博物馆研究者、学校历史教师、各革命史迹点研究者或讲解员。
第二次调研	调研广东实验中学初中部、广州鲁迅纪念馆、广东革命历史博物馆。			
小组讨论	总结前期学习情况,提出并解决问题。	学校。	小组讨论。	博物馆研究者、学校历史教师。
"绘红色线路扬名城价值"讲座	建立初步的规划意识。	学校。	讲座。	广州市岭南建筑研究中心研究者。
一场展览的诞生	初步学习展览的概念、策划与实施。	学校。	讲座。	博物馆研究者、学校历史教师。
课程总结暨小型座谈会	观看"红色印迹　羊城烽火——广州革命史迹图片展",对课程进行全面总结与评价。	博物馆。	看展览、研讨、开座谈会。	博物馆研究者、学校历史教师。

　　第四个环节是合作完成摄影摄像、资料收集、记录与整理、人物访谈等任务,为在第五个环节形成课程成果做好准备。在第五个环节,学生通过一学期的项目课程学习探索,撰写了题为"伟人的足迹·我们的足迹"的展览大纲,第一部分讲述他们通过研学获取的以毛主席、周总理为代表的伟人在广州的革命足迹,第二部分讲述他们在本次课程过程中追寻"伟人足迹"而开展的一系列学习与探索活动。学生完成了广州市越秀区两条革命史迹文物径线路的规划及重要史迹点的标识牌设计工

作，同时撰写了部分重要史迹点的讲解词。①

该案例很好地展现了校本项目式学习的特色以及区域内学校和相关社会资源整合的方式。立足于学校文化特色，选择恰当的连接点，实现了学校和博物馆历史资源的深度整合，解决了不同专业领域融合的困难。从项目主题选择、活动方式、团队建设到资源整合、评价方式都充分调动了各种教育资源，实现了资源的深度融合。同时，让参与者——学生、教师、学校、博物馆研究者等充分体验到了新鲜感和历史责任感。特别是对学生而言，该项目充分激发了其进一步探索的动力。

---

① 孙玉霞：《基于 PBL 项目式学习的馆校合作校本课程实践探究——以南汉二陵博物馆"广州革命史迹研学"为例》，载《东方收藏》，2021(19)。

模块三
语文项目式学习
课例精选

课例一　偏旁部首游艺会

——一年级（上）第六单元项目式学习教学方案

一、项目信息

项目名称	偏旁部首游艺会
核心驱动问题	如何运用偏旁部首识字？
学习时长	两周
项目成果	识字小报展示会
实践学校	北京市上地实验学校
指导教师	刘爽

二、学习目标

统编版语文教材一年级（上）第六单元是识字单元，选编的几篇课文将识字寓于生动形象的情境中。例如："日""月"组合在一起是"明"，表示明亮的意思，会意字是把两个或三个汉字组成一个新字，能够根据各自汉字的意思表示出组成的新字的含义，课文中运用"日月明，田力男"朗朗上口的儿歌引导学生掌握用会意字识字的方法。根据教材单元内容，对照《义务教育语文课程标准（2022年版）》中语言文字积累与梳理任务群下的第一学段的学习内容，教师将本单元的学习主题确定为"发现汉字规律，发展识字能力"。参照学习主题，教师制定了以下学习目标。

①利用已有生活经验，掌握归类识字、反义词识字等多种识字方法。

②了解汉字的构字规律，感受汉字文化的博大精深，喜欢学习汉字。

③借助偏旁表义等方法，在生活中主动识字。

三、学情调研

为了解学生对本单元学习的准备状况，摸清学生现有的水平，确定学生的能力起点，调研内容如下（见图3-1-1）。

亲爱的同学们：

我们将要开启第六单元的学习，为了更好地开展学习，请你认真填写下面的内容。

调查问卷

1. 你喜欢用什么方法识字？（可以多选）

A. 偏旁归类识字   B. 象形字识字   C. 反义词识字   D. 其他方法

2. 你知道以下哪些偏旁表示的意思？（可以多选）

A. 艹   B. 木   C. 鸟   D. 亻   E. 辶   F. 日   G. 竹

3. 你希望通过哪些方式了解汉字的故事？（可以多选）

A. 听他人讲解   B. 阅读书籍   C. 看汉字故事视频   D. 欣赏汉字演变的图片

访谈题目

1. 你知道哪些有关汉字的故事？

2. 你有什么理解汉字含义的好方法？

图3-1-1   "偏旁部首游艺会"项目式学习学情调研

问卷与访谈结果表明，学生喜欢汉字文化，对汉字有好奇心，期待了解汉字背后鲜活有趣的故事，以及偏旁是如何演变而来的、具有哪些意义等问题。

根据学情调研，学生对于本单元重点偏旁的了解程度不同。比如，学生对"木""鸟""日""亻"几个偏旁接触较多，在第一单元《日月山川》的学习中通过图片和汉字对照的方式了解其表义。多数学生能够意识到带有"木"字旁的字大部分和树木有关系，"鸟"部的汉字和鸟类相关，带有"日"的字和太阳有关。再如，学生第一次学习"辶"等偏旁，大部分学生不知道其表义。教师可以依照学情调研结果和已学内容确定学习的重点内容。

结合以上分析，教师将本项目的驱动问题设置为"如何运用偏旁部首识字？"，计划通过项目式学习，带领学生体验完整的识字与写字过程，使其呈现个性化的学习成果，提高在生活中识字的能力。

四、学习项目

根据学习目标及学情分析，围绕核心知识和驱动问题，教师设计了"偏旁部首游艺会"学习项目,力求引导学生在探究的过程中发现汉字偏旁表义的特点。要完成该学习项目,学生需要统整本单元的识字与写字、梳理与探究、表达与交流等语文实践活动,借助课文中的生字,自主发现汉字偏旁表义的特点,学会运用偏旁归类识字法、反义词识字法等,进而在生活中运用这些识字方法,提高识字效率。通过此次项目式学习,学生能够在探究发现的过程中,感受到中华民族的智慧和悠久的文化历史。项目整体结构如图 3-1-2 所示。

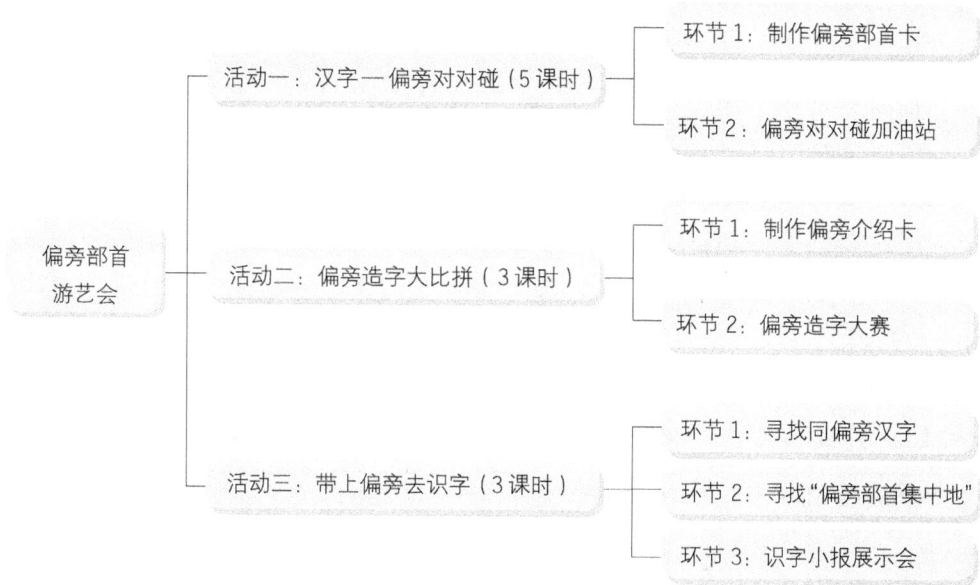

图 3-1-2　"偏旁部首游艺会"项目结构图

…活动一：汉字—偏旁对对碰…

这是本单元项目式学习的起始活动,要创设真实的学习情境,激发学生的学习兴趣,明确单元学习主题。"偏旁部首游艺会"既有学生喜欢的识字比赛,又有丰富多样的汉字介绍展示,让学生在轻松愉悦的游艺氛围中识字,感受博大精深的汉字文化。学生自主梳理了本单元课文中的生字,制作了偏旁部首卡,认识了汉字的构造,加深了对汉字音形义关系的理解。"偏旁对对碰加油站"引导学生在喜欢的识字竞赛中主动识字,认识这一单元的重点偏旁,同时感受偏旁表义的特点。这一活动为后续的活动提供了主要识字资源,聚焦重点偏旁,对整个项目的顺利推进至关重要。

⋯活动二：偏旁造字大比拼⋯

　　学生查阅资料，采用多种途径了解重点偏旁并制作偏旁介绍卡。本活动旨在引导学生理解偏旁表义的特点，对偏旁形成较完整的认识，熟悉用偏旁识字的路径，为今后的识字、写字学习打下牢固的基础。在"偏旁造字大赛"中，学生需要在认识偏旁的基础上，重点运用偏旁识字，调动头脑中已有的汉字，主动认识更多汉字。

⋯活动三：带上偏旁去识字⋯

　　活动三在活动一和活动二的基础上，引导学生学以致用，运用汉字偏旁表义，带着偏旁去生活中识字，发现常见的带有已认识的偏旁的汉字，依照偏旁表义特点推测字义，尝试发现同偏旁汉字的规律并运用到日后的识字中。

　　本项目的几个活动间相互关联，学生在"认识偏旁—了解偏旁—运用偏旁"的过程中，逐步认识汉字偏旁表义的特点，了解汉字的文化，感受古人创造汉字的智慧，全面提高核心素养。

五、学习过程

核心驱动问题	分解驱动问题	阶段成果	项目成果（产品）
如何运用偏旁部首识字？	①本单元有哪些重点偏旁？ ②这些偏旁有什么特点？ ③在生活中你见过哪些带有这些偏旁的字？	①偏旁部首卡 ②偏旁介绍卡 ③识字小报	识字小报展示会

⋯活动一：汉字—偏旁对对碰⋯

　　汉字是中华民族文化的瑰宝，是前人智慧的结晶。很多汉字来源于美丽的图画，或者蕴藏着动人的故事。接下来的两周，就让我们一起开启项目式学习，走近汉字，了解汉字背后的文化吧！

（一）制作偏旁部首卡

1. 寻找偏旁"朋友"

（1）单元通读，圈画出认字表中的字。通读单元课文，读准字音，读通句子。

（2）多种方法识字，合作共学。小组探讨运用哪些方法识字。教师引导学生在语境中识字、学词。小组互查、反复识记，尝试运用多种方法识字。

(3)寻找偏旁"朋友"。通读本单元的课文，在文中找到带有"辶""犭""鸟""亻""⺮""日""口""纟"的字，小组交流这些偏旁表示什么意思。

2．制作偏旁部首卡

(1)总结同偏旁汉字。从"辶""犭""鸟""亻""⺮""日""口""纟"这些偏旁中，任选两个偏旁，将自己认识的带有同偏旁的汉字总结出来。

(2)制作偏旁部首卡。请从本单元识字表中选择一些汉字，将汉字的偏旁部首拆分开，随机填在偏旁部首卡中，如图3-1-3所示。

图3-1-3　偏旁部首卡

(二)偏旁对对碰加油站

1．小组自主复习单元生字

学生交流汉字识记方法，为"偏旁对对碰加油站"识字大赛做好准备。

2."偏旁对对碰加油站"识字大赛

教师将学生制作的偏旁部首卡收齐，打乱顺序，随机发给每个学生。学生把两个能组成汉字的偏旁部首用直线连在一起，全部连完，用时最短者获胜。

···活动二：偏旁造字大比拼···

(一)制作偏旁介绍卡

1．多种方法认识偏旁

(1)小组合作，查找偏旁资料。小组成员每人分配两到三个偏旁，可以询问爸爸妈妈、观看偏旁小故事的视频、翻阅有关汉字的书籍等，了解关于偏旁的知识，明确偏旁的含义。

(2)小组交流，介绍偏旁的含义。每个学生介绍自己查找的资料，绘声绘色地讲述给小组成员。

2. 制作偏旁介绍卡

(1)制作偏旁介绍卡。每个学生选择一个偏旁，介绍偏旁表示的含义，还可以简单画一画偏旁的甲骨文，或者把重要的信息简要写下来。可以按照样例(见图 3-1-4)，也可自行设计。

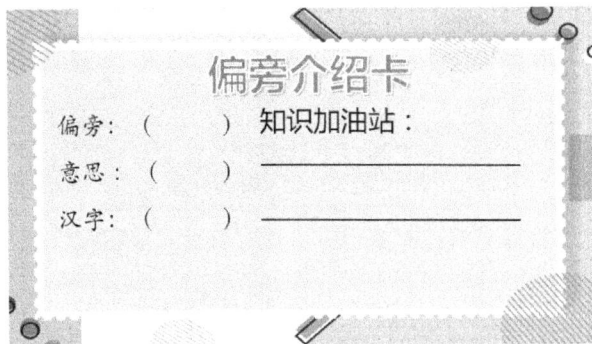

图 3-1-4　偏旁介绍卡

(2)识字故事分享会。请从汉字的演变、偏旁的故事、古人造字的方法等方面，选择近期学习中感受最深的一个汉字故事讲给大家听。学生之间互相学习，根据表 3-1-1 评选出班级"识字星"。

表 3-1-1　"识字星"评价表

评价标准	星级
有关汉字的内容	★★★
声音洪亮	★★★
讲述生动	★★★

(二)偏旁造字大赛

1. 建立偏旁资料库

(1)梳理生字，总结偏旁。把这一单元所有生字汇总，按照常用识字方法归类，重点偏旁单独整理。

(2)梳理偏旁，扩充同偏旁汉字。同偏旁汉字归为一类，建立偏旁资料库。

2. 开展偏旁造字大赛

(1)偏旁飞花令。按照小组进行积分赛，教师随机给出一个偏旁，各小组每说出一个带有同偏旁的汉字积一分，直到不能说出为止，小组得分高者取胜。

(2)偏旁知识竞赛。教师随机出示一道有关偏旁的题目，各小组举手抢答，每答出一道题目积一分。

（3）颁发优胜小组奖。按照小组积分排名，教师为班级前三名的小组颁发"识字大王"称号，结合"识字大王"表现，为他们绘制个性奖状。

…活动三：带上偏旁去识字…

（一）寻找同偏旁汉字

1. 校园寻字

校园是一位无声的教师，写满各种文字的墙壁会"说话"。

（1）请各小组分别在校园中探秘，寻找到带有本单元所学偏旁的汉字，记录在识字卡片上，写明找到的位置，填写"校园寻字"表（见表3-1-2）。

表3-1-2　"校园寻字"表

偏旁	辶	犭	鸟	亻	艹	日	口	纟
校园中发现的汉字								
发现地点								

（2）各小组将"发现地点"一栏保留，提交前两栏，两组互换，尝试找到、找全对方小组发现的同偏旁汉字，确定地点。

（3）两组交换信息，确定地点是否匹配或同样有该汉字。

（4）分享寻找经验，说说是如何依照偏旁推测可能发现汉字的地点的。

2. 生活寻字

汉字在生活中随处可见，超市、大街、小区、校园、博物馆、动物园等，都有丰富的识字资源。生活寻字能够让学生体会到更多课堂识字中体会不到的精彩，在认识更多汉字的同时发现汉字之间的规律。请结合偏旁部首识字的经验，尝试根据所学偏旁的含义，推测不认识的字的读音和含义，并在"生活寻字"表中进行记录（见表3-1-3）。

表3-1-3　"生活寻字"表

步骤	示例	实践
确定一个自己感兴趣的生活识字场景	植物园	
找到场景中若干出现频率高的偏旁部首	木、艹	

续表

步骤	示例	实践
摘录认识的同偏旁汉字	艾、芍、芒、艺 树、杉、杨、林	
摘录不认识的同偏旁汉字	茉、苡 枇、杷	
根据偏旁部首推测读音含义	茉：可能是一种植物。	

（二）寻找"偏旁部首集中地"

学生通过学习了解到偏旁部首都有各自的含义，请尝试在生活中找到以下这些偏旁部首较为集中(多次、同时出现)的地方，并尝试从偏旁部首含义的角度解释这些偏旁部首在那里集中出现的原因，并整理在表 3-1-4 中。以"月"字为例，医院是"月"字的集中地，那里有口腔科的"腔"字、心脑血管科的"脑"字、皮肤科的"肤"字等。因为"月"字旁与人体器官有关，所以医院的很多诊室都有"月"字旁的字。通过偏旁部首，学生新认识了"肿""肾""胸"几个与身体器官有关的"月"字旁的字。

表 3-1-4 "偏旁部首集中地"表

偏旁	辶	犭	鸟	亻	𥫗	日	月	口	纟
集中地									
相关汉字									
解释原因									
新认识的汉字									

（三）识字小报展示会

1. 小组分享识字心得

通过本单元的学习，学生在课堂上、生活中主动认识了很多汉字。请把这些新认识的汉字与小组成员分享，介绍一下汉字的意思，并说说你的识字方法及学习收获。

2. 识字小报展示会

日用品的塑料包装上通常会标注许多汉字，请将带有本单元所学偏旁的汉字剪下来，粘贴在识字小报上(见图 3-1-5)，用一周时间在班级文化墙上展示。请学习、了解，看一看近期大家在生活中认识的汉字。展示一周后，请依照汉字的偏旁将识字小报上的汉字分类整理，适当补充后再展览一周。

图 3-1-5　识字小报

3. 名字偏旁展示会

爸爸妈妈在给我们起名字的时候千挑万选，希望把对我们最美好的祝福通过具有美好寓意的汉字送给我们。你知道自己名字、名字偏旁的寓意吗？请认真写下你的名字，请爸爸妈妈给你讲述取名的经过及寓意。在爸爸妈妈的帮助下翻阅字典，了解你的名字中的汉字的含义，并抄写几个你感兴趣的同偏旁汉字，从偏旁说起，向同学们介绍你的名字的含义。

六、课例评析

受到学生知识储备和认知经验的限制，第一学段的项目式学习需要降低难度、减缓坡度，设计学生能够自主开展、合作完成的项目，根据学生完成项目的过程拆分出若干个语言实践活动，帮助学生"做中学"。拆分后的活动"颗粒度"比较小，学生容易在活动过程中获得成就感，增强学习的信心。活动与活动之间的逻辑关系合理，能够呈现认字学习的基本过程。本项目的目标是认识汉字，了解汉字偏旁的意义，为利用偏旁识字打好基础。识字小报展示会作为项目成果，其合理性主要表现为三个方面。第一，识字小报的内容要求与本单元学习目标一致，是学生本单元学习成果的自然呈现。学生能够找到包含本单元偏旁的字，并且集中呈现。第二，识字小报不需要学生抄写，学生只需要完成剪贴的工作，"收集—整理—集中呈现"的过程就是学生不断理解偏旁的意义、利用偏旁识认汉字的过程，学生能够获得学习的愉悦感。第三，在一周的时间内张贴识字小报，营造了良好的集体学习环境，学生在分享交流的过程中扩大了识字量，深化了对偏旁意义的理解。本项目的难度符合第一学段学生的认知水平，活动的顺序符合学生认知的基本规律，能够帮助学生掌握识字的方法，有助于学生养成良好的识字习惯，建构科学的识字策略。

课例二　讲述我敬仰的革命先辈故事
——二年级(上)第六单元项目式学习教学方案

一、项目信息

项目名称	讲述我敬仰的革命先辈故事
核心驱动问题	如何讲好革命先辈故事？
学习时长	两周
项目成果	我敬仰的革命先辈故事讲述小视频
实践学校	北京市第二实验小学
指导教师	郭红霞、郭明珠

二、学习目标

统编版语文教材二年级(上)第六单元围绕革命先辈这一人文主题，编排了精读课文《八角楼上》《朱德的扁担》《难忘的泼水节》，略读课文《刘胡兰》以及语文园地，并将"借助词句，了解课文内容"的语文要素贯穿其中。本单元的四篇课文通过讲述忘我工作的毛主席、以身作则的朱总司令、心系群众的周总理、不畏敌人的刘胡兰烈士的故事，展现了革命领袖和革命先烈的崇高品质。本单元带领学生了解先辈故事，初步感受革命精神，为学生传承精神、付诸行动的情感成长做好衔接与贯通，落实文学阅读与创意表达任务群中第一学段的学习内容。通过分析本单元的教学价值，教师确定本单元的学习主题为"带着敬仰之情，讲述先辈故事"，制定了以下学习目标。

①利用多种途径寻找令人敬仰的革命先辈故事，能选择具体故事进行讲述。

②通过多种途径了解革命先辈的故事，围绕敬仰的革命先辈有情感地讲述，展现革命先辈的精神品质，突出敬仰之情。

③借助单元课文丰富语言素材，设计讲述，录制讲述视频。

三、学情调研

为了了解学生对本单元学习的准备状况、摸清学生现有的水平、确定学生的能力起点，在开启单元教学之前，教师通过访谈对学生进行了前置性评价，具体内容如下。

访谈目的：了解学生在本单元语文要素方面的能力起点。

访谈时间：学习本单元之前。

访谈对象：二年级学生。

访谈形式：集体采访。

访谈问题：

①你知道哪些革命先辈和他们的故事？

②在阅读时，如果遇到不理解的词句，你会用什么方法去理解它？

③请看这幅图画(略)，说一说你看到了什么。

访谈结果：

①大多数学生读童话故事比较多，对童话人物比较熟悉。读传统革命故事较少，对传统革命人物了解不多，能够说出个别革命先辈的名字，但大部分学生不能讲出他们的故事。

②部分学生采用询问教师、同学和家长的方法，部分学生采用结合生活经验的方法，个别学生采用联系课文来理解的方法。

③学生能直观地说出图画上的内容，但讲得不全面、不完整。

访谈发现：

学生对传统革命先辈了解较少，应通过读故事—讲故事来走近人物，了解革命先辈的故事，感受革命先辈的品质，受到精神熏陶。在阅读时，教师需要引导学生通过结合插图、联系上下文等方法来理解词句的意思。

虽然在学习二年级(上)第一单元和第三单元时，学生分别接触过借助提示、图片讲故事，但所讲的故事比较生活化，利于学生讲述，而本单元的故事距离学生的生活比较远，学生缺乏历史背景知识，讲述起来有一定的难度。能在通过抓关键词等来了解内容的基础上，运用关键词句，借助插图并按照一定顺序将故事或情节尽量讲完整是其能力增长点。

根据学情调研，学生需要的核心知识涉及理解词语的意思，了解课文内容，运用关键词句、借助插图讲故事。教师将核心驱动问题设置为"如何讲好革命先辈故事?"，计划通过学习项目来帮助学生体验完整的学习过程，呈现个性化的学习成果，实现认知水平的提高和语言经验的丰富。在项目式学习推进过程中，教师通过课内外资源来打开学生的视域，多角度丰富学生对革命先辈精神的理解。学生在了解课文内容的基础上，言说情节或者画面，讲好故事，最终形成相关能力和阅读素养。

四、学习项目

基于学习目标，围绕核心知识和驱动问题，教师将"讲述我敬仰的革命先辈故事"作为学习项目，要求学生把自己敬仰的先辈的故事在故事会上讲出来，让学生在不同的故事中体会其蕴含的思想感情，从而多角度丰富对革命先辈精神的理解，实现精神世界的丰富。本项目虽然距离学生的生活比较远，但是学生有讲故事的经验并熟悉故事会展示的方式。

要完成学习项目，学生需要统整识字与写字、阅读与鉴赏、梳理与探究、表达与交流等语文实践活动，从课文中了解先辈事迹，学习用词、讲述角度。根据学生完成学习项目的真实过程，教师进行活动分解，设计结构化的活动链。同一活动下的多项学习任务相互关联、逐步递进，带领学生感受革命传统文化，如图 3-2-1 所示。

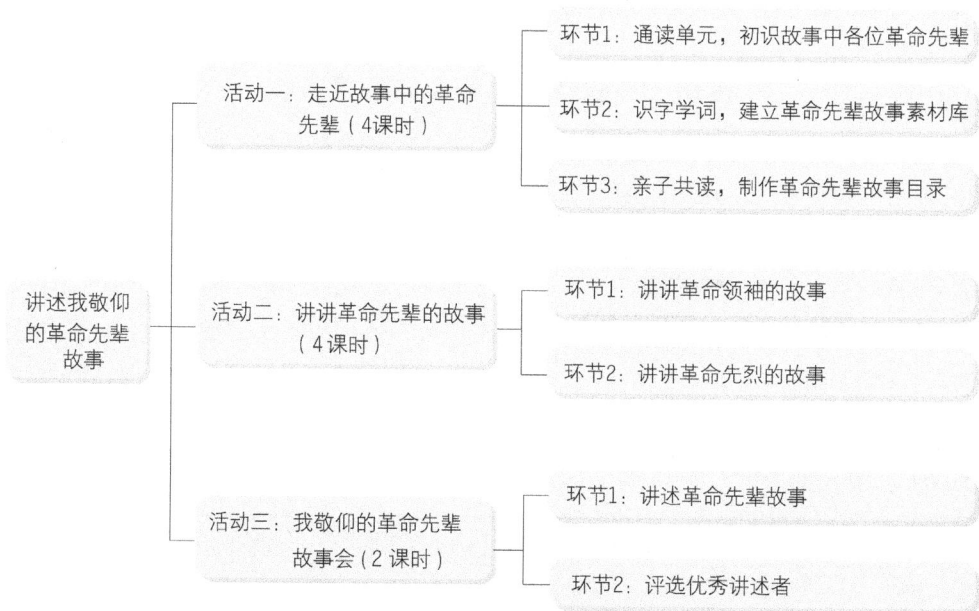

讲述我敬仰的革命先辈故事

活动一：走近故事中的革命先辈（4课时）
- 环节1：通读单元，初识故事中各位革命先辈
- 环节2：识字学词，建立革命先辈故事素材库
- 环节3：亲子共读，制作革命先辈故事目录

活动二：讲讲革命先辈的故事（4课时）
- 环节1：讲讲革命领袖的故事
- 环节2：讲讲革命先烈的故事

活动三：我敬仰的革命先辈故事会（2课时）
- 环节1：讲述革命先辈故事
- 环节2：评选优秀讲述者

图 3-2-1 "讲述我敬仰的革命先辈故事"项目结构图

···活动一：走近故事中的革命先辈···

这是单元学习的起始活动，教师创设学习情境，让学生明确本单元的学习任务——讲述我敬仰的革命先辈故事，使学生产生阅读期待，激发学生学习本单元的兴趣。在品读文本的过程中，学生了解革命领袖和革命先烈的事迹并感受他们的崇高品质，习得了解课文内容的多种方法，建立革命先辈故事素材库，梳理革命故事目录，迁移所学，积累方法，为开展故事会做准备。此活动基于文本并初步渗透了革命传统教育，奠定了本单元的故事基调，为学生后续的学习活动的开展做准备。

···活动二：讲讲革命先辈的故事···

在素材库和革命故事目录梳理完毕的基础上，学生讲述故事，丰富对人物的了解。学生在讲述和分享的过程中丰富认知，进一步完善故事目录，以此来梳理敬仰的革命先辈的故事，聚焦人物收集材料、进行表达。

···活动三：我敬仰的革命先辈故事会···

本单元最后以故事会的活动呈现学习成果，学生带着敬仰之情讲述革命先辈故事。学生从素材库和故事目录中选定某一敬仰的革命先辈的故事，进行讲述并录制小视频，借助评价量表进行评选，推荐优秀讲述者来参与公众号的展示。活动贯穿始终，激发了学生极大的热情，让学生沉浸在红色之旅中，感受革命文化。

本项目的几个活动相互关联，学生在"走近先辈—收集故事—分享故事"的过程中逐步深化对革命精神的理解，实现了人文主题和语文要素的融合和综合素养的提高。

五、学习过程

核心驱动问题	分解驱动问题	阶段成果	项目成果（产品）
如何讲好革命先辈故事？	①作者是如何介绍革命先辈故事的？ ②我们可以讲哪些革命先辈的故事？ ③如何讲好革命先辈故事？	①革命先辈介绍卡 ②革命先辈故事目录 ③我敬仰的革命先辈故事会	我敬仰的革命先辈故事讲述小视频

···活动一：走近故事中的革命先辈···

回到峥嵘的革命岁月，走近革命先辈的英勇事迹。带着敬仰之情，讲述革命先辈故事，感受革命精神。

（一）通读单元，初识故事中的各位革命先辈

1. 回顾旧知

你都知道哪些革命先辈呢？你对他们有哪些了解呢？

2. 结合文本

通读整个单元，说一说故事中的革命先辈都是谁，和你的小伙伴先交流一下对他的了解，一会儿请你介绍给大家听。

（二）识字学词，建立革命先辈故事素材库

1. 通读课文

走进革命先辈的故事，通读单元课文《八角楼上》《朱德的扁担》《难忘的泼水节》《刘胡兰》，读准字音，读通句子。

2. 识字写字

认读课文中的生字新词，尝试通过联系上下文、联系生活、结合插图等方法来体会词语含义并识记；小组交流，互学互助；在语境中看拼音写汉字，检查字词掌握情况。

《八角楼上》：夜幕降临、寒冬腊月、斗争、年代……

《朱德的扁担》：山高路陡、同志、队伍、敌人、打仗……

《难忘的泼水节》：一年一度、四面八方、龙船、欢呼……

《刘胡兰》：年轻、村子、知道……

3. 整体感知

读完之后，说一说文章介绍了什么事。可以借助的插图和关键词句了解课文内容。

4. 走近人物

(1)学习《八角楼上》，教师发布学习任务1及学习提示，学生习得方法(见图3-2-2)。

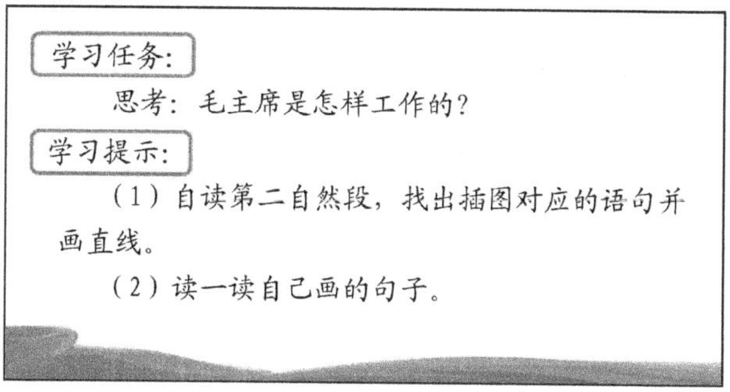

学习任务：
思考：毛主席是怎样工作的？

学习提示：
（1）自读第二自然段，找出插图对应的语句并画直线。
（2）读一读自己画的句子。

图3-2-2　《八角楼上》学习任务1及学习提示

(2)交流批画，质疑解疑。

(3)根据学习任务 2 及学习提示，运用方法，讲述画面(见图 3-2-3)。

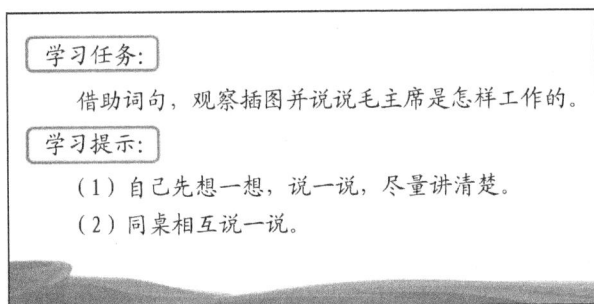

学习任务：

　　借助词句，观察插图并说说毛主席是怎样工作的。

学习提示：

　　(1)自己先想一想，说一说，尽量讲清楚。
　　(2)同桌相互说一说。

图 3-2-3　《八角楼上》学习任务 2 及学习提示

(4)迁移所学，积累方法。

阅读《朱德的扁担》《难忘的泼水节》《刘胡兰》，继续抓住关键词句，借助插图走进革命先辈的故事，练习讲述。全班进行交流，加深理解。

5. 梳理素材

教师引导学生用思维导图或者表格的形式归类梳理素材，为讲故事建立素材库(见表 3-2-1)。

表 3-2-1　素材库

类别	素材
描写环境	夜幕降临、寒冬腊月、山高路陡……
描写动作	写文章、握着笔、拨灯芯、挑着粮食……
描写神态	凝视、沉思、笑容满面……
描写穿着	穿着单军衣、披着薄毯子、穿着草鞋、戴着斗笠……
……	……

6. 制作革命先辈介绍卡

根据课文中作者对革命先辈故事的介绍以及素材库的梳理，学生制作革命先辈介绍卡，以此为支架，为讲故事做好准备。可参考教师的样例(见图 3-2-4)，也可以自行设计。

图 3-2-4　革命先辈介绍卡

(三)亲子共读，制作革命革命先辈故事目录

开展亲子活动，学生和家人一起走近人物，在阅读中浸润革命文化，可以围绕一位革命先辈收集他的故事，也可以根据不同的历史阶段，了解更多的革命先辈，查找他们的故事，制作革命故事清单。学生通过课外收集相关资料来开拓思路，丰富对革命先辈的认知。

1. 收集人物故事

(1)我给人物找故事——制作红色故事卡。

学生收集课文中的革命先辈的其他故事和其他革命先辈的典型事例，制成红色故事卡(见图 3-2-5、图 3-2-6)，拓展革命先辈故事的认知范围，加深认知。

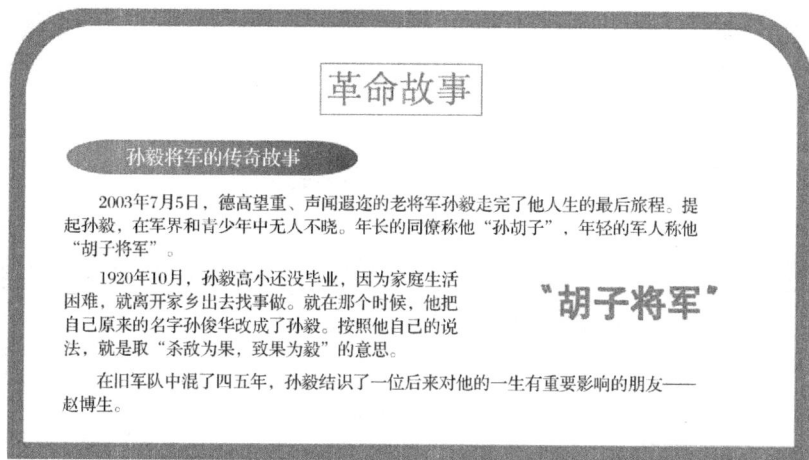

革命故事

孙毅将军的传奇故事

2003年7月5日，德高望重、声闻遐迩的老将军孙毅走完了他人生的最后旅程。提起孙毅，在军界和青少年中无人不晓。年长的同僚称他"孙胡子"，年轻的军人称他"胡子将军"。

1920年10月，孙毅高小还没毕业，因为家庭生活困难，就离开家乡出去找事做。就在那个时候，他把自己原来的名字孙俊华改成了孙毅。按照他自己的说法，就是取"杀敌为果，致果为毅"的意思。

在旧军队中混了四五年，孙毅结识了一位后来对他的一生有重要影响的朋友——赵博生。

"胡子将军"

图 3-2-5　红色故事卡 1

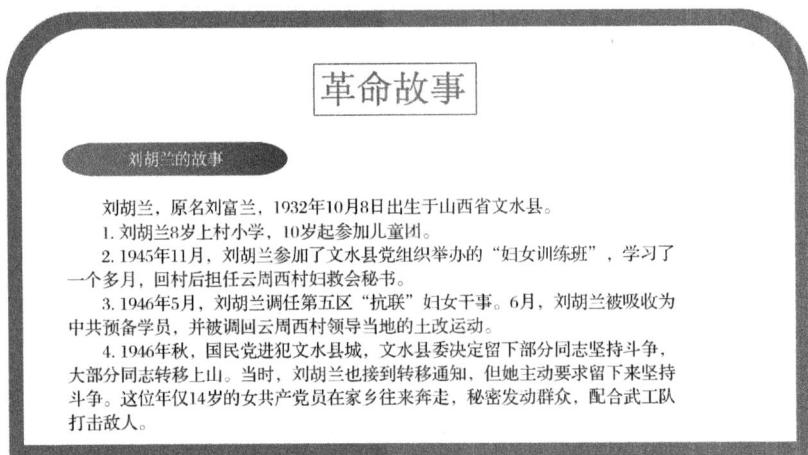

图 3-2-6　红色故事卡 2

(2)我给人物找故事——丰富红色故事箱。

学生可以通过粘贴红色故事卡、提取关键词等方式呈现故事内容,并配以图片来丰富红色故事箱(见图 3-2-7)。

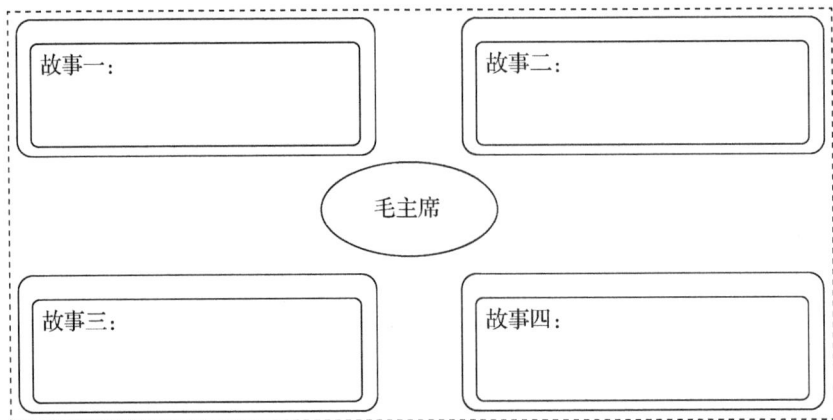

图 3-2-7　红色故事箱

2. 归类整理素材圈

针对每一个小故事,采用归类整理素材圈的方式不断扩充语言素材(见图 3-2-8),用词语、句子或者语段作为提示来叙述故事。

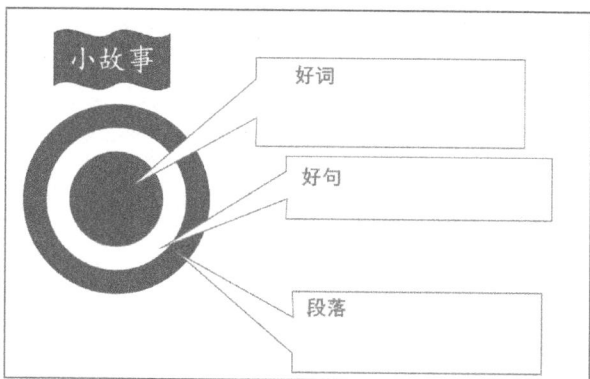

图 3-2-8　素材圈

3. 梳理革命先辈故事目录

(1)用自己喜欢的方式制作革命先辈故事目录，可参考下面样式(见图 3-2-9、图 3-2-10)，也可自行设计。

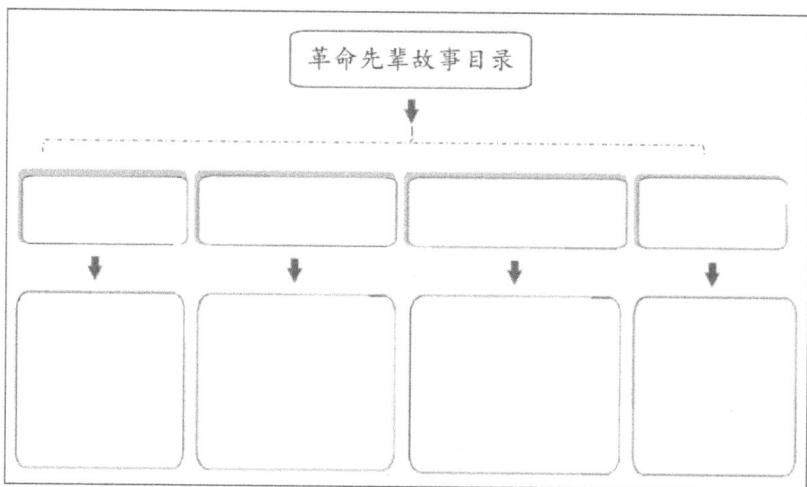

图 3-2-9　革命先辈故事目录 1

⭐ **目录** | Contents

地雷战　　　　　　　　　　　　　　/1
雷英来到赵家庄　　　　　　　　　　/2
造地雷炸鬼子　　　　　　　　　　　/11
鬼子工兵扫雷　　　　　　　　　　　/15
研制对付鬼子工兵的地雷　　　　　　/18
鬼子偷雷　　　　　　　　　　　　　/28
鬼子偷偷进村抓走乡亲　　　　　　　/34
研制不炸自己人的地雷　　　　　　　/39
大获全胜　　　　　　　　　　　　　/45
地道战　　　　　　　　　　　　　　/51
老村长、老支书先后牺牲　　　　　　/52
先后来了假、真武工队　　　　　　　/61
地道战显神威　　　　　　　　　　　/73
解放黑风口　　　　　　　　　　　　/76
铁道游击队　　　　　　　　　　　　/86
飞车盗枪，暗袭洋行　　　　　　　　/87
正式成立铁道游击队　　　　　　　　/95
劫票车　　　　　　　　　　　　　　/101
铁道游击队遭袭　　　　　　　　　　/106
智炸军列　　　　　　　　　　　　　/116
芳林嫂被捕，小岛突围　　　　　　　/124
迎接胜利　　　　　　　　　　　　　/133

⭐ **目录** | Contents

我们就去陕北　　　　/1　　　明朗的天　　　　　　/71
民族英雄刘志丹　　　/5　　　立牌做"路标"　　　　/75
群众领袖习仲勋　　　/11　　报告中说故事　　　　/79
直罗镇之战　　　　　/15　　汽车和小毛驴　　　　/83
"切尾巴"战役　　　　/19　　"红烧肉补脑"　　　　/86
西安事变　　　　　　/23　　红军战古张思德　　　/88
一床打补丁的棉被　　/27　　冼星海与《黄河大合唱》/93
听到"骂声"　　　　　/30　　扫厕所　　　　　　　/97
"惊天"贪污案　　　　/35　　抗日军政大学　　　　/99
煤油灯下的《论持久战》/37　　送子上"大学"　　　　/103
白求恩的"卢沟桥"　　/40　　宴请周恩来　　　　　/109
欢迎"清瘦者"　　　　/44　　陈嘉庚访问延安　　　/111
南泥湾开荒　　　　　/46　　保卫延安　　　　　　/115
小小纺车　　　　　　/49　　为老农祝寿　　　　　/121
"我就穿粗布衣"　　　/52　　百团大战　　　　　　/123
"鲁艺"和白毛女的故事/54　　会见白求恩　　　　　/127
毛主席种菜　　　　　/61　　周恩来崂山历险记　　/133
《红星照耀中国》　　/64　　为刘胡兰题词　　　　/138

图 3-2-10　革命先辈故事目录 2

(2)梳理完革命先辈故事目录，小组内借助评价表，整理故事目录并进行自评。可参考下面的评价表(见表 3-2-2)。

表 3-2-2　革命先辈故事目录评价表

评价指标	评价等级		
是否归类整理清楚	整理得清楚	整理得比较清楚	整理得不清楚
	★★★	★★	★
故事典型，有代表性	故事典型，有代表性	故事比较典型，比较有代表性	故事不典型，缺乏代表性
	★★★	★★	★

···活动二：讲讲革命先辈的故事···

(一)讲讲革命领袖的故事

1. 小组交流

聚焦革命领袖，讨论故事目录。

2. 互评互助

根据红色故事箱、革命先辈介绍卡互相讲述革命领袖的故事，利用评价表进行互评互助(见表3-2-3)。

表 3-2-3 "讲讲革命领袖的故事"评价表

评价指标	评价等级		
用故事中的词语讲完整	能用故事中的大多数词语进行讲解,非常完整	选择其中一些词语进行讲解,比较完整	选择几个词语讲解,不完整
	★★★	★★	★
声音洪亮,自信大方	声音洪亮,自信大方	声音不够洪亮,比较大方	声音小,不自信
	★★★	★★	★

3. 全班分享

讲讲革命领袖的故事,感受领袖情怀。

4. 制作海报

制作故事会宣传海报,可自行设计样式。

(二)讲讲革命先烈的故事

1. 小组交流

聚焦革命先烈,讨论故事目录。

2. 互评互助

根据红色故事箱、革命先辈介绍卡互相讲述,互评互助。

3. 全班分享

讲讲革命先烈的故事,感受先烈精神。

4. 制作海报

制作故事会宣传海报,可自行设计样式。

···活动三:我敬仰的革命先辈故事会···

(一)讲述革命先辈故事

1. 完成讲述文稿

结合革命先辈故事目录,设计自己的讲述,完成自己的讲述文稿,为故事会展示做准备。注意用上在素材圈中积累的好词好句,并配上故事插图。

2. 自评

写完后自己试着讲一讲,结合评价表自评(见表3-2-4)。

表 3-2-4　故事会展示评价表

评价指标	评价等级		
清楚地介绍敬仰的革命先辈	介绍得清楚	介绍得比较清楚	介绍得不清楚
	★★★	★★	★
声音洪亮，自信大方	声音洪亮，自信大方	声音不够洪亮，比较大方	声音小，不自信
	★★★	★★	★

3. 开展我敬仰的革命先辈故事会

全班分享，了解革命先辈，教师进行指导。

（二）评选优秀讲述者

1. 录制视频

学生根据教师的指导录制我敬仰的革命先辈故事讲述小视频。

2. 投票选优

教师组织学生在班级内投票选出优秀讲述者，并在征得讲述者本人同意的情况下将优秀讲述者的视频以公众号推送的方式给全年级学生观看。

3. 集合成册

优秀讲述者的文稿与革命先辈故事目录合集作为"红五月"的一期班刊进行展示。

六、课例评析

项目式学习通常是一个较长的学习历程，第一学段的学生难以自主建立各个学习阶段之间的关联。因此，学习活动的设计要注意独立性与整体性，用可视化的学习成果串联学习进程，帮助学生形成完整的学习体验。每个学习活动都有相对独立的成果要求，教师应帮助学生明确每个阶段的学习要求，看到每个阶段的学习成果。各个阶段的要求具有内在关联，最终指向项目式学习的成果要求。本项目的阶段成果 1 革命先辈介绍卡要求学生在梳理课文信息的基础上提取主要信息做介绍，要求介绍语言准确、简约。阶段成果 2 革命先辈故事目录要求学生分类整理阅读过的革命先辈故事并用结构化的方式呈现出来，帮助学生形成"类"的意识，加深其对革命先辈的崇敬之情。目录语言有其特殊的要求，学生在整理目录的过程中能够感受到其表达的特殊性。最终成果是录制讲述我敬仰的革命先辈故事讲述小视频，需要学生在众多革命先辈故事中确定自己感受最深刻的，并梳理相关信息，用自己的话讲述，视频语言通常采用口语化的用词。前两个学习活动可视为独立的学习活动，有明确的目标要求，又为最终的项目成果奠定了基础。三个学习活动为学生提供了"缓坡度"的学习进程，能够让学生感受到不同的语言特点，凸显了语言实践活动的连续性和丰富性。

课例三　推荐一个好地方

——三年级(上)第六单元项目式学习教学方案

一、项目信息

项目名称	推荐一个好地方
核心驱动问题	如何发现并根据特定目的描绘一个好地方?
学习时长	两周
项目成果	好地方微信推文
实践学校	北京市第二实验小学
指导教师	高丽辉、耿娟

二、学习目标

统编版语文教材三年级(上)第六单元的导语为"祖国,我爱你。我爱你每一寸土地,我爱你壮美的山河"。选编的几篇课文从不同的角度展现了祖国山河的壮美,这份美横跨南北,超越时空,在不同时节、不同场景、不同地域变幻多姿。根据教材单元内容,对照《义务教育语文课程标准(2022年版)》中文学阅读与创意表达任务群下的第三学段的学习内容,教师将本单元的学习主题确定为"鉴赏并描绘景象,表达对祖国山河的热爱",并指向学习主题,制定了以下学习目标。

①从多个角度认识祖国的壮美河山,能选择具有特点的景观进行推荐。

②通过多种途径了解景观特点,围绕特点进行多角度、多元化的介绍,突出景观的独特之美。

③借助单元课文中丰富的语言素材,在撰写推文的过程中迁移运用。

三、学情调研

为了了解学生对本单元学习的准备状况、摸清学生现有的水平、确定学生的能力起点,在开启项目式学习之前,教师对学生进行了问卷和访谈调研,调研内容如下(见图3-3-1)。

亲爱的同学们：

　　为了较好开展"祖国河山"这一单元的学习活动，现邀请你完成一个有趣的小调研。题目没有对错之分，希望你能认真思考并如实作答，感谢你的参与。

　　一、调查问卷

　　1. 你喜欢旅游吗？

　　A. 喜欢　　B. 一般　　C. 不喜欢

　　2. 如果出行旅游，你偏向于选择什么样的地方？

　　A. 各大一线城市　　B. 沿海城市　　C. 高原、边疆自然风景　　D. 名山大川

E. 其他

　　3. 如果不能去旅游，你希望通过什么方式来了解一处景观？

　　A. 阅读文字　　B. 欣赏图片　　C. 观看视频　　D. 听人介绍　　E. 其他

　　二、访谈题目

　　我国幅员辽阔、山河壮美、气候多样，有些地方让人过目不忘、印象深刻。请你结合自己的经验来谈一谈。

　　1. 如果让你化身为"祖国美丽风光推荐者"，你会推荐哪个好地方？

　　2. 你是通过什么途径知道这个地方的？

　　3. 这是个怎样的好地方？你想从哪些方面进行介绍？

图 3-3-1　"推荐一个好地方"项目式学习学情调研

　　通过访谈发现，虽然学生对祖国壮丽河山充满了向往，但对于自然景观的直观体验不够充分。在介绍这些美丽景观时，学生对景观特点的概括比较单一，无法准确表现景观的独特之处。大部分学生往往通过多个内容来表现景观的多个特点，内容选择比较零碎，尚不能围绕一个特点进行多角度的介绍。

　　根据学情调研，学生需要的核心知识涉及概括景物的特点、掌握介绍景物特点的多个角度与多种方式。教师将驱动问题设置为"如何发现并根据特定目的描绘一个好地方？"，计划通过学习项目，带领学生体验完整的学习过程，呈现个性化的学习成果，实现认知水平的提高和语言经验的丰富。在项目式学习推进过程中，教师将通过课内外资源，打开学生的视域，丰富学生对祖国山河不同地域的美的认知，进而使学生在准确概括好地方的特点的基础上，采取多样化的描写角度，实现语用

能力、思维能力、审美能力的全面提升。

四、学习项目

基于学习目标，围绕核心知识和驱动问题，教师将"推荐一个好地方"作为学习项目，要求学生根据推荐对象的需求，选择一个好地方，用微信推文的形式呈现这个地方的特点，以达到吸引推荐对象的目的。本项目与三年级学生的学习与生活经验相契合。学生有定点观察、多角度观察、长时间连续观察的学习经验，做过景物描写的练习，熟悉微信推文这种图文结合的表现形式。

要完成学习项目，学生需要统整识字与写字、阅读与鉴赏、梳理与探究、表达与交流等语文实践活动，向课文作者学习观察、学习描写的角度，结构布局的方式，语言运用的经验。根据完成学习项目的真实过程，教师进行了活动分解，设计了结构化的活动链。同一活动下的多项学习任务相互关联、逐步递进，带领学生开启一段畅游祖国大好河山的寻美之旅。项目整体结构如图 3-3-2 所示。

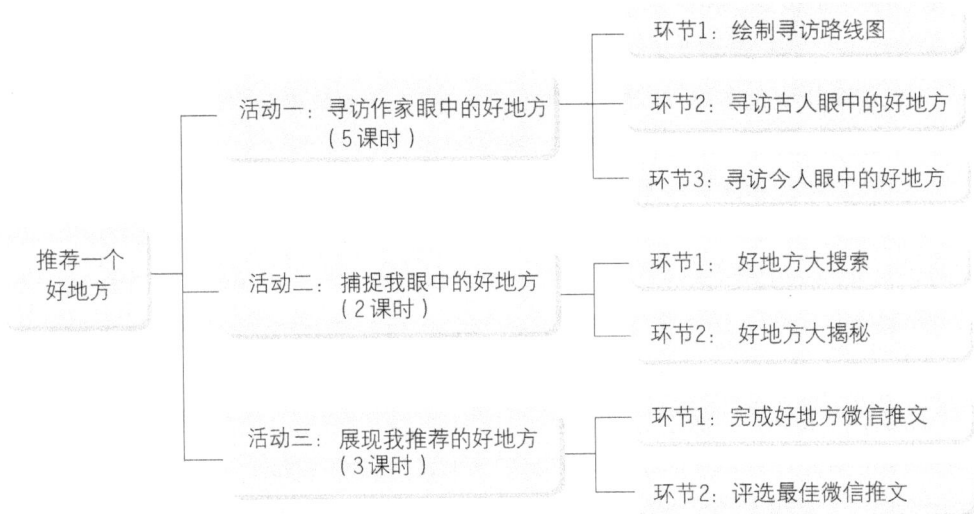

图 3-3-2 "推荐一个好地方"项目结构图

…活动一：寻访作家眼中的好地方…

这是单元学习项目的起始活动，教师创设学习情境，向学生明确本单元的学习任务，使学生产生阅读期待，激发学生学习本单元的兴趣。在鉴赏和品读文本的过程中，学生领略了祖国河山的壮美，积累了丰富的语言材料，增强了语感，提高了审美品质，同时习得了推荐方法，从而在后续活动中迁移运用积累的语料，进行个性化表达。此活动为后续的学习活动的开展做了充分的铺垫，在整个项目的推进过程中极为重要，相对于其他两个活动占据了更多的课时量。

···活动二：捕捉我眼中的好地方···

此活动充分调动学生的生活经验，捕捉学生眼中的美景，为推荐一个好地方准备素材。在前期的学习中，学生已经积累了丰富的语言素材，习得了推荐的方法。本活动重在帮助学生丰富认知，拓宽眼界，选择值得推荐的好地方，帮助学生突破选材的难题。

···活动三：展现我推荐的好地方···

本单元的项目成果是好地方微信推文，学生将通过图文并茂的方式完善自己的推文，并在微信公众号平台上发布。图文的匹配、现代化信息技术的应用让跨学科学习真实发生，同时进一步激发了学生的表达热情。在这一系列的活动中，学生逐步提高了鉴赏并运用恰当的语言材料描绘景象的综合能力。

本项目的几个活动相互关联，在"领略美—捕捉美—展现美"的过程中，学生逐步深化对祖国河山的美的认知，实现人文主题和语文要素的目标达成和学科素养的全面提高。

五、学习过程

核心驱动问题	分解驱动问题	阶段成果	项目成果（产品）
如何发现并根据特定目的描绘一个好地方？	①作家是如何描绘好地方的？ ②如何捕捉一个好地方？ ③如何描绘一个好地方？	①好地方素材库 ②好地方大揭秘记录表 ③《这儿真美》习作	好地方微信推文

···活动一：寻访作家眼中的好地方···

祖国的锦绣河山、山川雄奇都让我们心向往之。如果你不能行万里路，还没有亲自体验过，那么让我们化身为小游客，跟作者去寻访他们眼中的好地方吧！

（一）绘制寻访路线图

1. 开启寻美之旅

(1)单元通读，自主识字：走近作家眼中的好地方，通读单元课文《古诗三首》《早发白帝城》《富饶的西沙群岛》《海滨小城》《美丽的小兴安岭》，读准字音，读通句子。

(2)多元识字,合作共学:认读课文中的生字、新词,尝试通过联系上下文、查工具书、联系生活实际、结合插图等方法来进行理解和识记;小组交流,互学互助;在语境中看拼音、写汉字,检查字词掌握情况。

《富饶的西沙群岛》:瑰丽无比、蠕动、一簇红缨、栖息……

《海滨小城》:镀上、凤凰树、榕树……

《美丽的小兴安岭》:淙淙、浸在、葱葱茏茏……

(3)整体感知,交流分享:我们跟随作者一起游历了祖国的奇山秀水,这些地方给你留下了怎样的印象?可以借助文中的词句进行概括,也可以用自己的语言来表达。

2. 绘制寻美之路

(1)制作好地方名片:阅读可以带着我们去旅行。借助阅读,来给这些好地方制作一张名片吧!小组分工合作,制作名片,名片上的内容要包含好地方的名称、位置、特点以及能表现其特点的好词佳句,还可以为这个地方选择两张喜欢的照片。可参考教师提供的样例(见图3-3-3),也可自行设计。

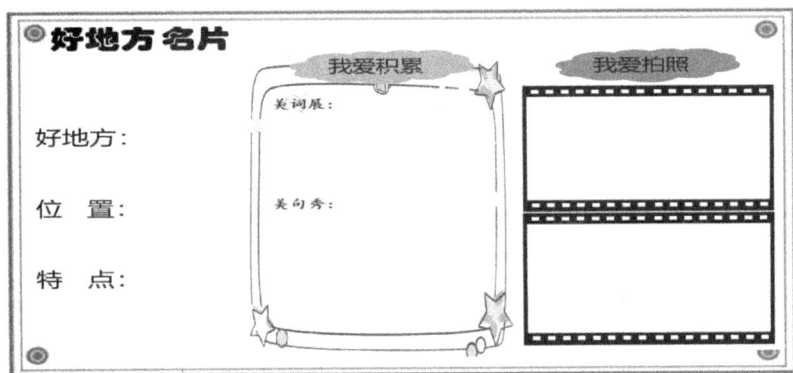

图 3-3-3 好地方名片

(2)绘制好地方路线:根据地理位置和景区特色,想一想哪些地方适合在一次旅行中游览,尝试设计出路线图和旅游小攻略,如"海景小攻略"等。可参考教师提供的样例(见图3-3-4),也可自行设计。

(3)发表寻美感言:选择自己喜欢的旅游小攻略,踏上寻美之路。借助好地方名片,来一场说走就走的旅行。在旅途中你见到了怎样的美景,有怎样的感受?请借助积累的好词佳句,发表此次的寻美感言。

旅游小攻略	
推荐线路	
出行工具	
景点特色	
推荐美食	
衣着/其他	

图 3-3-4　旅游小攻略

（二）寻访古人眼中的好地方

1. 诵读诗句，初识好地方

(1)自读《古诗三首》，借助拼音读正确、读流利，读出停顿和节奏，注意生字在词语中的正确读音。

(2)借助注释、工具书以及其他资料理解诗句意思，体会作者情感。感受古诗中景象的独特之美，并补充到名片上。

(3)带着理解，想象诗中描绘的景色，有感情地朗读诗句。

2. 展开想象，介绍好地方

(1)我为美景配诗：都说画中有诗，美丽的景象配上精彩的诗句，能让这些好地方更吸引人。教师出示图片，请学生为美景配诗，并从景物、色彩、构图等角度阐明匹配理由。

(2)我为古人"代言"：古诗言简义丰，与我们现代人说话方式完全不同，所以这些诗人需要一位"代言人"，帮他们介绍这些好地方。请你选择一首古诗，化身为诗人的"代言人"，对照图片用自己的话介绍诗中的好地方，小组推选出代表进行全班展示。

3. 古诗配画，再现好地方

(1)我为古诗配画：诗中有画，古诗生动形象、意境优美。请你为喜欢的诗句配上一幅画，把这幅画绘制在好地方名片上(见图 3-3-5)。

图 3-3-5　好地方名片

(2)好地方名片展。

①全班召开名片展的分享会,并借助评价表评选出最佳好地方名片(见表 3-3-1)。

表 3-3-1　好地方名片评价表

标准	星级	条件
诗句选择典型	能选择古诗中最经典的诗句,或是最能体现景观特点的诗句。	★★★
诗画契合度高	绘制的图画能充分展现诗句的意境。	★★★
布局合理,色彩和谐	构图饱满,布局合理,配色和谐美观。	★★★

②评选出优秀作品,召开好地方名片展示会。依照所选古诗分区域展示名片,引导学生感受不同人对同一首诗、同一句诗的不同理解和呈现。

(三)寻访今人眼中的好地方

1. 梳理并整合素材库

本单元我们一起畅游了南国海疆的美,游览了奇山秀水的美,领略了北国风光的美。这些美跨越南北、穿越时空、各具特色、截然不同。前期我们制作了好地方名片,积累了丰富的词句。为了能推荐自己喜欢的美景,成为小小推荐官,接下来就让我们为不同的美景匹配专属的素材库吧!梳理积累的词语、制作的名片等,归类整合。

2. 探秘富饶的西沙群岛

(1)共学得法:读《富饶的西沙群岛》,说说从哪些地方可以看出西沙群岛风景优美、物产丰富,一起完成思维导图(见图 3-3-6)。

(2)争当小小推荐官:西沙群岛风景优美、物产丰富,具有南国海疆的独特风貌。如果邀请你做这里的小小推荐官,你会怎样把它推荐给别人呢?请你选择喜欢的部分,借助导图,快来试一试吧!

(3)借助评价表,进行教师评、学生互评。学生应明确推荐要求,提高表达能力。

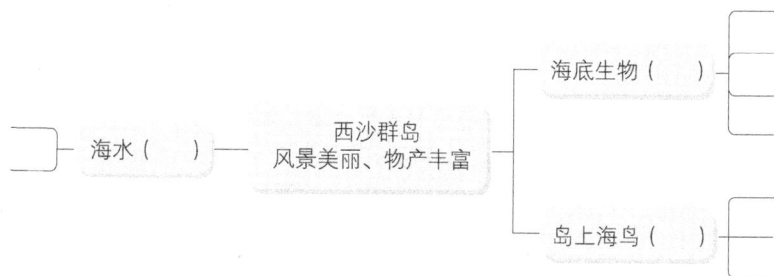

图 3-3-6 《富饶的西沙群岛》思维导图

3. 海滨小城自由行

(1)自学迁移：自主阅读《海滨小城》，思考课文介绍了海滨小城的哪些景象、这些景象是什么样的。自主合作，绘制《海滨小城》思维导图(见图 3-3-7)。

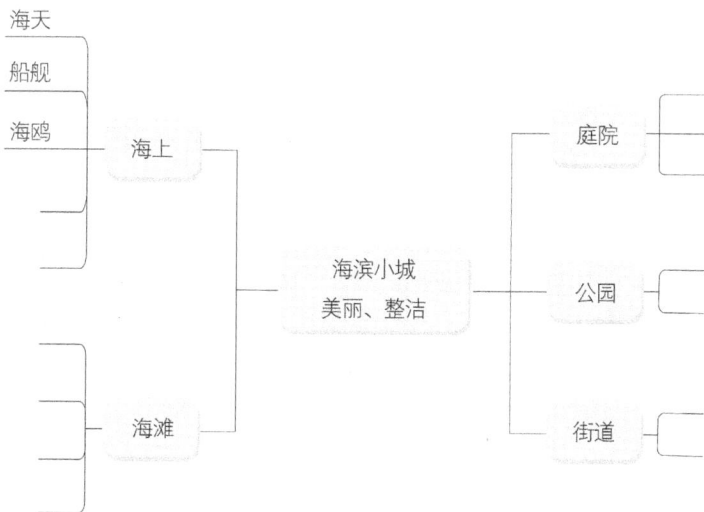

图 3-3-7 《海滨小城》思维导图

(2)自主推荐：选择喜欢的部分，借助思维导图，化身小小推荐官，把喜欢的内容推荐给大家，并借助小小推荐官评价表进行评价(见表 3-3-2)。

表 3-3-2 小小推荐官评价表

评价等级	评价指标
★ 一星推荐官	能围绕一个中心思想进行介绍。
★★ 二星推荐官	能围绕一个中心思想进行介绍，借助文中的词句，把景物特点说清楚。

续表

评价等级	评价指标
★★★三星推荐官	能围绕一个中心思想进行介绍，借助文中的词句，把景物特点说清楚，表达流畅，自然大方。
★★★★高级推荐官	表达流畅，体态自然大方。

4. 游览美丽的小兴安岭

(1)争当初级推荐官：用朗读的方式推荐喜欢的季节的小兴安岭。读好文中的长句子，想象画面，读出自己的感受。

(2)争当高级推荐官：要想成为高级推荐官，必须了解所选季节的小兴安岭的特点。默读所选季节的自然段，圈画关键词句，想一想这是个怎样的季节。完成推介提示卡(见图 3-3-8)。

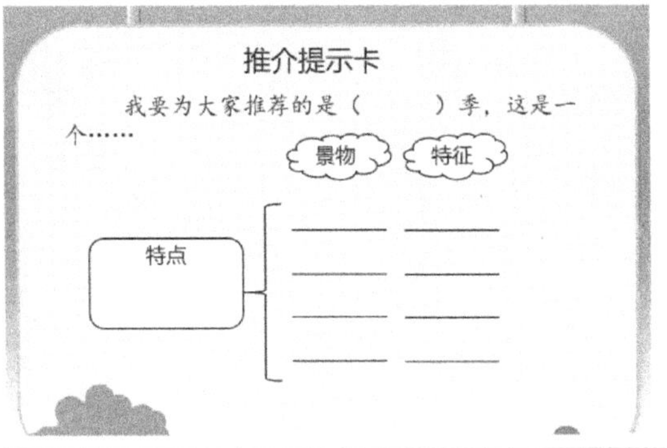

图 3-3-8　推介提示卡

(3)全班交流，抓住关键语句感受各季节的小兴安岭的特点，修改完善推介提示卡。

(4)竞选高级推荐官：大家都已经成为小小推荐官，在此基础上如果能做到表达流畅，体态自然大方，就能成为高级推荐官。请借助推介提示卡，用一段话把喜欢的季节的小兴安岭推荐给大家。借助评价表，评选高级推荐官。

5. 完善好地方素材库

把制作的思维导图、推介提示卡等学习成果整理到素材库中，积累好词佳句，梳理作家展现美的方法。

⋯活动二：捕捉我眼中的好地方⋯

本单元我们一起畅游了祖国的大好河山，感受到了祖国的地大物博、多姿多彩。让我们带着一双善于发现的眼睛，捕捉更多的美，展现祖国更多的美。

（一）好地方大搜索

1. 明确景观的分类

①通过小视频和资料，了解景观的分类知识。

②借助思维导图进行梳理(见图 3-3-9)，并把本单元的景观进行归类。

美丽的小兴安岭 —— 森林

洞庭湖 —— 湖泊
西湖

富饶的西沙群岛 —— 海景 —— 天然景观 —— 自然景观 —— 人为景观

城镇 —— 海滨小城
公园
名胜古迹
……

天门山 —— 山川
……

图 3-3-9 景观的分类思维导图

2. 拓展延伸

借助思维导图，联系自己的生活经验、阅读经验等，补充相应类型的景观。

（二）好地方大揭秘

1. 记忆唤醒

借助上一学习活动的成果，从思维导图中选择自己最喜欢的一处景观，和学习伙伴交流分享，并说明喜欢的理由。

2. 揭秘我推荐的好地方

自主完成好地方大揭秘记录表(见表 3-3-3)，主动迁移运用素材库中积累的好词佳句。全班进行交流分享，并根据同学们的意见修改完善，梳理习作内容，厘清习作思路，形成习作提纲，搭建习作支架。

表 3-3-3 好地方大揭秘记录表

这个好地方是		
它的特点是		
典型景物及其特征	景物	特征

续表

这个好地方是	
我的感受	

…活动三：展现我推荐的好地方…

有山皆图画，无水不文章，美好的地方都让人心生向往。请你化身"小作家"，用文字的形式，把自己喜欢的好地方介绍给大家。

（一）完成好地方微信推文

(1)结合好地方大揭秘记录表，以《这儿真美》为题，完成一篇图文并茂的微信推文。注意要围绕一个主题来写，运用素材库中积累的好词好句，并配上美丽的图片。

(2)写好后自己读一读，改正错别字和不通顺的句子。结合习作评价表(见表3-3-4)，进行自评。

表3-3-4　习作评价表

评价标准	等级
语句通顺，表达准确，标点使用正确	★★★
能围绕一个意思，从多个方面进行介绍	★★★
能抓住景物特点，运用积累的好词好句	★★★
图文契合度高，能凸显景观特点	★★★

(3)全班分享，共赏好地方。教师进行习作指导，学生在修改的过程中优化成果。

（二）评选最佳微信推文

1. 制作好地方微信推文

把修改完善的习作，运用信息技术转化为微信推文，并在班级进行展示。

2."点赞"评选最佳微信推文

全班学生化身小评委，按照不同的景观类型分组，如"海景评委组""山川评委组""名胜古迹评委组"等，进行分组评选。依据评价表，给最佳的微信推文"点赞"(投票)，并给其他作品提出修改建议。

3. 发布班级微信公众号，进行好地方推荐

教师将获得"点赞"数最多的微信推文发布班级微信公众号，进行好地方推荐。其他学生依据修改建议完善自己的推文，完成后教师发布班级微信公众号。

六、课例评析

统编版小学语文教材三年级(上)第六单元的课文包括《古诗三首》《富饶的西沙群岛》《海滨小城》《美丽的小兴安岭》，单元导语凸显借助关键词语理解一段话的意思、围绕一个意思写，课后练习侧重于从哪些地方写、写了哪些特点。习作是《这儿真美》，语文园地的交流平台特别强调了中心句在阅读和习作中的作用。习作的内容指向什么呢？根据课文的特点和习作的要求，应该是一个好地方，这个好地方最好是我国的大好河山。如何将习作《这儿真美》置于真实的情境中？学生需要有读者意识。为什么要写《这儿真美》，写给谁？这是学生在习作时要明确的问题。作为一个学习项目，"推荐一个好地方"与本单元的学习内容与目标要求一致性强，是合理的项目设计。此外，微信公众号是学生了解世界的一个窗口，是他们熟悉的生活领域。习作帮助学生从读者转变为作者，学生在这个过程中根据自己的认识特点，根据读者的需要确定习作内容，保持思维过程完整，这对三年级的学生而言具有较大的挑战性。本项目式学习给我们的启示是：项目设置应与学习目标一致，贴近学生的真实生活，项目式学习的过程应该是学生面对挑战、应对挑战的过程。

课例四　办一场童年生活摄影展

——三年级(下)第六单元项目式学习教学方案

一、项目信息

项目名称	办一场童年生活摄影展
核心驱动问题	如何认识并书写童年生活？
学习时长	两周
项目成果	童年生活摄影展
实践学校	北京市海淀区红英小学
指导教师	牛建宏、任欢

二、学习目标

针对阅读理解能力的培养，《义务教育语文课程标准(2022年版)》的总目标指出：学生要具有独立阅读的能力，学会运用多种阅读方法。能结合自己的经验，理解、欣赏和初步评价语言文字作品，丰富自己的情感体验和精神世界。

在课程标准中，第二学段阅读与鉴赏的目标要求为：能联系上下文，理解词句的意思，体会课文中关键词句表达情意的作用。能借助字典、词典和生活积累，理解生词的意义。根据课程标准提出的相关要求，在本单元的教学中，要在引导学生整体感知文章的基础上，培养和夯实学生借助多种方法理解难懂词句的重要能力，使其深入理解人物形象，准确把握文章的思想感情。

本单元是统编版语文教材三年级(下)的第六单元，人文主题是多彩童年，语文要素是"运用多种方法理解难懂的句子"和"写一个身边的人，尝试写出他的特点"，由精读课文《童年的水墨画》《剃头大师》《肥皂泡》，略读课文《我不能失信》，习作《身边那些有特点的人》和语文园地组成。

《童年的水墨画》呈现了乡村儿童生活的多姿多彩、自由自在，《剃头大师》折射出了童年生活的纯真与有趣，《肥皂泡》写出了儿童丰富的想象和美好的憧憬，《我不能失信》讲述了宋庆龄童年时期诚实守信的故事。四篇课文从不同角度，呈现了多姿多彩的儿童生活，展现了童年生活的纯真和美好。

学生正处于童年生活之中，本单元旨在引导学生关注自己的生活，运用多种方法理解难懂的句子，深入理解人物形象，学习单元课文对童年生活的描述，梳理出作者关注与发现的角度。学生结合已有经验，借助学习工具记录自己的生活，用自己喜欢的形式呈现其中真实的美好。本单元的教学要由扶到放，先实践后梳理，既要注重学习方法又要引导学生适时迁移运用。同时，要注重读写结合，由读到写，引导学生留心身边的人，发现身边人的特点，培养学生的观察能力，使其养成良好的观察习惯。

基于以上分析，本单元的学习目标如下。

①关注自己的生活，发现其中真实的快乐、率真的性情、真挚的情感。

②学习单元课文对童年生活的描述，梳理出作者关注与发现的角度。

第一，能够正确、流利、有感情地朗读课文，感受童年生活的美好。

第二，能够正确理解词语、句子的意思并展开联想。

第三，能够建立单元课文之间的联系，丰富自己发现童年生活的美好的角度。

③借助学习工具记录自己的生活，用自己喜欢的形式呈现其中真实的美好。

第一，能围绕一个中心思想写。

第二，能围绕一个中心思想表现出人物的特点。

三、学情调研

为了了解学生对本单元学习的准备状况，摸清学生现有的水平，确定学生的能力起点，在开启项目式学习之前，教师对学生进行了前测。三年级学生已经开始从具体形象思维向抽象概括思维过渡，他们好奇心强，有自主学习的欲望和探索的需求。

(一)学生能力分析

在描写人物特点方面，学生在学习三年级(上)第一单元时已经经历了"猜猜他是谁"的习作训练，初步具备了写出人物特点的能力。本单元习作的选择范围扩大化，不再局限于周边的同学，而且注重体现人物的关键特点，如"小书虫"，需要教师引导学生留心观察身边的人并用典型事例突出人物典型特点。

在理解难懂词语方面，学生在学习三年级(上)第二单元时已经学会了运用多种方法理解难懂的词语，已经具备了理解难懂词语的认知基础。理解词语的方法和理解长难句的方法两者有相似之处。比如，联系上下文、联系生活等理解词语的方法可以迁移到理解长难句的过程中。但有的方法是不一样的。比如，对于有的句子，学生需要理解文章思想内容才可体会其含义，对于学生来说有些难度，教师要注意引导。

另外，教师需要考虑学生在学习过程中的个体差异性和理解的差异性。不同的学生对难懂的句子有不同的理解，教师在教学中既要关注到课文中大多数学生难懂的句子，又要注意到不同学生的不同理解，尊重理解的差异，并利用这种差异，让学生互相对话、互相解惑，从而在课堂讨论交流中落实语文要素。

（二）学生生活经验分析

本单元的学习内容与学生的生活密切相关，为了了解学生对童年生活的感受，教师设计了学情调研（见图 3-4-1）。

亲爱的三年级同学们：

为了更好地举办童年生活摄影展，现在邀请你完成一个有趣的小调研。请依据你的经历和感受作答。

1. 提起童年，每个人都有不同的体会，你会用哪些词语形容童年？

2. 翻一翻家里的影集，一定有很多你的童年生活的记录。选取你最喜欢的一张照片，并简单写一写，照片上的人，发生了什么事。

3. 这件事给你带来怎样的感受？

图 3-4-1　"办一场童年生活摄影展"项目式学习学情调研

本单元的学习内容与学生的生活密切相关，学生正处于童年阶段，他们对童年生活的体会是他们学习本单元的起点。经过调研发现，大部分学生会选择"开心""快乐""多彩"等关键词形容童年生活，少部分学生会提及"寂寞""无聊""愤怒"等关键词。学生选择的照片大多记录的是外出游玩、独特经历以及成功经历。关于这些内容，学生提及的感受大多是"开心""快乐""有意义"，对于童年生活的体会角度比较窄，体验并不深刻。教师在教学中应引导学生从不同角度审视童年生活，可以建议学生采访爸爸妈妈、爷爷奶奶，了解他们怎样讲述自己的童年生活，并在学习前阅读多位作家笔下的童年生活，将了解到的内容讲给同学听。

四、学习项目

基于学习目标，围绕核心知识和驱动问题，教师将"办一场童年生活摄影展"作为学习项目，要求学生回顾自己的童年生活，开展前置活动，让学生梳理、展示、交流自己的童年生活经历，然后学习本单元课文，走进作者笔下的童年生活后，结合阅读与访谈收获，重新认识童年生活，布置童年生活摄影展并为摄影作品配上文学性的描述。之后，聚焦童年生活中有特点的人，学生用典型事例来突出人物典型特点，完成习作，教师为摄影展增加"身边人的童年生活"展区。通过这样的学习活动，学生梳理童年生活经验，丰富对童年生活的体会和理解，学习作者描写童年生活的文学表达方式，提高对童年生活的认识和理解水平，并用文学性的描述表达出来。

要完成学习项目，学生需要统整识字与写字、阅读与鉴赏、梳理与探究、表达与交流等语文实践活动，向课文作者学习观察、描写的角度，学习结构布局的方式、语言运用的经验。根据学生完成学习项目的真实过程，教师进行了活动分解，设计了结构化的学习活动链。同一活动下的多项学习任务相互关联、逐步递进，带领学生开启一段认识童年生活、书写童年生活的学习旅程(见图 3-4-2)。

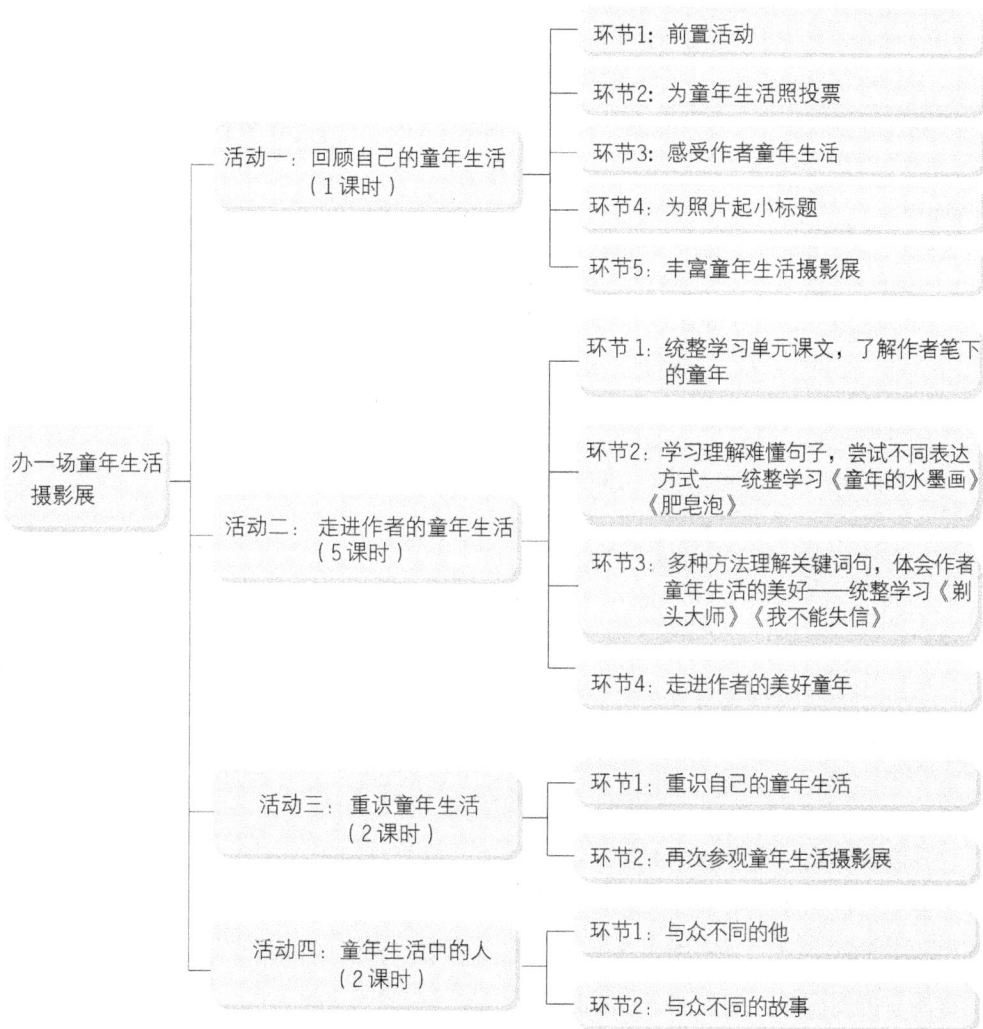

图 3-4-2 "办一场童年生活摄影展"项目结构图

···活动一：回顾自己的童年生活···

开展前置活动——布置童年生活摄影展，梳理、展示、交流自己的童年生活经历。学生参观摄影展，修改照片文字说明。

···活动二：走进作者的童年生活···

学习本单元的四篇课文，发现其中真实的快乐、率真的性情、真挚的情感。学习童年生活的文学性表达(见表 3-4-1)。

表 3-4-1 走进作者的童年生活

课文题目	文体	内容	主旨	写法特点	学习方法
《童年的水墨画》	诗歌	描述了乡村儿童生活的典型场景：溪边垂钓、江上游泳、林中采摘，尽情享受童年生活的快乐。	乡村儿童生活的多姿多彩、自由自在。	动静结合。	联系上下文。
《剃头大师》	小说	讲述了"我"在表弟小沙的央求下，自称"剃头大师"，为他剪头发的有趣过程。	童年生活的纯真与有趣。	通过记叙来反映人物特点。	结合生活经验。
《肥皂泡》	散文	讲述了冰心童年时代吹肥皂泡的经历，描写了肥皂泡美丽奇妙的形态，以及由此产生的美好想象。	儿童丰富的想象和对美好生活的憧憬。	想象。	联系全文。
《我不能失信》	记叙文	讲述了宋庆龄童年时期因和朋友约好而放弃了去伯伯家做客的故事。	赞扬宋庆龄诚实守信的可贵品质。	通过记叙来反映人物特点，语言描写。	联系生活实际。

···活动三：重识童年生活···

开展童年故事会，学生向同学分享父母、祖父母所讲述的童年生活以及阅读到的名家笔下的童年生活，在学习和阅读的基础上开展讨论，重新认识童年生活。依据新认识重新布展，并为摄影作品撰写解说文字，尝试运用课文中学到的文学性表达方法来描写场景、记叙事件、刻画人物。

···活动四：童年生活中的人···

寻找童年生活中有特点的人，围绕人物特点，选择恰当的事例，表现出人物的特点，完成习作。

　　本项目的几个活动互相关联，学生在回顾自己的童年生活、走进作者的童年生活、重识自己的童年生活的过程中逐步深化对童年生活的认识，实现单元人文主题的落实和语文要素目标的达成。学生最后书写身边人的童年生活，由读到写，在布置展览、参观展览、调整展览、扩展展览的项目实施过程中，实现学科素养的全面提高。

五、学习过程

核心驱动问题	分解驱动问题	阶段成果	项目成果（产品）
如何认识并书写童年生活？	①翻阅影集，回顾自己的童年生活照片，你会将哪一张照片分享给同学们？ ②本单元的课文分别展示了作者笔下怎样的童年生活呢？ ③采访爸爸妈妈、爷爷奶奶，他们怎样讲述童年？你了解其他人的童年生活吗？阅读作家笔下的童年，将了解到的内容讲给同学们听。 ④童年生活中，你最想介绍你身边的哪个人？他有什么特点？	①照片展示会 ②课文插图展 ③童年生活故事会 ④童年生活习作	童年生活摄影展

⋯活动一：回顾自己的童年生活⋯

　　我们的生活中有很多美好，如看到一个美好的场景、遇见一个美好的人、经历一件美好的事情。请从你的照片中选择一张或几张，呈现属于自己童年生活的美好时刻，并为这张照片写一段文学性的文字说明，办一场童年生活摄影展吧！

　　（一）前置活动

　　第一，任务发布。

　　第二，学生准备：准备一张或几张最能呈现自己童年生活中美好时刻的照片，贴到教师下发的卡片上。

　　第三，开展照片展示会，布置童年生活摄影展。

（二）为童年生活照投票

第一，学生选择景色最优美的一张照片，将手中的贴画贴到照片上方的紫色边框上进行投票。教师追问投票最多的照片，让投票者说明理由。学生边说边用粉笔板书到黑板相应位置。

第二，学生选择最有趣的一张照片，将手中的贴画贴到照片下方的紫色边框上进行投票。教师追问投票最多的照片，让投票者说明理由。学生边说边用粉笔板书到黑板相应位置。

第三，学生选择最独特(情感的独特、经历的独特)的一张照片，将手中的贴画贴到照片左边的紫色边框上进行投票。教师追问投票最多的照片，让投票者说明理由。学生边说边用粉笔板书到黑板相应位置。

第四，学生选择最有意义的一张照片，将手中的贴画贴到照片右边的紫色边框上进行投票。教师追问投票最多的照片，让投票者说明理由。学生边说边用粉笔板书到黑板相应位置。

第五，总结美好童年生活的内涵。

（三）感受作者童年生活

走进课文，读读作者的童年美好的生活，说说你的感受。

（四）为照片起小标题

第一，为你的照片起一个小标题，写到卡片上，贴到照片相应位置。

第二，参考课文题目，仿照课文题目修改自己照片的小标题。

（五）丰富童年生活摄影展

在观看了同学的童年生活照、了解了作者的童年生活后，你一定产生了对自己童年生活的美好回忆。请增加或替换参展的照片，丰富童年生活摄影展。

…活动二：走进作者的童年生活…

我们已经交流分享了自己和同学精彩的童年生活，让我们一起走进课文，看看作者又有哪些童年趣事。

（一）统整学习单元课文，了解作者笔下的童年

请默读四篇课文，边读边思考，文章里的作者都分别经历了什么事情。

预设：玩耍、给表弟剃头、玩肥皂泡。

1. 通读单元内容，了解作者的童年生活事件

(1)借助关键词了解《童年的水墨画》的主要内容。

①教师出示几组词语：看看谁能读准确，读完后说说你联想到了这一单元课文中的哪些故事。

②看来，借助一些关键词，我们可以初步了解课文的主要内容。除了《童年的水墨画》，这一单元其他课文，还有哪一篇让你觉得读来看到了一幅美丽的画面？

③试试将这篇课文中的词读准确。

④再读一读这两篇文章，你对文中哪个画面最感兴趣？根据课文内容，给两篇文章起小标题，完成学习单。

(2)对比课文，体会文章特点。

①了解水墨画的特点，对比读读《童年的水墨画》《肥皂泡》两篇文章，思考《肥皂泡》这篇课文能不能放到《童年的水墨画》中，成为第四个部分。

预设：不能，文体不同，内容不同。

总结：是啊，《童年的水墨画》寥寥数笔的内容，就向我们展现了欢快的场景，插图上都是浅淡的颜色，只有绿色、红色等几种简单的色调，这就是水墨画的特点。《肥皂泡》用了细致的语言，写出了肥皂泡五光十色的特点，绚丽夺目。

②仿照《童年的水墨画》，试着修改《肥皂泡》的题目。

预设：《童年的水彩画》。

③童年的美好回忆可以像水墨画一般，看似简单但意蕴悠长，也可以如水彩画一般绚烂多彩。选择你最喜欢的部分为同学读一读(配乐朗读)。

(3)借助故事图示理解《剃头大师》《我不能失信》的主要内容。

①《童年的水墨画》《肥皂泡》给我们展现了童年的不同色彩。另外两篇课文中的童年回忆又是怎样的呢？默读课文说一说。

②借助图示的方式来概括课文主要内容。

③思考两篇课文的题目有什么不同。

预设：一个题目中有人物的身份，一个题目中有人物的品质。

④试着将课文《我不能失信》以突出人物特点的方式重新命名。

预设：《一个守信的人》。

2. 设计插画活动，走进文中生活场景

了解了四篇课文的内容后，会发现《童年的水墨画》《肥皂泡》的插画很精彩，《剃头大师》没有插图，《我不能失信》的插图比较简单。如果让你们来做插画设计师，你最想给这两篇文章的哪个场景补充插画，画上什么呢？说说理由。

3. 联系自己生活，感受童年生活美好

(1)请学生再次朗读课文，边读边思考。每篇课文读后，用一个词语形容感受到了什么。分别写到相应的卡片上,组内交流。

(2)请一组学生上台,选择自己最喜欢的段落为大家读一读,班级内交流。

(3)了解了课文内容,会发现作者的童年生活美好而有趣,交流自己类似的童年趣事。

(4)作者是怎么把童年往事写得这样美好而有趣的呢?下节课我们学习《童年的水墨画》《肥皂泡》,看看怎样能把童年写得美好。

(二)学习理解难懂句子,尝试不同表达方式——统整学习《童年的水墨画》《肥皂泡》

1. 谈话入课,明确学习内容

童年是一幅画,画里有我们难忘的场景。就像记叙文《肥皂泡》告诉我们的,童年是一场梦,梦里有我们最爱的游戏和多彩的想象。今天我们来学习这两篇文体不同却都充满童年乐趣的课文。

2. 回顾主要内容,理解难懂句子

(1)回顾《童年的水墨画》三首诗歌分别讲了什么内容。

(2)聚焦《溪边》,提出自己不懂的句子。

例:人影给溪水染绿了。

借助转换同义句、结合生活经验、联系上下文等方法理解句子,运用学习方法,理解后边读边想象画面(见图3-4-3)。

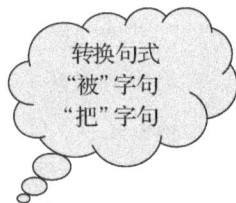

图3-4-3 人影给溪水染绿了

(3)口头改写练习。

①回顾《肥皂泡》的主要内容,对比《童年的水墨画》三首小诗和《肥皂泡》有哪些相同和不同。

②教师借助评价引导学生认识到诗歌和散文的形式不同:诗歌分行,语言简练。散文分文段,每段内容具体,内容不同。诗歌重视画面,散文叙述清楚……相似点是都写了童年生活的美好、快乐,都运用了修辞手法,都抒发了作者的情感。

③仿照《肥皂泡》的第五段，将《溪边》的画面用自己的话描述出来，改成文段。

④教师启发引导，同桌之间练习说一说。

⑤学生个别发言，教师评价。

(4)聚焦《江上》《林中》，提出不懂的句子，小组讨论尝试理解。

例1：是哪个"水葫芦"一下钻入水中，出水时只见一阵水花两排银牙。

例2：是谁一声欢叫把雨珠抖落。

随学生分享讨论，教师补充理解难懂句子的方法，如请教他人和借助资料。

(5)理解《肥皂泡》中难懂的句子。

例：五色的浮光，在那轻清透明的球面上乱转。

①借助锦囊，尝试运用方法理解。

锦囊1：联系上下文。

锦囊2：查资料。

锦囊3：结合生活经验。

锦囊4：向别人请教。

②小组交流，全班分享。

3. 体会课文情感，尝试不同表达

(1)配乐朗读，展开丰富想象，思考肥皂泡还有哪些去处。

(2)仿照《童年的水墨画》，把《肥皂泡》中你印象最深的内容写成一首小诗。

4. 改写自己童年生活场景

(1)总结：能运用多种文体形式描写童年生活。

(2)仿照《肥皂泡》第三段或《童年的水墨画》的形式，在卡片上改写童年生活照片的文字说明。

(3)将文字说明贴到摄影展中的自己照片的旁边。

(三)多种方法理解关键词句，体会作者童年生活的美好——统整学习《剃头大师》《我不能失信》

1. 梳理人物，整体感知

(1)回顾课文主要人物："我"、小沙、姑父、老师傅。

(2)借助人物梳理主要内容。

2. 提取画面，品味人物

(1)品味人物——"害人精"。

①默读课文1～6自然段，想一想为什么小沙称剃头师傅为"害人精"，并绘制

思维导图(见图 3-4-4)。画出你觉得难懂的句子,尝试用学过的方法理解。

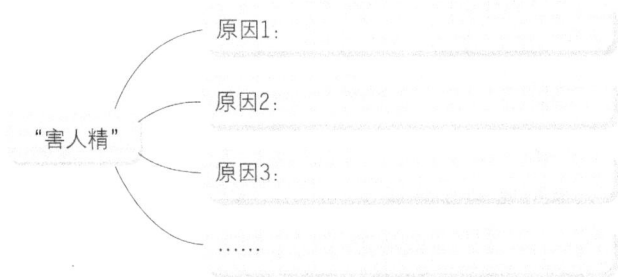

图 3-4-4 品味人物"害人精"

②学生自学并思考,教师结合学生学习过程进行梳理。

像这样有趣的画面在课文之中还有四处,接下来请你和同学一起讨论一下,它们有趣在哪?

他有一把磨得锃亮的剃刀,所以,小沙只得规规矩矩由老师傅摆布。

老师傅习惯用一把老掉牙的推剪,它常常会咬住一绺头发不放,让小沙吃尽苦头。

老师傅眼神差了点儿,总把碎头发掉在小沙的脖子里,痒得小沙咪咪笑。

每次剃完头,姑父还要付双倍的钱给"害人精"。

③在学习中,教师帮助学生梳理方法(想象画面、联系生活实际、联系课文内容、情感朗读)。

(2)品味人物——"剃头大师"。

默读第 7~18 自然段,边读边思考为什么"我"自称为"剃头大师",并绘制思维导图(见图 3-4-5),每找到一个原因就可以获得两颗星。用学过的方法理解难懂的句子,填写学习单,并完成自评。

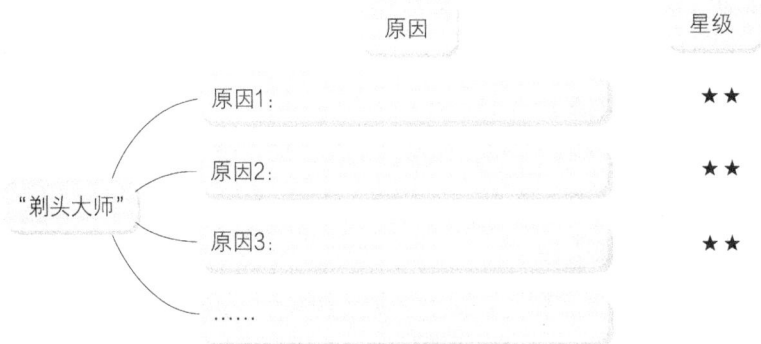

图 3-4-5 品味人物"剃头大师"

3. 拓展延伸，感受美好

(1)课文为什么以《剃头大师》为题呢？

(2)想象小沙长大后和老剃头师傅相遇的情景。

4. 阅读《我不能失信》

(1)联系生活实际体会关键句。

想一想，最后一句话什么意思，你怎么理解，生活中有没有这样的情况。

(2)选择一个自己的生活故事，拟定题目。

(四)走进作者的美好童年

1. 前置活动

教师邀请学生设计一个场景，拍一张照片或者画一幅画，作为课文的插图。

2. 分享交流，梳理标准

(1)分享交流是自己为课文配的插图更合适还是课文原来的插图更合适，为什么。

(2)回看课文插图对应的文字，想想这些文字好在哪里。

(3)想一想在为插图配上说明文字时要注意哪些。

教师提示：题目恰当、语句通顺、表达生动、围绕中心。

3. 撰写说明，交流评选

(1)对照评价表，自由创编，在卡片上为插图配上文字说明。

(2)学生个别交流，教师评价，学生评价。

(3)自我评价，小组交流评价，一边填写评价表，一边推选 2 份写得好的文字说明，张贴到展墙上。

4. 评选交流，修改完善

(1)用贴画选出自己最喜欢的 4 份文字说明。

(2)交流自己可以从其他人的文字说明中学到哪些。

(3)再次对照评价表，结合交流所学，修改自己的文字说明。

···活动三：重识童年生活···

对比自己讲述的童年故事与课文中的童年故事，你有什么新的认识？名人名家笔下的童年是怎样的？长辈眼中的童年与你眼中的童年有什么不同？带着这些问题，我们来重新认识童年生活。

（一）重识自己的童年生活

1. 头脑风暴：童年生活知多少

初学本单元时，我们开展了一场照片展示会，回顾当时自己展出照片背后的童年故事是什么，用一个词语概括。我们一起看看，哪些词语是同一类别的。

预设：新鲜、快乐、友谊……

2. 对比他人的童年故事

(1)在展出了自己的童年生活照片后，我们又走进这一单元课文中的童年生活。谁能回顾一下，课文中都写了哪些童年往事？

(2)如果我们用词语概括这些故事中的主要人物，你们觉得哪些合适？

预设：幽默(看待事情的方式)、有趣、自由、守信……

(3)结合板书想一想，我们自己描绘的童年故事和课文中的童年往事有哪些相同和不同之处。

预设：我们描绘的童年故事比较浅显，注重新鲜的体验。课文中的童年往事有一些是与自己品质相关的故事。

小结：童年的珍贵可以体现在许多第一次的体验上，也可以体现在让自己有独特感悟的生活感受上。

3. 童年故事会：名人名家笔下的童年故事

(1)除了自己的童年、课本中的童年，课前大家收集了一些名人名家的童年故事，现在请小组之间互相说一说，一会儿每组派一个代表来说说。

预设：坚持、自律、好学……

(2)流传至今的名人名家的童年故事有这样或那样的特点。对比名人名家的童年故事和自己的童年故事，你有什么发现？

预设：他们的童年故事突出了他们的优秀的品质。

小结：美好的童年，可以写充满欢声笑语的有趣回忆，可以写第一次体验的难忘经历，也可以写让自己有收获、有成长的生活故事。

4. 重识自己的童年

(1)此时，如果重新挑选1~2张代表童年美好生活的照片，你会选择哪些？先认真想一想，然后完成学习卡，一会儿请你们来说一说。

(2)通过这节课的学习，我们对童年有了深刻的认识，课下请增加或替换参展的童年生活照片，布置我们的童年生活摄影展。

5. 制作家庭童年文学影集

听长辈讲述自己童年生活照片背后的故事，为长辈的照片撰写照片说明，制作家庭童年生活影集。

（二）再次参观童年生活摄影展

用文学性表达，为最新的童年生活摄影展配上文字说明，表现童年生活的美好。在参观、互动中，发现、欣赏童年生活的美好。

1. 为调整后的童年生活照片配文字说明

(1)结合本单元所学，对照评价表，为你增加或替换的照片配上文字说明。

(2)布置展览。

2. 参观展览，评选作品

(1)参观童年生活摄影展，选出你最欣赏的 5 份照片文字说明。

(2)如果有触动你的作品，在卡片上写下你的留言，贴到相应的位置。

···活动四：童年生活中的人···

童年生活中有形形色色的人，让我们介绍身边那些有特点的人，观察记录身边人的生活。

（一）与众不同的他

1. 寻找童年生活中有特点的人

童年生活中，你最想介绍你身边的哪个人？他有什么特点？

2. 抓住特点，突出特点

(1)观察教材 82 页的图片，你发现了什么？

(2)仿照教材中的例子，介绍身边的人。

（二）与众不同的故事

第一，说一件能体现人物特点的事情。

第二，完成"与众不同的他"人物介绍卡(见图 3-4-6)。

我想介绍的人物是：_____ 他特点是：_____

外貌：

语言动作：

性格特征：

精神品质：

典型事例：

图 3-4-6 "与众不同的他"人物介绍卡

第三，完成习作。

第四，为你的习作配上一张照片。

第五，再次布置童年生活摄影展，将习作及相应的照片贴在展览区。

六、课例评析

教材的使用一般有三种取向：忠实取向、调适取向和创生取向。本项目式学习对教材的使用采用了调适取向，通过在不同课文之间建立联系，用两两组合的方式实现了单元统整，将整个单元作为学习项目的资源。对照教材与课标要求，设计者将单元学习主题定位为童年生活的文学表达。单元课文呈现了多种文学表达的样式——散文、诗歌、故事等，这些课文可以作为阅读与鉴赏的优质资源，但不能作为学生尝试文学表达的样本。教师需要选择学生能够合作完成的项目成果，引导学生将阅读体验转化为创意表达。从这个角度来看，作为项目成果，童年生活摄影展既能体现文学表达的特点，又符合三年级学生文学表达的发展水平，项目与目标之间的一致性高。在设计者看来，单元课文能够为学生提供的帮助包括：认识童年生活的意义，了解可以用什么样的语言形式表达自己对童年生活的感悟。据此，设计者将项目拆分为连贯的学习活动，这些活动需要学生调动知识储备与生活体验，在阅读鉴赏的过程中借助与课文作者的"对话"形成新的认识与体验，进而对文学表达产生初步的认识，感受其在传播过程中的意义和功能。综上，设计者将单元课文作为项目式学习的资源，实现了语文学习内容从单篇向单元的转型。

课例五　编撰《我的最爱》班级文集

——五年级(上)第五单元项目式学习教学方案

一、项目信息

项目名称	编撰《我的最爱》班级文集
核心驱动问题	如何向他人清楚明白地介绍"我的最爱"？
学习时长	两周
项目成果	《我的最爱》班级文集
实践学校	北京市海淀区红英小学
指导教师	张杰利、赵宗坤

二、学习目标

统编版语文教材五年级(上)第五单元是习作单元，导语为叶圣陶说的一句话"说明文以'说明白了'为成功"，单元学习重点是阅读简单的说明性文章，了解基本的说明方法，以及收集资料，用恰当的说明方法，把某一种事物介绍清楚。可以发现，本单元聚焦于说明性文本的学习与表达，选编的几篇文章皆在说明一种事物，从行文结构、说明方法、语言风格等角度展现了如何把一件事情说清楚、明白。根据教材单元内容，对照《义务教育语文课程标准(2022年版)》中文学阅读与创意表达任务群下的第三学段的学习内容，教师将本单元的学习主题确定为目的明确的说明性表达，指向学习主题，进一步明确了以下学习目标。

①根据说明对象和目的，明确说明的内容。

②合理选择呈现事物特点的材料，完成材料的转化和顺序的安排。

③能够合理使用说明顺序和说明方法，做到科学、准确、有条理。

三、学情调研

在本单元学习开始前，为了解学生的已知与未知，教师设计了单元学习前的学情调研，为本单元的学习目标明确方向(见图3-5-1)。

亲爱的同学们：

　　为了较好开展五年级(上)第五单元的学习活动，现在需要了解大家有关说明性文本的掌握情况，因此邀请你完成一个小调查。题目没有标准答案，能认真把自己的思考表达出来即可。感谢你的参与和支持！

　　1. 关于说明性文章，你了解哪些内容？

　　2. 请把以下文字转换成说明性语言。

　　我们鲸是用肺呼吸的。呼气的时候就要浮上海面，呼气时会喷出水柱。但是，不同种类的鲸喷出的水柱不一样：小弟弟须鲸的水柱是垂直的，又细又高；我们齿鲸的水柱是倾斜的，又粗又矮。瞧瞧，我们鲸类的学问还不少吧！

　　3. 自己独立完成一篇说明性文章，你认为存在哪些困难？

图 3-5-1　"编撰《我的最爱》班级文集"项目式学习学情调研

　　调研结果显示，基于以往的学习经验，大部分学生能了解说明方法，但在选择说明性文章的语言风格、恰当运用说明方法和依据目的将资料转化成说明性语言等方面存在困难。在单元教学设计中，教师需要重点引导学生如何依据目的进行说明性表达，并关注学生在选择语言风格和运用说明方法上的困难点。

　　根据学情调研，学生需要的核心知识涉及依据说明目的确定说明性文章的说明顺序、语言风格、说明方法。结合单元情境，教师将驱动问题设置为"如何向他人清楚明白地介绍'我的最爱'？"。在学习项目的推进过程中，教师将通过课内外资源拓宽学生的视野，帮助学生丰富对事物的认知，使其在掌握核心知识的基础上，能够运用所学技巧撰写高质量的说明性文章，实现提高认知水平和丰富语言经验的目标。教师应帮助学生体验完整的学习流程，获取个性化的学习成果，提高认知水平并丰富语言经验。

　　在此学习项目中，教师将提供丰富的课内外资源，并通过此方式来开阔学生的视野，为学生加深对说明性文章的认知提供较多可能性。希望这些努力能帮助学生提高依据目的确定说明顺序、选取适合的语言风格及说明方法的能力，获得较好的表达结果，不断提高语用能力、思维能力。

四、学习项目

基于学习目标，围绕核心知识和驱动问题，教师将"编撰《我的最爱》班级文集"作为学习项目。学生在明确自己想要说明的事物后，依据说明目的，撰写说明性文章，向说明对象说明白自己的最爱，最终汇总班级的作品，编撰《我的最爱》班级文集。本项目与五年级学生的学习与生活经验相契合，学生在以往的学习生活中，分别学习了《蟋蟀的住宅》和《纳米技术就在我们身边》等课文，在日常生活中阅读了很多说明性文本，如说明书、科普读物等，对说明性文章及一些常见说明方法有一定了解。

为了让学生完成项目式学习，教师需要融合各项语文实践活动，如识字与写字、阅读与鉴赏、梳理与探究、表达与交流等。除此之外，学生还需要向课文作者学习说明顺序、说明方法、语言风格等方面的经验。为此，教师按照完成项目式学习的真实过程进行了活动分解，并设计了结构化的活动链，让同一活动下的多项学习任务相互关联、逐步递进，以带领学生开展一次《我的最爱》班级文集编撰活动。这样的学习过程将会为学生带来丰富、有价值的文学实践体验。具体如图 3-5-2 所示。

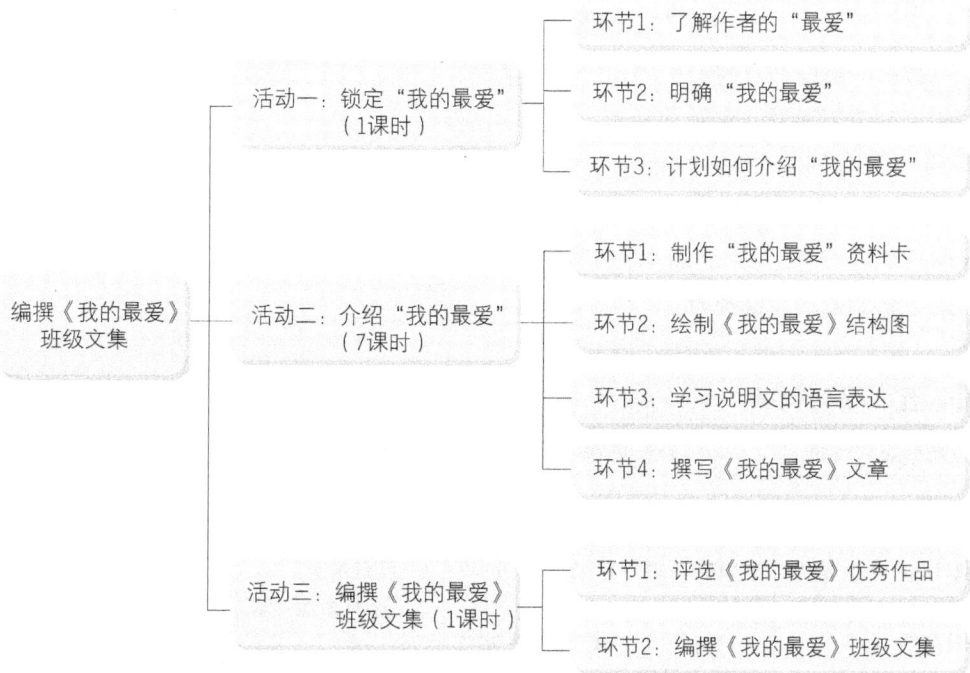

图 3-5-2　"编撰《我的最爱》班级文集"项目结构图

···活动一：锁定"我的最爱"···

这是单元学习项目的起始活动。教师创设学习情境，让学生明确本单元的学习任务"编撰《我的最爱》班级文集"，产生学习期待和学习本单元的兴趣。学生在活动中明确自己想要说明的"最爱"是什么，并借助"我的最爱"介绍计划卡进一步丰富自己介绍的角度，如"最爱"所属的类别、说明对象、说明角度等，为后面的学习活动做好准备。

···活动二：介绍"我的最爱"···

此为单元活动中的关键内容，共有三个部分。首先，学生制作"我的最爱"资料卡，并通过分类整理、参照单元课文及寻求教师指导来调整自己的资料卡。其次，学生在梳理单元四篇课文说明结构的基础上，绘制《我的最爱》结构图。最后，学生再次学习说明性文章的语言特点并撰写文章，说明白自己的"最爱"。学习过程的重点是统整教材资源，学习如何说明白自己的"最爱"。例如，多次学习单元课文的说明结构、说明方法、语言风格，并运用到自己的文章中。

···活动三：编撰《我的最爱》班级文集···

教师开展《我的最爱》优秀作品评选活动，在班级中展示学生作品，引导学生共同阅读并选出喜爱的说明性文本，激发学生修改、完善说明性文章的热情。评选结束后，汇集班级所有的材料，按一定角度进行分类后，编撰《我的最爱》班级文集。

本项目的几个活动相互关联，学生在"确定说明对象—学习说明性表达—撰写说明性文本"的过程中不断掌握如何说明白事物，扎实推进习作单元的目标达成，实现学科素养的全面提升。

五、学习过程

核心驱动问题	分解驱动问题	阶段成果	项目成果（产品）
如何向他人清楚明白地介绍"我的最爱"？	①你的"最爱"是什么？ ②如何条理清楚地说明白"我的最爱"？ ③如何科学、准确地说明白"我的最爱"？	①"我的最爱"介绍计划卡、"我的最爱"资料卡 ②《我的最爱》结构图 ③《我的最爱》文章	《我的最爱》班级文集

···活动一：锁定"我的最爱"···

大千世界，我们有许许多多感兴趣的事物，其中你最感兴趣或最想介绍给他人的是哪一种事物？赶紧想一想，确定下来吧！

（一）了解作者的"最爱"

1. 通读单元课文，自主识字

本单元的作家向我们介绍了哪些事物？通读单元课文《太阳》《松鼠》《鲸》《风向袋的制作》，读准字音，读通句子。

2. 多元识字，合作共学

认读课文中的生字、新词，尝试通过联系上下文、查工具书、联系生活、结合插图等方法进行理解和识记；小组交流，互学互助；在语境中看拼音写汉字，检查字词掌握情况。

《太阳》：摄氏度、繁殖、煤炭、治疗……

《松鼠》：驯良、矫健、缨形……

《鲸》：上腭、鳍、滤出来……

《风向袋的制作》：尼龙纱、塑料、空旷……

3. 整体感知，交流分享

作者向我们介绍了哪些事物？是从哪些角度介绍的？

（二）明确"我的最爱"

1. 思考"最爱"

思考你的"最爱"，写在便利贴上，并贴到班级黑板上与同学们分享。

2. 类别划分

观察贴满了便利贴的黑板，每个学生的最爱都不一样。可以将这些事物分成哪些类别呢？学生交流时，教师相机用思维导图板书说明对象的分类。

3. 调整"最爱"

刚才的学习给了你哪些新的启发？此时你的"最爱"有没有改变？

（三）计划如何介绍"我的最爱"

确定了"我的最爱"后，想想可以把它介绍给谁，向他介绍哪些方面。想好后，填写"我的最爱"介绍计划卡，如图3-5-3所示。

我的最爱是 _____ 类的 _____ 。

我想给 _____ 介绍它。

我的介绍角度有：

图 3-5-3 "我的最爱"介绍计划卡

···活动二：介绍"我的最爱"···

清楚了想介绍的事物后，如何向他人清楚、明白地介绍自己的"最爱"呢？这可不容易，赶紧来学一学吧！

（一）制作"我的最爱"资料卡

1. 收集"我的最爱"资料

依据"我的最爱"介绍计划表中的介绍思路，寻找"我的最爱"相关资料。如果在收集资料的过程中，你有了新思路，可以随时修改前面的思路，并寻找相应的资料。

2. 调整"我的最爱"资料

(1)观察课文介绍事物的角度：以下是本单元课文所介绍事物的资料卡(见图 3-5-4)。读一读，看看这些资料都是从哪些角度说明事物的。

太阳资料卡	**太阳资料卡**
太阳与风的关系：太阳晒地面—有些地区吸收热量多，空气热，有些地区吸收热量少，空气冷—空气有冷有热，才能流动—形成风。	太阳与雨的关系：水被太阳晒—吸收热，变成水蒸气—温度下降，水蒸气凝成小水滴，形成云—云层里的小水滴越聚越多，变成雨或雪。
太阳资料卡	**太阳资料卡**
太阳与地球之间的距离：离我们约一亿五千万千米远。	温度：发光发热，是个大火球，表面温度五千多摄氏度。
太阳资料卡	**太阳资料卡**
太阳与人类健康间的关系：阳光可以杀死一些细菌，晒太阳可以预防和治疗疾病，难怪妈妈喜欢"晒被子"。	太阳与地球上的生命间的关系：有了太阳，地球上的庄稼和树木才能发芽，长叶、开花、结果，人类、鸟、兽、虫、鱼才能生存，繁殖。

太阳资料卡 体积：大得很，约一百三十万个地球大小。	**松鼠资料卡** 活动地点：经常在高处活动，喜欢在树上搭窝，摘果实，喝露水。只有风太大才到地上。 活动时间：好像很怕强烈的日光，白天躲在窝里，喜欢晚上出来活动。
松鼠资料卡 搭窝过程：搬些小木片，错杂着放在一起。用一些干苔藓编扎起来。把苔藓挤紧，踏平。	**松鼠资料卡** 繁殖情况：一窝生三四个，幼崽毛呈灰褐色，过冬换毛，换毛后颜色深些。
松鼠资料卡 漂亮、乖巧、驯良，讨人喜欢。 外形：漂亮。 面容：清秀、玲珑。 眼睛：闪闪发光。 四肢：矫健、轻快。 尾巴：帽缨形，老是翘起来。 性格：乖巧、驯良。 吃相：竖着身子、用前爪往嘴里送东西。	**鲸资料卡** 体型：普遍比较重，最大的鲸约有一百六十吨重。身体一般比较长。
鲸资料卡 齿鲸：有锋利的牙齿，遇到大鱼直接扑上去，用牙齿撕咬，吃得很快。 须鲸：没有牙齿，把小鱼和虾连海水一起吸进嘴里，过滤出海水，吃掉小鱼。	**风向袋制作过程资料卡** 制作步骤： ①准备材料。 ②缝制口袋。 ③给口袋缝制封口。 ④制作铁丝圈，固定竹竿。

图 3-5-4　课文事物资料卡

(2)反思自己收集资料的角度(见图 3-5-5)：对比自己的资料，看看自己收集的资料都有哪些角度。你还想增加哪些角度？

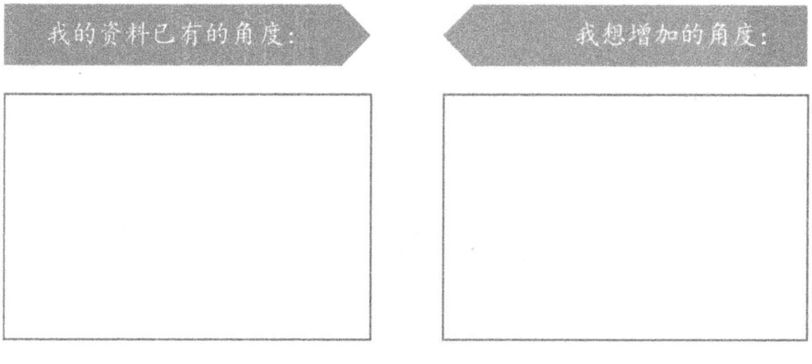

我的资料已有的角度：

我想增加的角度：

图 3-5-5　收集资料的角度反思

(3)依照最新的介绍角度，补充相应资料。

3. 制作"我的最爱"资料卡

依据上面所学，仿照教师上面出示的课文事物资料卡，从不同角度制作"我的最爱"资料卡。

(二)绘制《我的最爱》结构图

1. 向课文学习文章结构

(1)梳理课文结构图：教师带领学生梳理《太阳》《松鼠》文章结构。学生根据学法，自主梳理《鲸》《风向袋制作》文章结构。

(2)发现不同结构特点：联系本单元四篇课文的结构，在交流讨论中发现不同类型的事物的说明结构具有不同特点。介绍事物常从不同方面介绍；介绍动物常从多个角度介绍，抓住主要特点；介绍制作流程常按照步骤和逻辑连接词有条理地表述。

(3)初拟文章结构图：学生思考自己想说明的事物的类型，初拟自己的文章结构图。

2. 同伴交流，调整文章结构

(1)根据说明对象的类型(事物、动物、制作流程等)分小组讨论，互相提出对结构的修改意见。

(2)以小组为单位，互相找问题、提建议，从而完善文章结构。

3. 与他人交流，完善文章结构

将你的介绍结构与思路说给倾听对象，了解他的需求，继续补充、完善自己文章的结构图。

(三)学习说明文的语言表达

1. 体会不同说明方法的表达效果

(1)对比体会：出示课文原文与课文事物资料卡上的相应语句(见表 3-5-1)，体会使用说明方法的好处。

表 3-5-1　对比体会

说明内容	课文原文	资料卡文字	感受
太阳的体积	我们看到太阳，觉得它并不大，实际上它大得很，约一百三十万个地球的体积才能抵得上一个太阳。	体积：大得很，约一百三十万个地球大小。	
鲸的大小	不少人看过象，都说象是很大的动物。其实还有比象大得多的动物，那就是鲸。目前已知最大的鲸约有一百六十吨。我国发现过一头近四十吨重的鲸，约十八米长，一条舌头就有十几头大肥猪那么重。它要是张开嘴，人站在它嘴里，举起手来摸不到它的上腭，四个人围着桌子坐在它的嘴里看书，还显得很宽敞。	体型：普遍比较重，最大的鲸约有一百六十吨重。身体一般比较长。	

续表

说明内容	课文原文	资料卡文字	感受
松鼠的搭窝过程	它们搭窝的时候，先搬些小木片，错杂着放在一起，再用一些干苔藓编扎起来，然后把苔藓挤紧，踏平，使那建筑物足够宽敞、足够坚实。这样，它们可以带着儿女住在里面，既舒适又安全。	搭窝过程：搬些小木片，错杂着放在一起。用一些干苔藓编扎起来。把苔藓挤紧，踏平。	
风向袋的制作步骤	第一，准备竹竿、细铁丝、粗铁丝…… 第二，缝制口袋。用尼龙纱巾缝一个圆锥形口袋，袋口…… 第三，剪下 4 根长约 10 厘米的塑料绳…… 第四，拿一根细铁丝，在离竹竿顶端 10 厘米处缠 2～3 圈，不要缠太紧，做一个可以在竹竿上自由滑动的细铁丝圈……	制作步骤： ①准备材料。 ②缝制口袋。 ③给口袋缝制封口。 ④制作铁丝圈，固定竹竿。	

(2)拓展延伸：本单元的四篇课文在各自说明事物时都运用了哪些说明方法？找出来，读一读，说说使用这些说明方法的效果。

(3)对照反思：说一说在自己的习作中如何恰当运用说明方法。

2. 体悟不同目的决定不同语言风格

(1)有关松鼠的描写，朗读并体会不同的语言风格：以下是有关松鼠的说明。对比课文《松鼠》的文字，你有什么感受？

松鼠体形细长，体长 20～28 厘米，尾长 15～24 厘米，体重 300～400 克。

松鼠的繁殖能力较强，一年 2～4 窝，孕期一个多月。

(2)对照自己的说明对象与说明目的，确定自己文章的语言风格。

3. 迁移运用语言表达

(1)出示资料，改写片段："野生动物保护日"就要到了，你可借助资料为白鹭撰写一张介绍卡片(见图 3-5-6)，张贴在走廊，或者为一年级小朋友介绍白鹭。在撰写过程中，可以参考评价单(见图 3-5-7)，让你的表达更加准确。

白鹭是一种在水边生活的鸟类，体长 55～65 厘米，翅膀展开 86～104 厘米，嘴尖直粗壮，颈细长，有蓑毛，尾羽短。腿长，位于身体的后部。

白鹭全身羽毛为白色，嘴、腿及脚为黑色，趾为黄色。

图 3-5-6　白鹭介绍卡片

我选择：□为一年级同学介绍　□写介绍卡片	评价要求	自我评价	同学评价
我的改写：	①抓住白鹭的主要外形特点。	★★★	★★★
	②使用恰当的说明方法。	★★★	★★★
	③准确、清楚、有条理，采用恰当的语言风格来介绍。	★★★	★★★

图 3-5-7　白鹭介绍卡片评价单

(2)投影展示，师生依据评价单进行评价。

(四)撰写《我的最爱》文章

1. 结合评价单，撰写文章

综合以上所学，依据确定的文章思路，选择合适的语言风格，运用恰当的表达方式，对照评价单(见图 3-5-8)，开始撰写自己的文章，准确、清楚、有条理地介绍自己的"最爱"吧！

评价要求	自我评价	同学评价
①采用恰当的语言风格介绍。	★★★	★★★
②使用恰当的说明方法。	★★★	★★★
③语言表达准确、清楚、有条理。	★★★	★★★

图 3-5-8　《我的最爱》文章评价单

2. 共性问题，集中讲解

教师展示典型习作或片段，学生与教师一起梳理存在的问题。

3. 交流互动，提出建议

邀请同伴阅读自己的文章并提出没有读明白的地方，从结构、方法、语言三个角度尝试提出建议，学生自主修改。

┄活动三：编撰《我的最爱》班级文集┄

编撰文集的过程能让同学们深入地了解自己喜爱的事物并在班级交流和学习的过程中展示才华和创造力。快快行动起来吧！

（一）评选《我的最爱》优秀作品

1. 为"我的最爱"写一写信息卡

"我的最爱"信息卡如图 3-5-9 所示。

"我的最爱"信息卡

文章题目：＿＿＿＿＿＿＿＿　　作者：＿＿＿＿＿＿＿

我的最爱是：＿＿＿＿＿＿＿＿

喜爱的理由：

介绍的角度：

读者留言区：

图 3-5-9　"我的最爱"信息卡

2. 班级《我的最爱》文章作品展

教师展出班级学生的说明性文章与信息卡，组织学生参观。学生可在自己有感触的文章信息卡"读者留言区"写下自己想对作者说的话。

3. 评选最受欢迎的《我的最爱》文章

参观交流中，为自己喜欢的文章送上贴画。活动结束后，统计班级得票数前五名的文章。

4. 颁发奖状

班级分组，每组负责一名获奖学生的颁奖词设计。班级为获奖学生颁发奖状。

（二）编撰《我的最爱》班级文集

1. 对照调整

通过前面的活动，对照优秀同学作品，再次反思调整自己的习作。修改完善习作后，认真誊写到班刊征稿纸上，自由设计形式与装饰。

2. 明确分工

班级成立《我的最爱》班级文集项目组，明确不同职责内容。

3. 编撰《我的最爱》班级文集

依照不同分工内容进行编撰，最终形成《我的最爱》班级文集。

六、课例评析

如何向他人介绍自己的"最爱"？首先，要选定介绍的事物，明确介绍的对象；其次，要整理相关资料；再次，要根据介绍对象的需求整理资料，确定说明的结构顺序；最后，要按照确定的结构，选择合理的呈现方式。以《我的最爱》班级文集为项目成果，学生在独立完成上述学习过程后，可以在阅读文集的过程中反思，发现自身的优势和不足，以期在未来实现高质量的表达与交流。

如何利用单元课文帮助学生完成项目式学习？设计者采用了边做边学的思路，启发学生带着不同的目的阅读课文，借助课文形成写作的思路和方法。教师先引导学生梳理课文选择的内容，在自己的"最爱"和读者的需求之间找到平衡。接着，引导学生提取课文的信息，了解课文内容的整体结构以及与这些内容匹配的语言表达方式。同时，引导学生整理课文的结构框架，从中选择一种模仿使用，或者根据课文结构创生出自己的结构。学生根据自己的理解完成介绍的内容，根据介绍对象的需求调整完善，再参照课文遣词造句的特点修改优化。学生完成项目式学习的过程是阅读课文、从课文中获取帮助的过程。项目与单元内容紧密结合，能够充分发挥课文的教学价值，语文学习的过程与项目实践的过程合二为一，教师探索出了减量提质的教学思路。

课例六 争做自然守卫者

——六年级(上)第六单元项目式学习教学方案

一、项目信息

项目名称	争做自然守卫者
核心驱动问题	如何做好自然守卫者?
学习时长	两周
项目成果	保护自然演讲会
实践学校	北京市上地实验学校
指导教师	周欣颖

二、学习目标

统编版语文教材六年级(上)第六单元的人文主题是人与自然。单元导语为"我们是大地的一部分,大地也是我们的一部分"。语文要素为"抓住关键句,把握文章的主要观点"和"学写倡议书"。本单元选编的课文兼顾了古诗、说明性文本、叙事性散文、现代诗几种不同的文学体裁,依次阐明了人与自然的和谐之美、人为什么要与地球和谐共生、如何保护自然等问题。根据教材单元内容,对照《义务教育语文课程标准(2022年版)》中文学阅读与创意表达任务群下的第三学段的学习内容,教师将本单元的学习主题确定为有感而发定方向、有理有据提倡议,并指向学习主题,制定以下学习目标。

①阅读多种不同体裁的表现人与自然的关系的作品,体会人与自然和谐相处的意义。

②通过抓关键句,把握文章的主要观点,并探析层层深入地表达观点、举实例印证论点的方法。

③借助单元课文进行表达,形成言语经验,在撰写倡议书、演讲稿的过程中综合运用。

三、学情调研

为了较好地了解学生的现有学习水平,明确学生的已知与未知,明晰本单元学习的重点与难点，在本项目式学习开始之前，教师从本校六年级学生中随机抽取学生进行访谈调研，内容如下(见图 3-6-1)。

访谈提纲：

　　同学你好，在下一学习阶段，我们要开展"争做自然守卫者"项目式学习活动。为了较好地学习"人与自然"这个单元，现在邀请你配合我们完成一个小访谈。回答没有对错之分，希望你可以认真思考后如实作答，谢谢。

　　1. 你是怎么看待人与自然的关系的？

　　2. 对你而言，要开展"争做自然守卫者"演讲会的困难在哪？

　　3. 你知道哪些保护自然的方法？为什么要这么做？

图 3-6-1　"争做自然守卫者"项目式学习学情调研

　　访谈结果显示，六年级的学生喜欢亲近自然，对大自然有一定的感情，但是对人与自然的依存关系的认识不够到位，不能深入体会人与自然和谐相处的意义。学生提到之前没有接触过倡议、演讲这种表达形式。学生大概了解低碳生活、绿色出行等保护环境的措施，但是对其他具体的措施和环保的原因、意义了解得不是很清楚。六年级学生对大自然、环保等相关内容有初步的认识与理解，但是了解得不够深入、过于理性，未形成自己独特的观点。

　　项目式学习可以培养学生健康的审美意识和正确的审美观念。通过项目式学习，学生可以学习作者表达观点的方法，体会一步一步得出结论的递进式策略，结合实际有感而发、有理有据地表达观点，有逻辑地提出观点并形成结论。为引导学生在具体情境中有效运用语言，增强思维的深刻性与独创性，教师将驱动问题设置为"如何做好自然守卫者？"，计划以实践活动引领学生对诗歌、散文等优秀文学作品展开阅读，科学探究人与自然的依存关系，并在学习任务的驱动下自主关联生活经验。教师将语文要素的落实与阅读、理解、感悟相链接，促进学生在真实的情境中对原有经验的加工与对新收信息的建构，使其准确掌握有逻辑地表达观点的方法，实现从阅读到写作的转化。学生感受自然之美，体会人与自然和谐共生的意义，发现课文特点、文化背景与精神内核，以倡议书的形式分享自己的感受与思考，抒发情感。这有助于提高学生的语文综合运用能力，促进其核心素养的提升。

四、学习项目

基于本单元学习内容的编排、学习目标的确立，"争做自然守卫者"项目式学习要求六年级学生能够关注到自然中需要人类保护的具体方面，用演讲的形式阐明保护的原因与保护的方式，以呼吁大家共同守护自然，与地球和谐共生。本项目与六年级学生的学习、生活经验关联紧密，学生有用诵读表现自然之美、用文字表达对自然的热爱的言语经验，可以通过口头或书面的形式来表达自己的所思所想。

在本项目的学习过程中，学生需要综合运用识字与写字、阅读与鉴赏、梳理与探究、表达与交流等能力，在学习课文的过程中学习作者表现人与自然的和谐之美、层层递进表达保护地球的观点、赞美自然守卫者的经验。本项目式学习注重引领学生对新接收的信息进行意义建构，并对个体原来的经验进行改造和重组，形成新的言语经验，经历完整的体验式学习活动链。在项目主题的引领下，三个活动相辅相成。每个活动下设多个具有内在逻辑关联的学习任务，共同指向学生保护自然的情感生成与多样表达。"争做自然守卫者"项目式学习流程如图 3-6-2 所示。

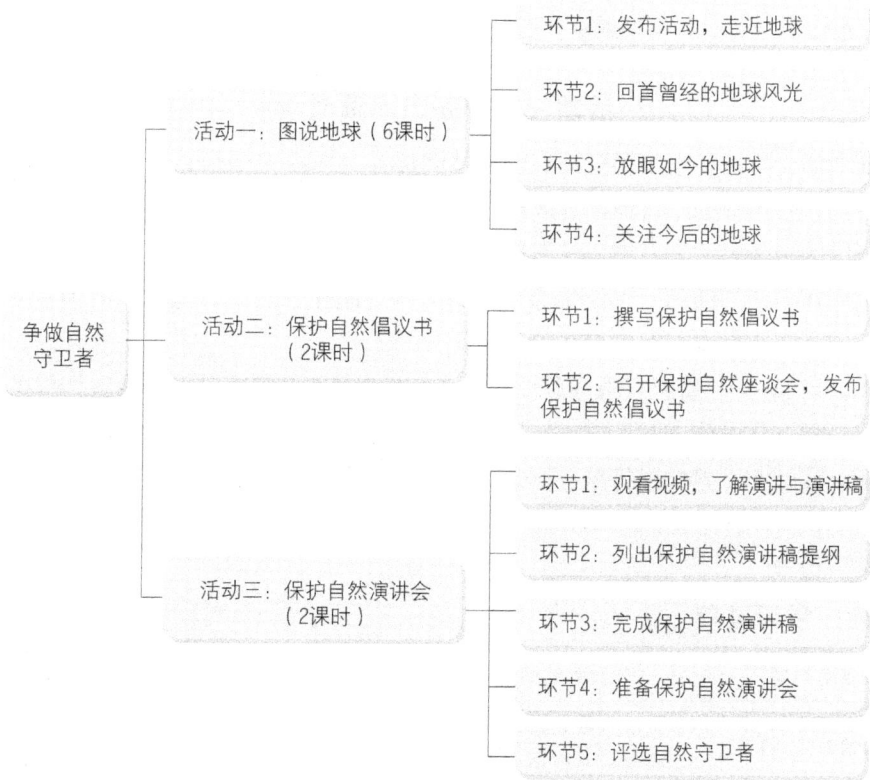

图 3-6-2 "争做自然守卫者"项目结构图

···活动一：图说地球···

在本单元学习项目的开展之初，教师先向学生发布"争做自然守卫者"的任务，通过这个任务情境激发学生的学习兴趣，明确本单元的学习活动。在阅读与鉴赏课文的过程中，学生充分地感受到人与自然的和谐之美，发现人与自然和谐共生的重要意义，了解自然守卫者的所作所为，生成保护自然的欲望并形成自己对人与自然关系的观点，习得作者的言语经验，为下一阶段呼吁大家"争做自然守卫者"奠定情感与表达的基础。活动一相对于后两个活动需要用更多的课时，以发挥好在整个项目中的教学功能。

···活动二：保护自然倡议书···

学生形成了自己的观点之后，继续为项目式学习的最终成果做准备。学生将对课内与课外资料进行筛选与梳理，确认自己想要倡议的具体内容，并通过写倡议书和发布倡议书的形式来初步表达自己的所思所想，引发大家对环保问题的关注。倡议书中的观点将为下一阶段的演讲提供在选材与表达上的帮助。

···活动三：保护自然演讲会···

在本活动阶段，学生要开展保护自然演讲会。学生先结合之前的学习收获来撰写演讲稿，有理有据、有逻辑地表达自己的所思所想，并在演讲会上进行演讲，评选出班级的最佳自然守卫者。这有助于激发学生的学习兴趣，呼吁大家共同守护大自然。环环相扣的活动引导学生综合运用阅读、梳理、表达等能力，增强学生的社会责任心，落实语文课程的育人价值。

本项目建构了"情感共鸣—理性认知—个性表达"的活动过程，将各个任务紧密联系在一起，让学生在项目式学习过程中真正了解到保护自然的必要性与有效举措，将人文性与工具性进行统一展现，在落实语文要素的同时综合提高学生的语文核心素养。

五、学习过程

核心驱动问题	分解驱动问题	阶段成果	项目成果（产品）
如何做好自然守卫者？	①作者是怎么表达自己的观点的？ ②怎么明确自己保护自然的观点？ ③怎么呼吁大家争做自然守卫者？	①保护自然宣传海报 ②保护自然倡议书 ③保护自然演讲稿	保护自然演讲会

…活动一：图说地球…

(一)发布活动，走近地球

1. 通读单元

先让我们通过几篇课文走近作者笔下的地球，了解人与自然的关系，通读《古诗三首》《只有一个地球》《青山不老》《三黑和土地》。注意读准字音，把课文读通顺，理解几篇课文的主要内容。

2. 自主识字

在课文中圈画出生字、新词，并借助生字梳理表对本单元的生字、新词进行识记(见表 3-6-1)。完成之后，小组内交流，相互补充巩固，通过听写来检查。

表 3-6-1　生字梳理表

易写错的字	
易读错的字	
形近字辨析	
多音字辨析	
易混淆部首的字	
汉字易错的笔顺	

3. 初步把握文章观点，交流讨论

圈画出课文中的关键语句，把握作者的观点。小组讨论在几篇课文中分别感受到了人与自然怎样的关系，并用思维导图的形式呈现出来。

(二)回首曾经的地球风光

1. 品读诗人笔下的自然美景，感知人与自然的和谐之美

循着古诗的印记，我们一起回首地球带给我们的美好的风光、充足的资源、惬意的享受。结合书上的插图，初步了解每首诗的诗意，完成"古诗中的风光"卡片(见图 3-6-3)。

古诗中的风光

风光	关键句	风光特色
黄河		
江南之春		
江宁院落		

在古诗中，人与自然的关系：

_____

图 3-6-3 "古诗中的风光"卡片

2. 发现自然美景，创作诗词，表达对美的感受

(1)回忆游览过的自然风光或身边的美丽景色，查找图片或照片，作为诗的配画或背景。

(2)仿照《古诗三首》进行创作，或填词，或写诗歌，描绘自己捕捉到的自然风光的迷人之处，表达自己的喜爱与赞美之情。

(三)放眼如今的地球

1. 认识作者笔下的地球

学习《只有一个地球》，通读全文，圈画出文中描述的地球的特点。初步了解地球的美丽，以及自然资源的有限、不可替代。

2. 结合资料，深入了解地球

上网收集与地球相关的资料，并对资料进行筛选和整理，形成地球资料卡(见图 3-6-4)，进一步了解地球的现状，深刻认识我们为什么要保护地球。

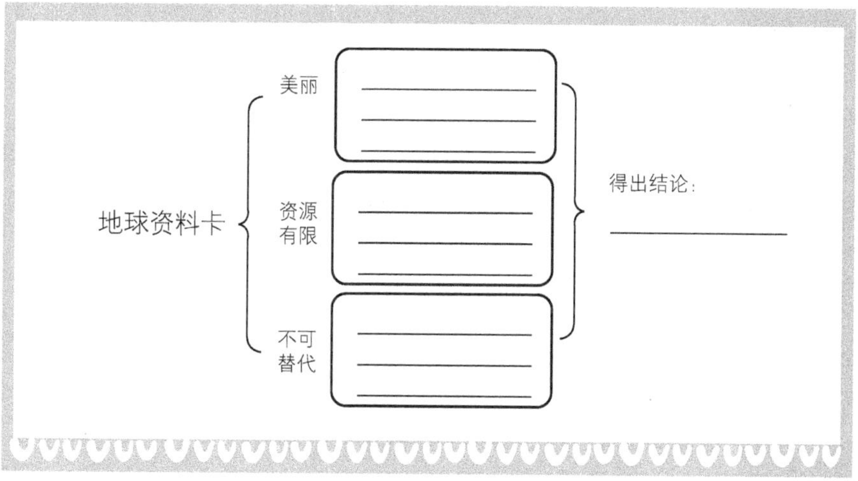

图 3-6-4　地球资料卡

3. 有感而发写标语

结合《只有一个地球》课上所学，自己查找资料了解地球的现状。结合课上同学分享的事例，想一想我们该怎么保护地球，确定某一具体方面，用宣传标语的形式进行呼吁。课下，配上恰当的背景，使文字内容与背景紧密联系，较好地表达自己的意思。通过宣传标语的形式表达对单元人文内涵的理解，在输入与输出之间构建关联，这为后一阶段写倡议书起到定题的作用。

4. 评选优秀宣传标语

根据评价表(见表 3-6-2)，评选出班级中的优秀宣传标语并张贴在相应位置，进行宣传。

表 3-6-2　宣传标语评价表

评价标准	星级		
	★★★	★★	★
主题鲜明	聚集具体问题，具有针对性。	聚集某一方面，有一定针对性。	围绕保护环境主题，但缺乏针对性。
语言形式	简洁凝练，有韵律美。	句式整齐，但不够流畅。	语言啰唆，言不达意。
具有启发性、感染力、号召力	修辞恰当，触动人心。	运用修辞手法，让人有所触动。	语言平白，无法给人带来触动。

(四)关注今后的地球

1. 从《三黑和土地》中看热爱自然之人

自读《三黑和土地》，读出韵律，读出感情，体会农民和土地之间深厚的情感。

结合背景资料，体会文中人物失而复得的喜悦。

2. 从《青山不老》中学保护自然之举

通过对比，感受"奇迹"背后的力量。这位老人凭借自己的力量，为晋西北的绿化做出自己的贡献。学生从他身上深刻地体会到了保护环境的意义。青山绿树不老，奉献精神不老，保护自然的收益更不会老。保护自然不是空喊口号，要落实到每一个小小的举动之中。

3. 用保护自然宣传海报说保护地球之愿

我们了解到了自然带给我们的美丽风光，清楚了地球的现状与保护自然的必要性，知道了保护自然的实际举措。那就让我们把这些收获呈现在保护自然宣传海报上(见图 3-6-5)，让大家都来加入保护自然的行列中吧！

图 3-6-5　保护自然宣传海报

4. 张贴海报，图说地球

把海报张贴到宣传栏中，并为同学讲解自己的设计意图，呼吁大家了解地球现状，思考今后应该如何保护自然，并落实到行动之中。

···活动二：保护自然倡议书···

(一)撰写保护自然倡议书

1. 明格式

自主阅读教材上的节约用水倡议书，明确倡议书的格式：标题、称呼、正文、署名、日期。

2. 定主题

结合前一阶段所学，选定保护自然倡议书的主题。主题要聚焦到一个具体的方面或一个具体的环保问题上，标题要鲜明。

3. 理正文

梳理正文想要表达的内容，从某一角度入手阐明保护自然的原因与意义，并递进式地提出几个切实可行的建议。

4. 配背景

给自己的保护自然倡议书配上合适的背景，进一步表达自己对人与自然关系的所思所想。

(二)召开保护自然座谈会，发布保护自然倡议书

学生在小组内交流自己对人与自然关系的认识，并发布自己的倡议书，呼吁同学留意自己关心的问题，一起行动起来保护自然。根据分享交流的情况，学生之间可以相互提建议，根据建议完善自己的保护自然倡议书。班级根据表 3-6-3 交流评选出优秀倡议书，在宣传栏中进行张贴并汇编班级宣传手册。

表 3-6-3 优秀倡议书评价表

评价维度	评价标准	星级
主题鲜明	能够聚焦一个具体的环保问题，进行倡议。	★★★
内容具体	能够递进式地提出多条切实可行的建议。	★★★
触动人心	能够阐明这样做的原因与意义。	★★★
图文并茂	所配的背景与倡议内容相符，精致美观。	★★★

…活动三：保护自然演讲会…

(一)观看视频，了解演讲与演讲稿

演讲是一种以宣传鼓动为目的的语言交际活动。学生应初步了解演讲的主要手段、准备工作、技巧等内容。学生观看视频，了解演讲与演讲稿，并制作手抄报，如图 3-6-6 所示。

图 3-6-6　演讲与演讲稿

(二)列出保护自然演讲稿提纲

梳理演讲的主题和内容,列出保护自然演讲稿提纲。可以参考教师提供的参考提纲的格式(见表 3-6-4)。演讲稿提纲可以为学生撰写演讲稿、在演讲会上进行演讲搭建学习支架。

表 3-6-4　保护自然演讲稿提纲

演讲主题	保护自然
开场白	简单介绍自己,引入保护自然的话题。
阐明原因	原因 1: 原因 2:
提出建议	建议 1: 建议 2:
总结语	点题,升华。

(三)完成保护自然演讲稿

第一,借助提纲,完成保护自然演讲稿的撰写。写完后自己通读一遍,检查有无不通顺的语句。

第二,可以读给同桌、好朋友、家长听,听听他们的建议,完善保护自然演讲稿。

(四)准备保护自然演讲会

第一,回顾演讲时需要关注的基本方面:演讲内容、语言表达、形象风度、会场效果。

第二，对自己的保护自然演讲稿进行练习与完善。

第三，教师将前期学习成果(诗词、宣传标语、海报、倡议书)张贴在会场内，布置会场，让学生的综合能力得到运用。

(五)评选自然守卫者

开展保护自然演讲会，根据评价表(见表3-6-5)评选出自然守卫者。学生可以根据演讲会上其他人优秀的演讲内容继续修改自己的演讲稿。

表 3-6-5　自然守卫者评价表

评价项目	评价要点	星级
演讲内容	①内容紧紧围绕保护自然的主题展开，观点鲜明。	★★★
	②材料真实、典型，对反映环保问题具有切实意义。	★★★
	③结构严谨，构思巧妙。	★★★
	④语言通顺，打动人。	★★★
语言表达	①吐字清晰，声音洪亮。	★★★
	②语速恰当，语气、语调、节奏符合演讲内容，有感情。	★★★
形象风度	①精神饱满，举止自然得体。	★★★
	②恰当运用姿态、动作、手势、表情。	★★★
会场效果	营造良好的效果，具有感染力、吸引力、号召力。	★★★

六、课例评析

项目式学习体现了深度学习的理念，项目成果往往能够解决社会、学校、家庭生活中的具体问题，对学生而言具有比较大的挑战性，学生的学习热情容易被激发。项目以具体的社会生活情境为载体，情境本身有调动学习兴趣的功能，学生在项目式学习过程中投入程度高，体验成功的机会多，获得发展的可能性大。本项目要求学生完成宣传标语、倡议书和演讲稿，除了实用性文本格式、语言的学习之外，学生还能形成对社会发展的责任心和使命感，认识到项目成果对推动社会发展和进步的意义，以及对提高社会生活质量、提升人们认识水平的意义和价值，这有利于形成积极的内在学习动机、高级的社会性情感、积极的态度、正确的价值观。在项目式学习的过程中，学生掌握了实用性阅读与表达的基本思想方法。提取信息—检验信息—整合信息—解决问题，其中有独立阅读的过程，有审辨思考的过程，有合作学习中的讨论沟通的过程。在实现语文学习目标的基础上，本项目式学习充分地体现出了教育性和发展性，充分地体现了培养积极健康的人的过程。值得关注的是，学生在撰写宣传标语、倡议书和演讲词的过程中还要关注到表达的目的和对象，关注到不同类型文本在语言运用上的差异，进而初步形成根据情境选择语言表达方式的自觉意识。

课例七 《西游记》剧本创编
——七年级(上)整本书阅读项目式学习教学方案

一、项目信息

项目名称	《西游记》剧本创编
核心驱动问题	如何理解名著内容,创编剧本?
学习时长	四周
项目成果	《西游记》剧本宣讲会
实践学校	北京市第四中学
指导教师	王杨、郑弘、王黛薇、陈星、毛翎

二、学习目标

部编版语文教材七年级(上)整本书阅读中推荐的名著是《西游记》。小说围绕唐僧、孙悟空、猪八戒、沙僧师徒四人前往西天取经的主线,写了许多降妖除魔的故事,是中国古典文学中最富有想象力的作品之一。在七年级阶段,指导学生阅读这样一本"大部头"的古典名著,不仅要引导学生关注引人入胜的故事情节、把握个性鲜明的人物形象、理解意蕴丰富的思想主旨,更要在读书方法的培养和个性化探究的实践上给学生以指导,让学生能够真正走进这部精彩的著作。

《义务教育语文课程标准(2022 年版)》提出"少做题、多读书、好读书、读好书、读整本书,注重阅读引导,培养读书兴趣,提高读书品位",以增强课程实施的情境性和实践性,促进学习方式变革。在第四学段部分,特别强调"探索个性化的阅读方法,分享阅读感受,开展专题探究,建构阅读整本书的经验"。

教师将《西游记》的学习主题确定为"学习精读、跳读,把握故事、人物,创编个性化剧本",指向学习主题,制定以下学习目标。

①概括梳理小说主线故事,能用思维导图或表格的形式呈现人物关系及情节模式。

②精读经典章回,能透过小说人物的动作和语言感悟其内在心理变化,丰富人物形象。

③比较原著和创编的剧本，能发掘、鉴赏异同，并融入个性化解读创编的剧本。

三、学情调研

为了解学生对于《西游记》的了解程度，确定学生能力起点，以及激发学生深入学习探究的兴趣，在开启项目式学习前，教师对学生进行了学情调研，具体内容如图 3-7-1 所示。

亲爱的同学们：

　　我们将要开展"《西游记》剧本创编"项目式学习，为了更好地开展学习，请你认真回答下列问题。

　　1. 你是通过什么了解《西游记》这本名著的？（可多选）

　　A. 电视剧　　B. 电影　　C. 动画片　　D. 文学名著　　E. 连环画或绘本

F. 游戏　　G. 说书音频　　H. 家人朋友讲述

　　2. 如果你阅读过《西游记》，你对它的喜欢程度是怎样的？

　　A. 非常喜欢　　B. 比较喜欢　　C. 没什么感觉　　D. 不太喜欢　　E. 非常不喜欢

　　3. 你觉得《西游记》原著与电影、电视剧、动画片最大的区别是什么？

　　4.《西游记》中你最喜欢的人物是哪一个？说说理由。

　　5. 如果让你给大家推荐一个你最喜欢的《西游记》小故事，你会推荐哪个故事呢？

　　6. 小时候和现在，阅读了解《西游记》，你的关注点一样吗？有哪些变化？

　　7. 阅读《西游记》时，你遇到过什么困难？产生过什么疑惑？获得过哪些对现实生活有益的启示？

　　8. 你认为《西游记》这本书过时吗？它是否适合青少年阅读？

　　……

图 3-7-1　"《西游记》剧本创编"项目式学习学情调研

通过学情调研发现，大部分学生对《西游记》这本书的主要人物及部分经典故事都有基本了解，但对主要人物的认识比较片面化和表面化，对具体的故事细节缺乏细腻感受。多数学生是通过电影、电视剧、动画片来了解故事内容的，对原著的脉络和人物关系欠缺整体认识。在阅读过程中，学生对"大部头"古典小说有较强的畏难情绪，文白掺杂的语言在一定程度上遏制了学生的阅读兴趣，增加了理解难度。

根据学情调研，学生开展整本书阅读项目式学习所需要的核心知识涉及掌握阅读方法、梳理主要信息、归纳情节模式、撰写人物小传等。由此，教师将核心驱动问题设置为"如何理解名著内容，创编剧本？"这样一个核心驱动问题，基本涵盖以上核心知识。学生在活动中获得学习和实践机会。教师计划通过项目式学习，帮助学生体验完整的学习过程，在项目活动过程中获得知识性的方法和实践性的经验成果，以期学生在活动中学习方法，在交流中形成思考，在实践中深化理解。

四、学习项目

基于学习目标，围绕核心知识和驱动问题，教师将"《西游记》剧本创编"作为学习项目，要求学生精读《西游记》推荐章回，选择其中的一个故事片段展开小组合作，分析故事情节，撰写人物小传，加入个性思考，最终创编剧本，并在班级内进行宣讲。本项目与七年级学生的学习和生活经验相契合，学生在过往学习中，有能力进行故事情节的概括梳理，基本了解小说中人物的分析方法。绝大部分学生有过《西游记》影视作品的观看体验，并对它们与原著的异同对比具有浓厚的探究兴趣。

要完成学习项目，学生需要统整识字与写字、阅读与鉴赏、表达与交流、梳理与探究等语文实践活动，同时在整本书阅读部分进行深入的学习交流和合作探究。对于《西游记》这样的"大部头"古典名著，要了解多种阅读策略，根据名著的特点和项目要求，确定阅读目的和方法。学习概括梳理小说主线故事，能用思维导图或表格的形式呈现人物关系及情节模式，了解整体与局部、局部与局部之间的关系。精读经典章回，能透过小说人物的动作和语言感悟其内在心理变化，完成人物小传。在剧本创编的语文实践活动中，建立小组读书共同体，了解剧本的基本要素，发掘、鉴赏原著和剧本的异同，并融入个性化解读，创编剧本。

同一活动下多项学习任务相互关联，逐步递进，带领学生开启一段中国古典名著的阅读之旅。具体活动如图 3-7-2 所示。

图 3-7-2　"《西游记》剧本创编"项目结构图

…活动一：走进"西游"世界…

这是整本书阅读学习项目的起始活动。《西游记》这样一本"大部头"中国古典名著，对于七年级的学生来说有一定的阅读难度。如果仅仅让学生发挥主观能动性，按章节自主阅读，恐怕会让一大批学生"知难而退""囫囵吞枣"。由此，在学习活动的开始，我们要帮助学生打消心理顾虑，在阅读方法上给予学生指导。通过绘制人物信息表和关系图，帮助学生厘清基本信息，降低阅读难度。通过制作"阅读地图"等形式，帮助学生了解精读与跳读的具体安排，合理计划阅读流程，一起开启阅读"西游"之旅。

…活动二：讲述"西游"故事…

"大部头"小说的阅读，首先，可以通过浏览章回名目，回顾故事情节，完成故事演进卡片，帮助学生高屋建瓴地提挈小说的故事主线，整体把握人物历程。其次，可以通过经典故事情节，帮助学生归纳出故事情节的相同模式，形成情节发展模式图。最后，在相似的情节模式中，探寻故事细节的巧妙设计和人物性格的个性化呈现，发掘古典小说"反复叙事"的艺术魅力。

…活动三：话说"西游"人物…

《西游记》善于塑造人物形象。无论是唐僧师徒四人，还是各路妖魔鬼怪、天兵天将，都呈现出了各自鲜明的性格特征，栩栩如生，让人印象深刻。在精读重点情节时，抓住人物的个性表现，梳理人物的精神成长脉络，都是学生深度把握人物形象的重要方法。撰写人物小传，可以很好地帮助我们用概括性和发展性的眼光看待小说人物，把人物放到具体的情节发展中，梳理人物的成长经历和性情变化，探寻人物内在的心理，从而让小说人物真正进入读者心中，并为后期完成《西游记》剧本创编做基础性准备。

…活动四：创编"西游"剧本…

学生对《西游记》改编的电影、电视剧、动画片作品非常熟悉，并且非常乐于探究剧本与小说之间的异同之处。在兴趣驱动下，教师引导学生发掘中国中央电视台1986版《西游记》电视剧的剧本与原著的异同，初步了解剧本知识，并梳理剧本要素清单，为后期的个性化创编做进一步准备。学生以小组为单位，共同选定并精读某个章回的一个片段，探讨人物形象，提出疑问，联系前后剧情及个性化解读，创编剧本片段，进行班级集体宣讲。

本项目的几个活动层层递进，互相关联，在"梳理—归纳—思考—探究—创作"的过程中，学生学习精读、跳读的整本书阅读方法，梳理、把握故事情节和人物形象，思考、探究小说与剧本的异同，最终创编个性化的剧本片段。

五、学习过程

核心驱动问题	分解驱动问题	阶段成果	项目成果（产品）
如何理解名著内容，创编剧本？	①如何梳理小说人物关系？ ②如何把握小说情节结构？ ③如何分析小说人物形象？ ④如何根据名著内容创编剧本？	①人物信息表、人物关系图 ②"遇险"情节模式图 ③人物小传 ④剧本要素清单、"西游"剧本	《西游记》剧本宣讲会

⋯活动一：走进"西游"世界⋯

从何处开启《西游记》这部中国古典名著的阅读之旅呢？不如就从最基本的阅读策略学起吧！让我们一起记录阅读地图，分享阅读体会，和小说中那些有趣的人物打个招呼吧！

（一）指导阅读策略

《西游记》这本名著虽然看起来有点厚，但当你真正沉浸其中时，一定会不停发出惊叹声：哇！《西游记》原来有这么丰富的内容！孙猴子并不是从一开始就是盖世英雄的，有些妖怪含情脉脉、十分温柔。书中有目不暇接的有趣的俗语，美妙的诗词。若你再细心点，就能了解到唐朝有什么常见的食物，服饰有什么特点，住店有什么讲究，还能学到丰富的知识，如亭台楼阁都有哪些种类、不同的地理纬度有什么标志性植物，这些都藏在这本书的字里行间。等你合上这本书认真回味时，也许会更加明白"九九八十一难"以及取得真经的意味。想想看，用最大的耐心阅读这样一本厚书，何尝不是一段"取经"之旅呢？

那么，在阅读的过程中，下面这些阅读策略就需要你特别关注、认真学习、灵活运用。

1. 控制阅读时间

课程标准对于中学生阅读现代文的速度的要求是每分钟不少于 500 字。在阅读《西游记》时，同样需要控制阅读时间，熟练运用略读和浏览的方法，有一定的速度。

2. 读书必须有痕

读书有痕，指的是在读书的时候你一定要握着一支笔，遇到有感触的地方时批画几笔。比如，好句子画波浪线，好词画圈圈，旁批写在书左右两侧，疑问写在书眉位置或者贴一张便签……这些都是教师的建议，你只要自己心中有一套大致的标准，能自己看懂就可以了。一定要注意，总的原则是不能拖慢阅读的基本速度。

3. 精读与跳读相结合

我们读一本书，根据兴趣或读书目的不同，可以采取精读或跳读的方法。精读指向细腻的感受、透彻的理解和广泛的联想；跳读则是主动地舍弃、有意地忽略，以求更高的效率。这两种阅读方法在同一过程中可以交替使用。读《西游记》这样的小说，就适合精读与跳读并用。

在阅读一些长篇名著时，精读和跳读可以结合使用。它们有一个共同目的，就是要抓住一部作品的重要内容、精彩片段，加以解读欣赏，而忽略那些无关紧要或并不精彩的内容，从而提高阅读的效率。

精读要点如图 3-7-3 所示。

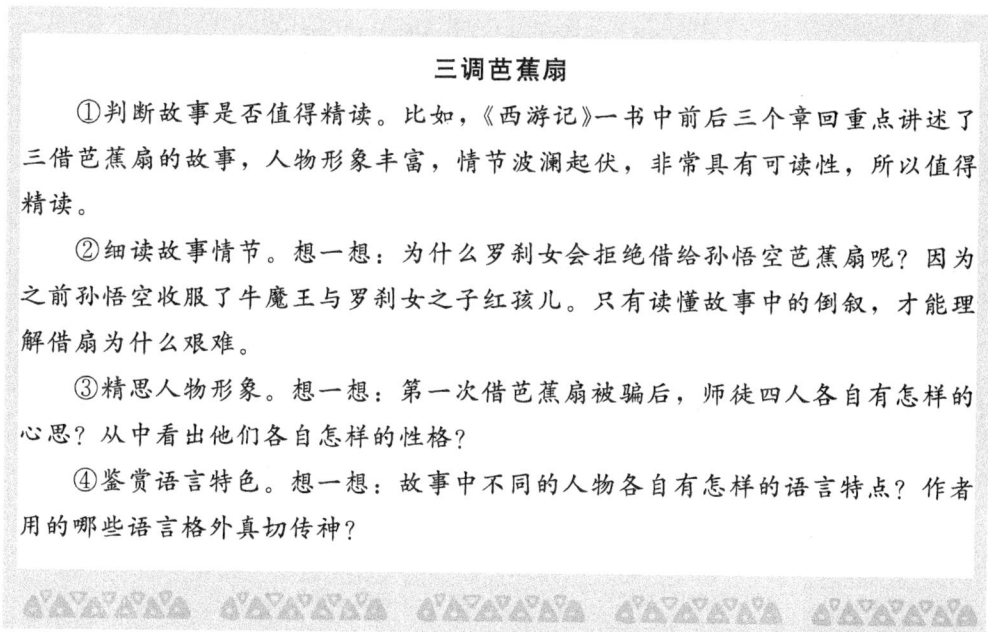

三调芭蕉扇

　　①判断故事是否值得精读。比如,《西游记》一书中前后三个章回重点讲述了三借芭蕉扇的故事,人物形象丰富,情节波澜起伏,非常具有可读性,所以值得精读。

　　②细读故事情节。想一想:为什么罗刹女会拒绝借给孙悟空芭蕉扇呢?因为之前孙悟空收服了牛魔王与罗刹女之子红孩儿。只有读懂故事中的倒叙,才能理解借扇为什么艰难。

　　③精思人物形象。想一想:第一次借芭蕉扇被骗后,师徒四人各自有怎样的心思?从中看出他们各自怎样的性格?

　　④鉴赏语言特色。想一想:故事中不同的人物各自有怎样的语言特点?作者用的哪些语言格外真切传神?

图 3-7-3　精读要点

(二)制作阅读地图

　　亲爱的同学们,每阅读完一个故事情节,就如同你随师徒四人一起走过了充满艰难险阻的一程。请你在图 3-7-4 的横线上给每个必读的精彩故事写一个合适的标题吧,然后郑重地在括号内记录下你的阅读时间。有能力的同学可以更多阅读选读部分。

　　初心如磐,笃行致远。让我们一起开启自己的阅读"西行"之旅吧!

(三)定位"西游"世界

　　《西游记》是一部幻想性的神魔小说,里面的地理世界是在依托现实的基础上虚构的。结合开篇背景介绍,我们一起定位"西游"世界,绘制"西游"世界地图。

　　请阅读小说开篇,结合相关情节,了解"西游"的地理世界。

《西游记》阅读地图
——必读及选读情节梳理

1-3回（必读） 出生求学找武器 （　　　）	4-7回（必读） （　　　）	8-12回（选读） 唐僧身世、取经缘由 （　　　）	13回（选读） 双叉岭遇虎 （　　　）
14回（必读） （　　　）	15回（必读） （　　　）	16-17回（必读） 观音院袈裟失窃 （　　　）	18-19回（必读） （　　　）
20-21回（选读） 黄风怪 （　　　）	22回（必读） （　　　）	23回（必读） （　　　）	24-26回（必读） （　　　）
27回（必读） （　　　）	28-31回（必读） （　　　）	32-35回（选读） 金角银角大王 （　　　）	36-39回（选读） 乌鸡国 （　　　）
40-42回（必读） （　　　）	43-46回（选读） （　　　）	47-49回（选读） 陈家庄收鲤鱼精 （　　　）	50-52回（选读） 老君坐骑青牛精 （　　　）
53-55回（必读） （　　　）	56-58回（选读） （　　　）	59-61回（必读） （　　　）	62-63回（选读） 扫塔除怪 （　　　）
64回（选读） 木仙庵三藏谈诗 （　　　）	65-67回（选读） 小雷音寺 （　　　）	68-71回（必读） （　　　）	72-73回（选读） 盘丝洞千只眼 （　　　）
74-77回（必读） （　　　）	78-79回（必读） （　　　）	80-83回（选读） 老鼠精 （　　　）	84-86回（选读） 豹子精 （　　　）
87回（选读） 凤仙郡降甘霖 （　　　）	88-90回（选读） 黄狮精 （　　　）	91-93回（选读） 犀牛怪 （　　　）	94-95回（必读） （　　　）
96-97回（选读） 乡绅还魂 （　　　）	99-100回（必读） （　　　）	阅读"西行"人：＿＿＿＿＿＿	

图 3-7-4 《西游记》阅读地图

（四）绘制人物信息表、关系图

小说的开头，人物层出不穷，有时容易让人感到"晕头转向"，把握不清。这时候，边读边梳理小说人物的基本信息，然后根据表 3-7-1 整理一份人物信息表，或绘制一张人物关系图，将大大有助于我们厘清人物关系，高效阅读。

表 3-7-1 《西游记》1—7 回重要人物梳理（示例）

序号	人物	回目	别称	身份信息
1				
2				
3				
4				
5				
6				
7				
8				
9				
10				
阅读了前七回，你有哪些疑惑不解的问题想和大家讨论交流？请写在下面。				

···活动二：讲述"西游"故事···

（一）划分"西游"主线故事群

读过《西游记》，人们都会说经历"九九八十一难"，唐僧师徒最终才得以取得真经。但实际上，这"九九八十难"的故事并非全然不同。《西游记》中的好几难，不过是一个故事自身的多样变幻。看似众多的"西游"故事，其实背后有它们内在的逻辑结构。让我们在基本了解故事情节的基础上划分主线故事群，填写下面的"西游"故事演进卡片（图 3-7-5），与同学们分享经典故事情节及阅读感悟。

具体章回	主线故事群	经典情节举例	个人阅读感悟
1—12 回	取经之旅前传		
13—26 回			
27—57 回	取经团队磨合		
59—100 回	师徒齐心西行，最终修成正果		

图 3-7-5 "西游"故事演进卡片

(二)归纳"遇险"情节模式

概括梳理故事演进卡片中的经典情节不难发现，在西行途中的磨难很大一部分由"妖怪觊觎唐僧"这个主要原因"承包"。通读"黄风岭遭难""三打白骨精""大战红孩儿""三探无底洞"等情节，归纳"遇险"的主要情节模式，填写下面的"遇险"情节模式图(见图 3-7-6)。

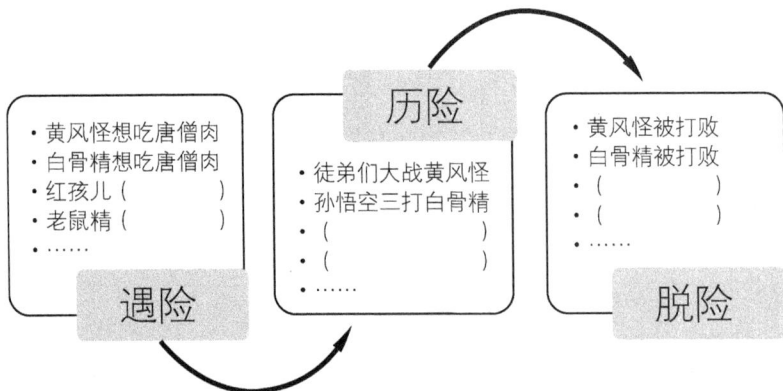

图 3-7-6 "遇险"情节模式图

(三)探究"反复叙事"艺术魅力

"反复叙事"是《西游记》故事的结构密码之一。"遇险—历险—脱险—再遇险"的情节模式像冰糖葫芦一样穿起了小说的基本结构。各个故事之间既有时间关联，又相对独立、错落有致。同时，单个故事内部表现出了"反复叙事"的艺术特色。在相似的情节模式中推敲故事的细节设计，可以发现故事情节在不变中形成变化，在相同中存在不同，让故事一波三折，人物形象立体丰富。

精读第二十七回"尸魔三戏唐三藏，圣僧恨逐美猴王"，分析"三变""三打""三责"的故事情节，进一步感受反复叙事的艺术魅力。请同学们补充"同样是变/打/责，_____却不同"的题目，并进行一段 1 分钟的口头演讲。

⋯活动三：话说"西游"人物⋯

(一)串联前后情节，梳理人物的情感变化

以孙悟空为例，串联前后情节，梳理人物的情感变化。

1. 梳理孙悟空的三次"出走"

根据图 3-7-7，梳理孙悟空三次"出走"的原因、经过、结果。

孙悟空的三次"出走"

	主要章回	主要原因	事件经过	最终结果	我的感悟
第一次					
第二次					
第三次					

图 3-7-7 孙悟空的三次"出走"

2. 感悟孙悟空的情感变化

请试着在空格处补充语气词，并说说理由，感受孙悟空三次"出走"在情感态度上的不同。

①"_____，你既是这等，说我做不得和尚，上不得西天，不必怎般绪聒恶我，我回去便了！"

②"_____，师父错怪了我。这厮分明是个妖魔，他实有心害你，我倒打死他，替你除了害，你却不认得，反信了那呆子谗言冷语，屡次逐我。"

③"_____，师父，恕弟子这遭！向后再不敢行凶，_____受师父教诲，千万还得我保你西天去也。"

孙悟空由原先的急躁冲动到后来的冷静沉稳，这是体现了历经磨难后的坚韧。

（二）学写人物小传

撰写人物小传，可以很好地帮助我们用概括性和发展性的眼光看待小说人物，把人物放到具体的情节发展中，感受人物的成长变化和内在的心理活动，从而让小说人物真正进入读者心中。请根据自己选定的人物及重点章节内容，筛选信息，完成"西游"人物小传清单（见图 3-7-8），并在此基础上撰写人物小传（见图 3-7-9）。完成后可参加星级作业评选（见图 3-7-10）。

"西游"人物小传清单

人物姓名				
出生背景				
成长经历				
主要技能				
兴趣爱好		性格弱点		
与取经团队的相处经历	前期：	呈现出的个性特征	前期：
	中期：		中期：
	后期：		后期：
处事底线				
……				

图 3-7-8 "西游"人物小传清单

"六耳猕猴"人物卡片

名字：六耳猕猴

别名：久炼千灵缩地精

样貌：模样与大圣无异。也是黄发金箍，金睛火眼；身穿也是锦布直裰，腰系虎皮裙；手中也拿一条儿金箍铁棒；足下也踏一双麂皮靴；也是这等毛脸雷公嘴，朔腮别土星，查耳额颅阔，獠牙向外生。（出自《西游记》第五十八回）

性格：六耳猕猴并没有真正经历磨难去取经的心愿。反之，它只是想要获得通关文牒，然后直接冒充孙悟空取经，还十分大胆地假借孙悟空的名义去伤害唐僧。自私自利、狂妄自大是我从这个假冒的妖怪身上所看到的。可同时，不得不承认，它的"武力值"还是很高的，不然，它哪里来的勇气与自信去冒充孙悟空取经，又去打晕唐僧呢？观音菩萨等众仙都无法识破它的诡计。若连如来佛祖也无法识破的话，那这件事恐怕就如同一个再也解不开的谜一样了。

图 3-7-9 "六耳猕猴"人物小传

星级	★★★★★	★★★★	★★★
具体要求	①能根据《西游记》重要章节，完整概述人物的主要背景和经历。②能选取典型事例，表现人物的思想性格特征。语言不是简单履历式的罗列，适当穿插抒情和议论。③能采用客观叙事的方式，准确表现出人物的成长变化，全面、准确、生动。	①能根据《西游记》的重要章节，基本概述人物的主要背景和经历。②基本能选取典型事例，表现人物的重要思想特征，基本做到语言叙事流畅。③基本能采用客观叙事的方式，较为准确地表现出人物的成长变化。	①能根据《西游记》重要章节，概述人物的部分背景和经历。②能选取部分事例，表现人物的部分思想特征，语言基本清晰。③能以第三人称形式叙事，表现出人物的成长变化。

图 3-7-10　人物小传星级作业评选卡

···活动四：创编"西游"剧本···

(一)完成剧本要素清单

1. 对比异同，完成清单

教师提供中国中央电视台版 1986 年《西游记》电视剧的剧本，引导学生阅读并与原著进行比较，小组交流分析异同之处，如相较于原著，剧本保留了什么、删去了什么、增补了什么，并进一步根据剧本内容，梳理出剧本的要素清单(见表 3-7-2)。

表 3-7-2　剧本要素清单

剧集名称	
舞台说明	
环境场景	
出场人物	
人物语言	
主要情节	

注：舞台说明包括时间、地点、服装、道具、布景等。人物语言包括对话、独白、旁白等。

2. 提出疑问，合理创编

在对剧本形成初步感知的基础上，请学生进一步思考所阅读的剧本是否还有再创作、个性化解读的空间？比如，其中的地名有何寓意？对寓意的个性化理解是否可以融入剧本？在深入讨论后，合作创编"西游"剧本。

（二）合作创编"西游"剧本

请以小组为单位，共同选定并精读某个章回的一个片段，探讨人物形象，提出问题。联系前后剧情，并融入个性化解读，创编剧本片段，以形象的场景画面、丰富的人物对话、明确的动作神情描写来体现出小组的思考，可用内心独白的形式，增添人物心理活动。

"西游"剧本创编细则如图 3-7-11 所示。

"西游"剧本创编细则

1. 为保证小组中每个成员在活动中都有投入和收获，各小组应制定人员分工，可参考以下示例。

（1）解读者：1 人。负责完成片段剧情介绍和本组创编解读。（改了什么、为什么改、改动中的问题和思考等，400 字左右）

（2）创编者：1 人。负责完成本片段剧本创编。（500～800 字）

（3）演绎者：2～3 人。负责进行人物行动及心理的具体分析解读，完成人物小传，并进行剧本人物朗诵练习，可设置旁白。（400 字左右）

（4）辅助者：1 人。负责完成环境、服装等内容解说（100 字左右），制作朗诵会海报和 PPT，可配音效。

2. 剧本片段创编一般格式。

（1）开头列出片段名称、时间、地点、人物等。

（2）以形象的画面呈现故事的环境背景或人物的主要行动。

（3）在对话中穿插明确而具体的人物动作和神情。

（4）可以具体画面为结尾。

3. 片段创编文本示例。（略）

图 3-7-11 "西游"剧本创编细则

(三)《西游记》剧本宣讲会

以小组为单位，进行《西游记》剧本宣讲会。首先，由全组共同朗读，演绎创编剧本(见图 3-7-12)。其次，分别由解读者和演绎者展示创编解读和人物小传分享。最后，全班学生共同打分，根据图 3-7-13 评选出"西游"创编最佳创意小组、最佳展示小组、最佳编剧、最佳演员等奖项。

旁批解读	文本创编
这部分大量使用原文，在保证贴近原著效果的同时简洁鲜活，完美体现了原著中语言描写的细致生动。删去八戒化斋部分，只保留能推动故事情节发展的部分，冲击力更强、直指中心。 思考问题：为什么要设计一个假悟空而不是假八戒、假沙僧？ 解答：因为六耳猕猴象征悟空的二心，只有打死假悟空，打消二心，悟空才能一心一意去取经。	三藏渴之太甚，怆惶之际（脑袋低垂，双目无神，咳嗽），忽听得一声响亮（眼前一亮），欠身看去，行者（假）跪于路旁，手捧瓷杯（真诚）："师父，没有老孙，你连水也不够哩。这一杯好凉水，你且吃口水解渴，待我再去化斋。" 三藏道（面色严肃，带有怒气）："我不吃你的水！立地渴死，我当认命。不要你了，你去罢！（摆手转身）"行者道（怒、傲）："无我（大拇指指自己），你去不得西天也。" 三藏道（手指假悟空，怒骂）："去得去不得，不干你事。泼猢狲，只管来缠我做甚！" 行者怒嗔（抢棒，砸唐僧）："我一心一意同你去西天取经，你这个狠心的泼秃，十分贱我。" 嗔罢，一棒将三藏打晕在地。抢了包袱，不知去向。

图 3-7-12 "六耳猕猴"剧本创编

星级	★★★★★	★★★★	★★★
具体要求	①小组通过合作阅读，能精选出有较大创编空间的片段。 ②小组成员对选定片段进行深度阅读、分析、交流并查找资料。 ③能够通过合理想象、联想的方法，并用自己的语言进行片段解读、人物分析、剧本创编。 ④增加表演情绪的设计。	①小组通过合作阅读，选定创编的片段。 ②小组成员对选定片段进行精读、批注。 ③在符合原文大背景的情况下，能够用自己的语言对片段进行改编。 ④有表演的可行性。	①小组通过合作阅读，选定创编的片段。 ②小组成员对选定片段进行交流阅读。 ③能够对原文进行合理删减和增加。 ④有分角色朗读的可行性。

图 3-7-13 《西游记》剧本创编星级宣讲评选卡

以下为学生创编的剧本及解读案例。

新编《孙悟空三打白骨精》剧本

(环境描写)一天，唐僧师徒四人来到白虎岭，只见山势险峻，峰岩重叠。道路旁满是荆棘，山岭上松楠秀丽，芳草连天。日影落在沧海的北边。云雾散开，太阳的光芒透过云层。走了一天的路，唐僧感到饥饿。

唐僧："悟空，为师有些饿，你去化缘吧。"

(旁白)悟空跳上云端，四处观看，见南山有熟透的山桃，便要摘些来给师父充饥。

(旁白)在白虎岭内，住着一个尸魔白骨精，非常想吃唐僧肉。悟空刚走，唐僧就被白骨精发现了，它不胜欢喜。

白骨精："造化！造化！都说吃了唐僧肉可以长生不老。机会来了！"

(旁白)它正要上前，见唐僧身边有猪八戒和沙僧保护，就摇身变作貌美的村姑，拎了一罐斋饭，径直走到唐僧面前，说是特地来请他们用斋的。唐僧一再推辞。八戒嘴馋，夺过罐子就要动口。正在这时，悟空从南山摘桃回来，睁开火眼金睛一看，认出村姑是个妖精，举起金箍棒当头就打。唐僧连忙扯住悟空。

悟空："它是个妖精，是来骗你的。"

(旁白)说着，悟空就朝妖精劈头一棒。妖精扔下一具村姑的尸首，化作一缕青烟逃走了。

唐僧："悟空，你滥杀无辜，无端伤害了一条性命。"

(旁白)悟空不理唐僧，打开罐子，从里面跳出来几只青蛙、癞蛤蟆，根本没有什么斋饭。唐僧这才有些相信那村姑是妖怪变的。师徒们吃了桃子继续赶路。这时，山坡上闪出一个看起来年近八旬的老妇人，手挂着弯头竹杖，一步一声地哭着走来。悟空用火眼金睛一看，又是那妖精变的，他不说话，当头就是一棒。白骨精见棍棒落下，又用法术脱了身，丢了具老妇人的尸首在路上。唐僧一见，惊得从马上摔下来，坐在地上，不由分说，开始念紧箍咒。

唐僧：……

(旁白)唐僧一口气念了二十遍紧箍咒。悟空头痛难忍，连忙哀告。

悟空："师父，求求你，别念了，别念了。"

唐僧："你为何不听劝说，把人打死一个又一个？"

悟空："它是妖精！"

唐僧："胡说！哪有那么多妖精！你无心向善，有意作恶，你去吧！"

悟空："师父若真不要我，就请退下我头上的金箍儿！"

唐僧："我只有紧箍咒，却没有什么松箍咒！"

悟空："若无松箍咒，你还是带我走吧。"

唐僧（做无奈状）："我再饶你这一次，但不可再行凶了。"

（旁白）悟空忙点头答应，扶着唐僧上了马，继续前行。白骨精不甘心就这样让唐僧走了，又变成一个白发老公公，假装来找他的妻子和女儿。悟空把金箍棒藏在身边，走上前迎着妖精。

悟空："你瞒得了别人，瞒不过俺！俺认得你这个妖精。"

（旁白）悟空抽出金箍棒，立刻动手，白骨精丢了具老公公的尸首在路上。悟空一个筋斗云，和白骨精在空中激战起来。

悟空："你第一次变成村姑骗我师父，第二次变成老妇人又骗我师父，这次变成老公公还想加害我师父，我绝不能让你的阴谋得逞，我要替天行道，为民除害！"

白骨精（冷笑）："哈哈哈哈哈，都说吃了唐僧肉长生不老，要怪只怪你师父肉眼凡胎，看不出我是妖精，今天我一定要把你师父吃掉。"

（旁白）唐僧此时不明事理，接着念紧箍咒，但悟空忍着剧烈头痛，仍然坚持与白骨精打斗。二人打得难解难分，最终悟空抡起金箍棒，一棒打死了白骨精，白骨精化作一堆骸骨，脊梁骨上有一行字，写着"白骨夫人"。八戒、沙僧跑过来，哈哈大笑，指给唐僧看，说大师兄确实打死了妖精。这时，空中飘来一张字符，上面写了句话："恶徒不除，难取真经！"唐僧拿到字符后，赶走悟空的心意愈发笃定。

唐僧："八戒、沙僧，拿笔墨来。"

（旁白）唐僧拿起纸笔，写了一封贬书，与悟空断绝了师徒关系。悟空把贬书撕得粉碎，眼含热泪，向唐僧磕了三个头，脚踩筋斗云，回花果山去了。

新编《孙悟空三打白骨精》剧本解读

第一，弱化了八戒、唐僧和白骨精之间的对话。原著有大段三者之间的对话，减少这些，着重描写孙悟空的机智勇敢、坚持正义、敢作敢为、身手不凡，虽然被冤枉，但仍坚持除恶。第二，减少了唐僧念紧箍咒的次数。这突出了唐僧心地善良，他珍惜师徒之情，但又怕悟空滥杀无辜，所以在二打白骨精后，才开始念紧箍咒。第三，删去了八戒挑拨离间的内容。八戒虽憨厚可爱，但贪财好色，爱耍小聪明。减少挑拨离间内容是为了突出师兄弟间的感情和师父与徒弟们的感情。第四，虚构出小妖怪提前写好字符的情节。"恶徒不除，难取真经！"字符，坚定了唐僧赶走悟空的决心，为故事情节增添了戏剧性和曲折性。

《真假美猴王》剧本解读

前情提要：

悟空杀死了三个歹徒，唐僧以杀生为由将他赶走。六耳猕猴趁着这个时机，变成了悟空的样子……

旁批1：这里把前面悟空找菩萨的片段删去，避免了不必要的流水账，以及与主干内容相关性不强的部分，直接进入主题，简洁明了。

旁批2：这部分使用原文，贴近原著效果的同时简洁、鲜活，完美体现了原著中语言描写的细致生动。删去八戒化斋部分，只保留主干情节，使冲击力更强。

旁批3：这里多处运用动作描写，突出了两人不同的心理活动——八戒希望散伙，而沙僧表示出了极大的不舍，为后文发现唐僧没死时的反应做合理铺垫。

旁批4：以"扶师父上马"为结尾，不仅可以为后文做铺垫，还可以作为悬念来吸引读者阅读。

旁批5：保留了大部分对话情节，使剧本鲜活有趣、引人入胜。另外，尽可能贴合原著，添加了更多动作描写，使表演时角色的特点更加鲜明，观众的代入感强。

六、课例评析

整本书涉及的人物、事件通常比较复杂，根据教学目标设计的项目式学习大多包含长时间的学习历程，教学设计的难点在于将项目式学习的进程拆分为连贯的学习活动。剧本创作需要遵循基本的创作规律，按照剧本创作的基本过程拆分学习活动是合理的路径选择。本次项目式学习的设计者在学生大致了解《西游记》情节的基础上，借助学习活动帮助学生在完成任务的过程中用多种方法多次阅读《西游记》，学生在"做中读"，在"读中做"，阅读和实践形成了良好的互动关系。人物、故事和对话是剧本的基本要素，人物小传帮助学生在整体梳理人物形象的过程中形成相对完整的认识。学生选择最能体现人物特点的情节作为剧本的核心冲突，围绕核心冲突，遵循剧本创作的基本规律边阅读边创作。项目式学习是学生通读、研读名著的学习过程，而不是学生阅读名著后的"作业设计"，这样的设计思路符合项目式学习的要求，体现了项目式学习和整本书阅读要求的整合。教师引领学生把握《西游记》的框架，重构情节，研读人物，把握《西游记》的文学价值与思想价值，实现了对学习内容的深度加工。需要说明的是，剧本创编是"变式阅读"的载体，学生在小说和剧本的对照中，能够准确地理解小说的语言特点，感受不同文体样式的区别。

课例八　筹办活版工艺校园推介会

——七年级(下)第六单元《活板》①微项目学习教学方案

一、项目信息

项目名称	筹办活版工艺校园推介会
核心驱动问题	如何进一步了解和传承活版工艺？
学习时长	两周
项目成果	活版工艺校园推介会
实践学校	北京市第四中学
指导教师	陈星

二、学习目标

统编版语文教材七年级(下)第六单元的课文《活板》选自北宋科学家沈括的笔记体裁著作《梦溪笔谈》。这是一篇科学类说明性文言文，也是关于毕昇发明活字印刷的最早记录，详细记载了活版制作和印刷的过程，充分展现了我国古代的科技成就以及劳动人民的智慧与才干。在本次项目式学习中，学生不仅要学习《活板》这篇课文，还将围绕活字印刷术了解其他相关的诗歌、文言文、新闻报道等，全面、深入地了解传统活版工艺。根据教材选文特点，参照《义务教育语文课程标准(2022 年版)》中实用性阅读与交流任务群下的第四学段的学习内容，教师将本次项目式学习的主题定为"探寻活版工艺，传承中华文化"。一方面围绕活字印刷的故事，开展阅读与探究活动；另一方面通过校园推介会，集中呈现表达与交流的成果。两者共同指向文化自信、语言运用、思维能力和审美创造的核心素养目标。

依据语文课程标准和教材课文《活板》的特点，围绕本次项目式学习的主题，教师制定了以下具体的学习目标。

①通过梳理和探究活版工艺的相关资料，掌握活字印刷术的方法和流程，并用自己的话进行解说和演示。

②通过鉴赏和比较印刷术的源流，体会活版工艺的地位和价值，感受我国古代劳动人民的高超智慧，并用多种方式进行推广与宣传。

---

① 　活板，用活字排成的印刷版。板，同"版"。

三、学情调研

为了了解学生对本次项目式学习的准备情况，摸清学生现有的水平，确定学生的能力起点，在开启项目式学习之前，教师对学生进行了问卷和访谈调研，调研内容如下(见图3-8-1)。

亲爱的同学们：

欢迎来到活版工艺校园推介会的筹备现场！在接下来的两周时间里，我们将开启"筹办活版工艺校园推介会"项目式学习活动，在丰富多彩的语文活动中了解和推广我国古代科技。为了较好地开展这场校园推介会，现诚邀你参与一个有趣的调研，希望你能认真思考，如实作答，积极献计献策。

一、调查问卷

1. 你知道"活板"是什么吗？

　A. 知道，它是＿＿＿＿＿＿(若选A，请填写)　　　B. 不知道

2. 中国古代四大发明都有哪些？(多选)

　A. 指南针　　B. 水车　　C. 造纸术　　D. 算盘　　E. 水运仪象台

　F. 火药　　G. 印刷术　　H. 冰鉴　　I. 冶金术　　J. 火锅

　K. 孔明灯　　L. 地动仪

3. 你是否读过其他与"活板"相关的文字材料(包括故事、新闻、诗歌、说明介绍等)？

　A. 完全没读过　　　　　　B. 偶尔读过，有印象

　C. 有时读到，粗略了解　　D. 经常读到，很熟悉

4. 你是通过哪些途径了解到"活板"的？(可多选)

　A. 课文　　　B. 课外书籍　　C. 身边人的介绍

　D. 微信、微博等新媒体　　　E. 博物馆、展览馆、文化体验馆等

　F. 其他＿＿＿＿＿＿

5. 结合《活板》的内容，你觉得自己擅长用哪种方式介绍和推广活版工艺？

　A. 画流程图　　B. 写推荐语　　C. 制作视频　　D. 绘制海报

　E. 设计图册　　F. 现场演说

二、访谈题目

1. 你能大概说说"活板"制作的流程吗？

2. 你觉得"活板"为什么叫"活板"？

3. 你读完《活板》之后，有哪些收获？又有哪些疑惑？

4. 为了推广和传承活版工艺，你觉得可以采取哪些行之有效的措施？

图3-8-1　"筹办活版工艺校园推介会"项目式学习学情调研

调查发现，多数学生对我国古代四大发明有所了解，但对每项发明的原理和方法知之甚少。通过初读《活板》，学生能大体了解文章的基本内容，但由于缺乏实际操作经验，故对"以松脂、蜡和纸灰之类冒之""以一铁范置铁板上"等工艺细节的理解存在偏差，对"活板"之"活"的认识比较单一。大部分学生只能简单对照书下注释机械地翻译课文，而小部分学生能用自己的话完整解说活版工艺的具体流程和具体方法。除了毕昇发明的胶泥活字印刷术，学生对木活字、铜活字、铅活字等印刷技术的了解有限，加之文言文在理解上本就存在一定难度，学生难以在众多枯燥的文字中发掘活版工艺的优越性。在充分了解的基础上，该如何正确地评价和有效地推广活版工艺，是学生遇到的一个难题。

根据学情调研，学生在筹办活版工艺校园推介会的过程中需要的核心知识包括梳理"活板"制作的流程和活字印刷的方法，围绕活版工艺的优点进行口头评述或文字品鉴，再利用多种媒介形式直观呈现和推广活版工艺的价值。教师将驱动问题定为"如何进一步了解和传承活版工艺?"，计划通过该项目，让学生能深入了解活版工艺的操作原理，熟悉活字印刷术的前世今生，在语言材料的梳理、探究和运用中加深对中华传统工艺的体认，增强文化自信，同时为活版工艺的传承与推广尽一份力。项目式学习过程中，教师以教材选文《活板》为基础，同时链接课内外学习资源，围绕活字印刷术提供丰富的历史材料和文艺作品，开拓学生的视野，一方面训练学生提取信息、归纳概括、形成结论和实际运用的能力，另一方面加强文学鉴赏与写作的训练，提升学生的审美创造水平。

学情调研显示，不少学生对绘画、视频、海报、手工等宣传方式有浓厚的兴趣，围绕活字印刷术开展此类学习活动具备很强的现实基础。最终，活版工艺校园推介会将集中展现学生在演讲、写作、创意设计等方面的作品成果，进一步落实语文核心素养的课程育人要求。

四、学习项目

基于学习目标，围绕核心知识和驱动问题，教师将"筹办活版工艺校园推介会"作为学习项目，要求学生根据《活板》这篇课文及相关课外资源，绘制活字印刷科普图鉴，设计活版工艺推荐卡，制作活版工艺宣传单或宣传视频，共同筹办这场活版工艺校园推介会，并在推介会现场向全校师生介绍、解说、推广和宣传活字印刷工艺。

该项目基于统编版语文教材七年级(下)课文《活板》，统筹考虑其科学性、实用性的特征，兼顾其作为中华优秀传统文化的特色，教师精选了课内外古诗文、科学小品文、实用性说明文等文本资源，补充了视频、词典条目等媒介信息，设计了"筹办活版工艺校园推介会"的真实情境及系列学习任务，让学生在阅读与鉴赏、梳理与探究、表达与交流等语文实践活动中切实了解活字印刷术的流程和方法，深入体会中华活版工艺的价值与魅力，真切感受我国古代劳动人民的智慧与才干，在项目式学习中进一步增强文化自信。

　　要完成项目式学习，学生需要借助课文注释和工具书，了解《活板》及相关古诗文的内涵，梳理文本的关键信息，品味语言的内涵和妙味。同时，还需要掌握绘制工艺科普图鉴、编写产品说明书、制作宣传视频等跨媒介交流的基本方法并实际运用。为此，教师根据完成项目式学习的真实过程进行了活动环节的分解，设计了结构化的活动链。同一活动下的多项学习任务相互关联、逐步递进，带领学生开启一段真实的活版工艺体验之旅。具体活动设计如图 3-8-2 所示。

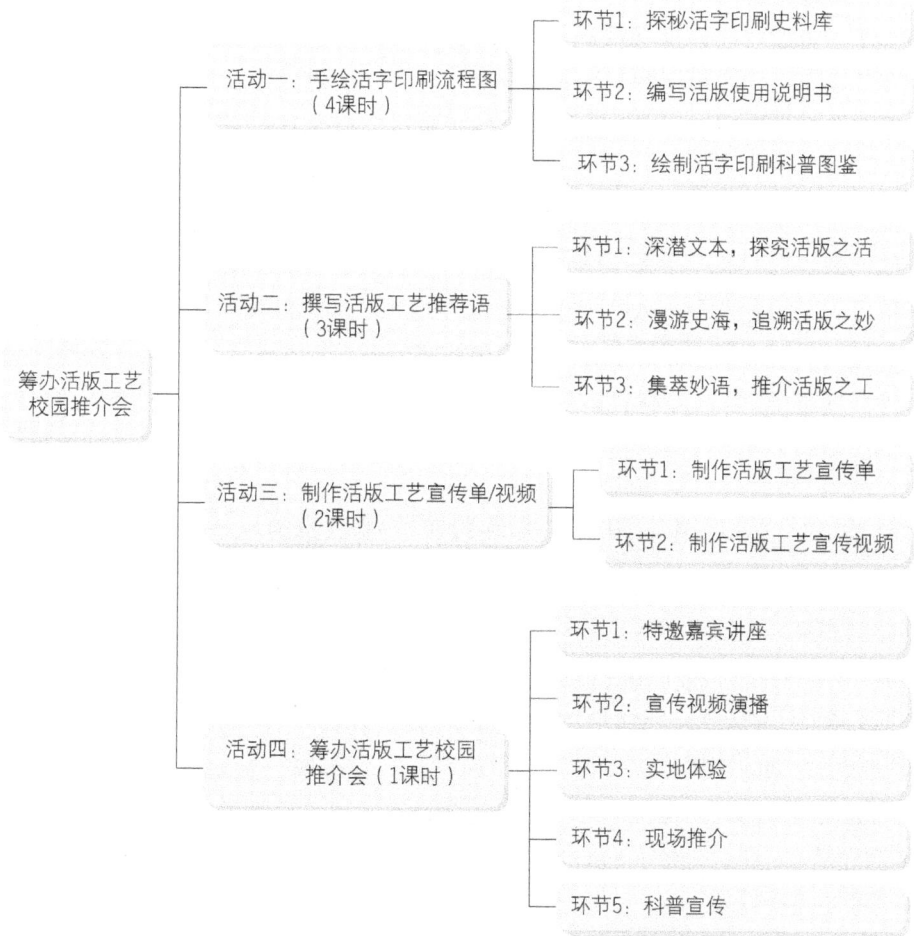

图 3-8-2　"筹办活版工艺校园推介会"项目结构图

···活动一：手绘活字印刷流程图···

这是项目式学习的第一站，教师需要创设学习情境，明确学习任务。在"筹办活版工艺校园推介会"的任务情境下，学生需要充分把握有关活字印刷术最早、最详尽的珍贵史料(选自《梦溪笔谈》卷十八的课文《活板》)。通过熟读、梳理和精析，学生掌握了胶泥活版制作的流程。同时，教师补充了关于活字印刷的课外资料，让学生形成对活字印刷术的一般步骤和基本方法的认识，最终绘制活字印刷科普图鉴。该活动以任务驱动学生对文本的理解，为整个项目的推进厘清思路，奠定思维基础。

···活动二：撰写活版工艺推荐语···

该活动着眼于活版工艺的"活"。在学习期间，学生将形成对"活"的多元理解，拓宽思路，各抒己见，发现活版工艺的优点、地位和价值。为调动学生的认知能力、写作能力、动手操作能力，活动以设计并制作活版工艺推荐卡为成果要求，最大限度地激发学生的学习兴趣，帮助学生突破写作与交流的困难。

···活动三：制作活版工艺宣传单/视频···

如何最大程度推广活版工艺？在信息化背景之下，宣传视频成为不二选择，但在学校这个学习背景下，纸质传播物仍是一种不可或缺的宣传工具。为此，教师引导学生按个人所需和实际能力选择宣传单或宣传视频任意一种方式，在参照已有优秀宣传单或宣传视频的基础上，自己设计和制作。这一活动取得了初步成效，在师生群体中引起了热烈反响。

···活动四：筹办活版工艺校园推介会···

这是本次项目式学习的收官活动。在前期学习活动中，学生已陆续绘制了活字印刷科普图鉴，设计了活版工艺推荐卡，制作了活版工艺宣传单或宣传视频，并在每项活动中进行了优秀作品的评选。这些都为筹办校园推介会提供了重要的基础。按照推介会的一般流程，活版工艺校园推介会的现场既有学生主持、特邀嘉宾开展讲座和师生咨询问答环节，又有活字印刷宣传视频演播、活版工艺坊的实地体验、学生现场推介等活动。每位参加推介会的嘉宾都得到了活版工艺宣传单，并带给身边的亲朋好友。在这一系列活动中，学生逐步增强了自身的综合实践能力，进一步提高了语文核心素养。

本项目的四个活动间相互关联：前三个是课内外文本的阅读、分析与再创作，是基础，也是过程；第四个是学生作品的分享与展示，是拓展，也是成果。在前三个活动中，教师利用许多课时进行创作的指导，过程较为详细，成果丰硕，在此基础上开展第四个活动，自是水到渠成。

五、学习过程

核心驱动问题	分解驱动问题	阶段成果	项目成果（产品）
如何进一步了解和传承活版工艺？	①活版工艺有哪些制作及印刷的流程或方法？ ②活版工艺有怎样的地位和价值？ ③如何向中学生宣传和推广活版工艺？	①活字印刷科普图鉴 ②活版工艺推荐卡 ③活版工艺宣传单/视频	活版工艺校园推介会

···活动一：手绘活字印刷流程图···

北宋庆历年间，毕昇发明了活字印刷术，比雕版印刷更为经济方便。这是我国和世界印刷史上一次伟大的技术革命。如今，人们对活字印刷的认识却十分有限。为此，学校想利用学生学习文言文《活板》的机会，筹办一次活版工艺校园推介会。在此之前，学生需要了解活版制作和印刷的基本情况，绘制活版工艺科普图鉴，为推介会准备宣传资料。

（一）探秘活字印刷史料库

1. 熟读课文，明确《活板》主要内容

（1）大声诵读课文《活板》。在"我的文言词典"（见图 3-8-3）中记录 3～5 个重要或疑难的字词，并借助工具书或书下注释确定字词的音、形、义。

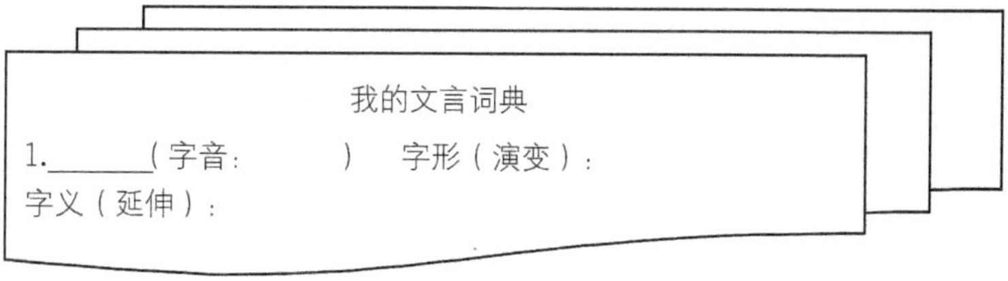

我的文言词典

1._____（字音：　　）　字形（演变）：
字义（延伸）：

图 3-8-3　我的文言词典

（2）小组共读《活板》，共同讨论、解决小组成员遇到的疑难点，每人一句依次翻译文章内容，并做好记录。

（3）概括各段的主要内容，分析各段之间的逻辑关系，并根据提示完善下表（见

表 3-8-1)。

表 3-8-1　活字印刷流程表

从制字到印刷的程序	制字	①(活字原料)胶泥
		②(活字厚度)
		③(与雕版不同之处)
		④(活字如何成型)
	排版	①先设一铁板
		②
		③
		④
		⑤
	印刷	①一板印刷
		②
		③
未详细记录的环节		

2. 梳理史料，完善活字印刷流程

(1)讨论《活板》中未详细记录的环节，设想从排版到印刷成书的详细步骤，并从史料中找到印证。

(2)阅读王祯的《造活字印书法》(世界上最早系统叙述活字印刷的文献)，小组合作归纳活字印刷步骤(见图 3-8-4)。

步骤①(　　　)：_____

步骤②(锯字、修字)：把刻好的木板一个字一个字锯开，其高低大小按照同一规格修理整齐。

步骤③(造轮贮字)：_____

步骤④(　　　)：一人按韵喊号，一人就盘取字，并依次放入带有边栏的平板上。如盘内缺少某字，可临时补刻。

步骤⑤(刷印)：_____

图 3-8-4　活字印刷步骤

(3)根据《活板》和《造活字印书法》，结合从制字到印刷的程序和活字印刷步骤，讨论并确定活字印刷的完整流程。

（二）编写活版使用说明书

1. 阅读说明文，学会编写说明书

(1)阅读说明文《如何编写产品说明书》，提炼说明书编写的基本内容、方法、原则和注意事项，形成个人学习笔记(见图 3-8-5)。

个人学习笔记

问题：如何编写产品说明书？

①基本内容： _____

②常见步骤： _____

③原则及注意事项： _____

图 3-8-5　个人学习笔记

(2)欣赏产品使用说明书目录的典型案例(见图 3-8-6)，归纳优秀的产品使用说明书可能具备哪些共性特点。

PPT 模板使用说明书目录

★使用前

01 | 优秀的模板网站有哪些？
02 | 如何挑选到适合自己的模板？

★使用中

03 | 为什么模板内的元素编辑不了？
04 | 如何快速更改整套模板的颜色？
05 | 如何快速批量添加页码？
06 | 如何保留模板原本的文字效果？
07 | 如何复制模板内的文字效果？
08 | 如何快速替换模板内的图片？
09 | 如何快速替换模板内的字体？
10 | 为什么某些文本上会有红色的下划线？
11 | 如何屏蔽所有的动画？
12 | 如何连续选中/移动多个元素？
13 | 如何快速复制一个元素？
14 | 如何扩展模板的可编辑性？
15 | 如何快速批量设置英文大小写？
16 | 如何增加 PPT 的撤销次数？

★使用后

17 | 如何开启 PPT 的自动保存功能？
18 | 如何在手机上查看完整效果的 PPT？
19 | 如何把字体嵌入进 PPT 中？
20 | 若 PPT 文件太大，怎样快速瘦身呢？

图 3-8-6　说明书目录典型案例

(3)成立说明书编写小组，明确各小组成员的职责分工，商讨并确定说明书的体例和样式。

2. 把握活字印刷的要点，小组合撰说明书

(1)提炼活字印刷的关键要点，拟定说明书的小标题(见图 3-8-7)。

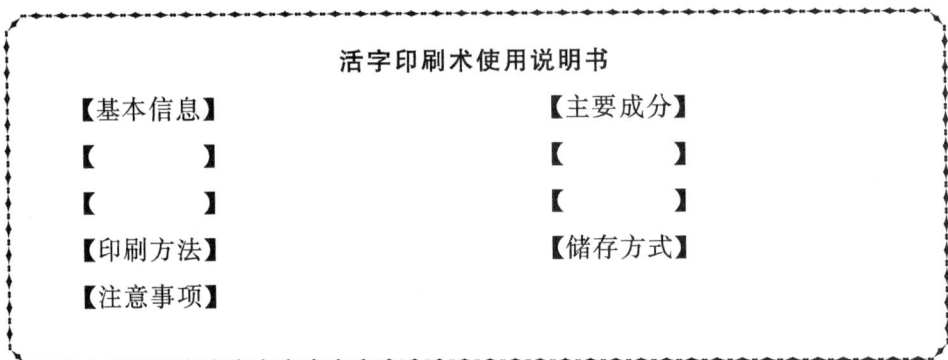

活字印刷术使用说明书

【基本信息】　　　　　　　　　　【主要成分】

【　　　】　　　　　　　　　　【　　　】

【　　　】　　　　　　　　　　【　　　】

【印刷方法】　　　　　　　　　　【储存方式】

【注意事项】

图 3-8-7　活字印刷术说明书

(2)根据拟定的小标题，分条撰写相关说明，注意语言简洁准确、通俗易懂。

(3)印制活字印刷术使用说明书，分发给其他学生用于实际学习和操作，征求各方修改意见，完善使用说明书的内容。

(三)绘制活字印刷科普图鉴

1. 提炼活字印刷关键步骤

(1)整合王祯《造活字印书法》中的印刷步骤，确定毕昇胶泥活字印刷的全过程，并提炼出关键步骤(用 2 个字的词语概括)，画出相应的思维导图或流程图(见图 3-8-8)。

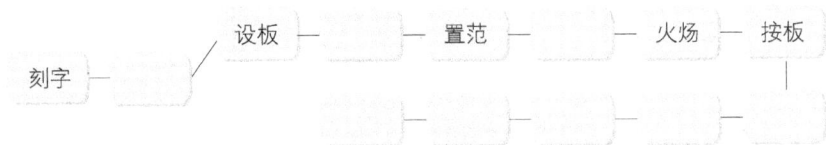

刻字 ─── 设板 ─── 置范 ─── 火炀 ─ 按板

图 3-8-8　胶泥活字印刷步骤

(2)小组讨论各关键步骤的核心要点和注意事项，分清前后两步之间的区别和侧重点。

2. 设计活字印刷科普图鉴

(1)仿照造纸术的相关漫画(见图 3-8-9)，为活字印刷的关键步骤配上插图，图画形式不限，以准确直观为主。

图 3-8-9 造纸步骤漫画

学生手绘插图示例如图 3-8-10 所示。

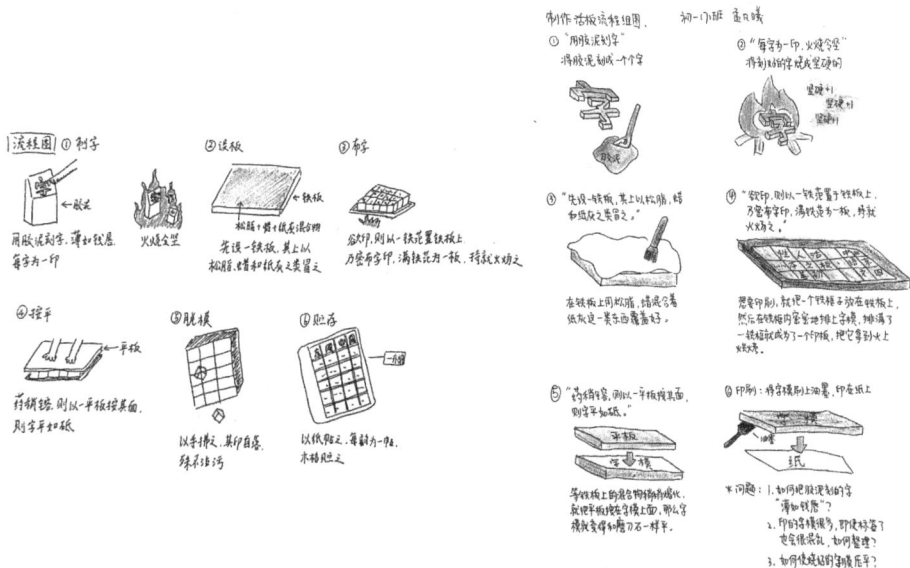

图 3-8-10 学生手绘插图

(2)开展活字印刷科普图鉴评选会：分组展示学生的学习成果，学生之间根据表 3-8-2 相互点评打分，最终选出活字印刷科普图鉴三份，写出入选理由，提交至活版工艺校园推介会筹备组。

表 3-8-2　活字印刷科普图鉴评价表

评价要点	等级		
	A(★★★)	B(★★)	C(★)
科学性	①操作步骤完整，顺序准确，逻辑清晰。②对各操作环节把握准确，重点突出，概括精炼。	①有主要操作步骤，顺序准确，逻辑成立。②对个别环节把握不准确，重点较突出，概括较精炼。	①操作步骤不完整，或顺序颠倒，逻辑混乱。②对各操作环节把握不够准确，重点有偏差，内容缺乏概括性。
艺术性	①绘图形象直观，能清晰表现各环节要点。②图文并茂，色彩丰富，具有感染力。	①绘图比较形象直观，能大体表现出要点。②图文并茂，色彩较单一，感染力不强。	①绘图不够形象直观，许多环节要点模糊。②图文比较简单，色彩单一，缺乏感染力。

···活动二：撰写活版工艺推荐语···

毕昇的活字印刷术程序严谨，考虑周密，极大地提高了印制速度，是一项伟大的创造。它比德国人谷登堡发明的铅合金活字印刷术早约 400 年，影响极其深远。现在，让我们一起把这项中华传统工艺推荐给身边人吧！

(一)深潜文本，探究活版之活

1. 因声求气，读熟读活

(1)诵读挑战赛：在无错音、无错误断句的基础上，快速、清楚地诵读全文，用时最少者获得活版工艺校园推介会入场券一张。

(2)"让课文活起来"表演环节：齐声诵读课文《活板》，之后任意找出最能体现"活"之特点的一句话，谈谈自己的理解；再用自己认为合适的语速、语气、语调、音量、表情、动作等，从多个角度有感情地表现其内容。

(3)根据"让课文活起来"表演脚本(见图 3-8-11)，现场点评表演者的展示效果。若觉得表演很精彩，请分析理由；若觉得表演不够理想，请分析理由并尝试挑战。

```
                  "让课文活起来"表演脚本

    摘录原句("活"之句)：

    理解内容("活"之特点)：

    分析情感("活"之情感)：
```

图 3-8-11　"让课文活起来"表演脚本

2. 品词炼字，解意解"活"

(1)"活"字有丰富的内涵。请根据下面的汉字篆书资料卡(见图 3-8-12)，结合课文《活板》中的具体内容，谈谈对"活"字的理解。

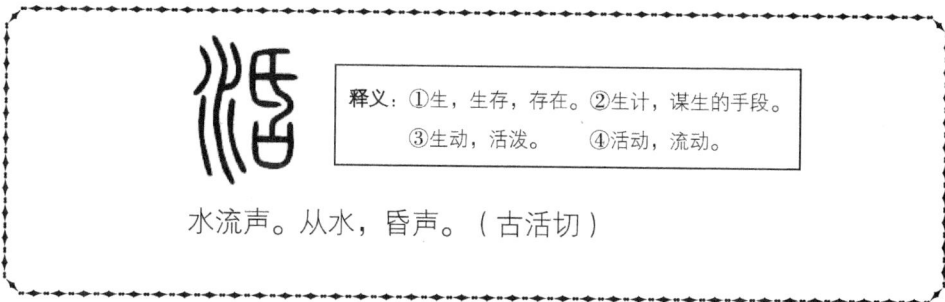

释义：①生，生存，存在。②生计，谋生的手段。③生动，活泼。④活动，流动。

水流声。从水，昏声。（古活切）

图 3-8-12　汉字篆书资料卡

(2)小组讨论：结合课文内容，说说活字印刷术的"活"究竟体现在哪里。请找到原文进行分析，并完善下列框架图(见图 3-8-13)。

原文："每一字皆有数印"	字印活
原文：	____活
原文：	____活
原文：	____活
原文：	____活
原文：	____活
原文：	____活

图 3-8-13　活字印刷术的"活"

(二)漫游史海，追溯活版之妙

1. 我国印刷史，了解活字印刷

(1)收集相关资料，了解我国古代印刷术的发展历史，并用流程图的形式梳理印刷术的演变过程(见图 3-8-14)。

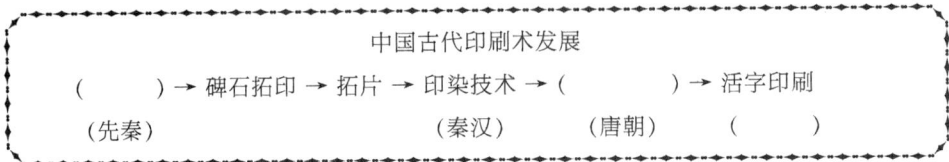

图 3-8-14　中国古代印刷术发展

(2)阅读《中国版刻的发展过程》和《墨香越千年,传承永不绝》两篇文章,比较雕版印刷与活字印刷的异同,整理在表 3-8-3 中。

表 3-8-3　雕版印刷与活字印刷的异同

印刷类型	异同		
	制作方法	印刷效率	……
雕版印刷			
活字印刷			

(3)小小辩论赛:围绕辩题"雕版印刷和活字印刷,哪个更好?",确定正方和反方,并分别围绕各自观点收集辩论的依据及有关材料,最后在课堂进行小型辩论赛。

2. 基于活字发展史,了解胶泥活字

(1)活字五环资料卡:活字印刷种类多样。毕昇的泥活字是活字的开端,之后又发展出了木活字、铜活字、铅活字、锡活字等。全班学生按活字种类分为五组,分别收集五种活字类型的相关资料,制作资料卡(见图 3-8-15)。

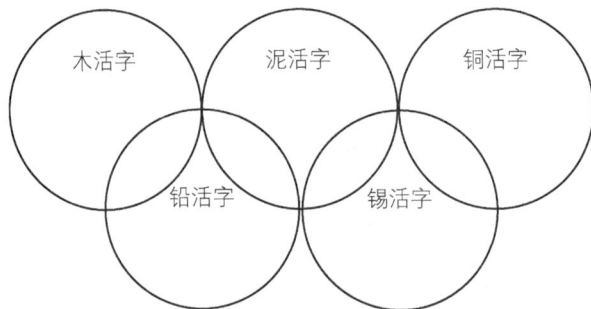

图 3-8-15　活字印刷资料卡

(2)阅读下面的相关资料卡(见图 3-8-16),具体分析活字印刷术的地位和价值。

北宋毕昇发明泥活字印刷术。

威廉·考克斯顿把印刷术引入英国。

德国的古登堡用金属活字印刷术印刷《四十二行圣经》。

德国的美因茨遭到忠于拿骚大主教的军队进攻，印刷工匠逃离这座城市，把他们的技术带到欧洲各地。

英国的斯坦尼普伯爵发明全铁印刷机。

发明家阿罗斯·塞纳菲尔德发明平版印刷术。

德国的柯尼希和鲍尔发明蒸汽动力印刷机，用于印刷泰晤士报。

戴维·布鲁斯在纽约研究成功的机械铸字机获得了美国专利。

根塔拉尔发明立诺自动铸排机。

20世纪70年代，卷筒纸胶印刷术被广泛使用，取代了凸版印刷。

20世纪80年代，在电脑辅助下，发展手动照排印刷，王选主持研发的汉字激光照排系统开始推广应用。

20世纪90年代，随着互联网的广泛使用，数字印刷逐渐发展。

图3-8-16　相关资料卡

（三）集萃妙语，推介活版之工

1. 涵泳诗海，他山之石可攻玉

（1）阅读活字印刷术发明者毕昇和国家文物鉴定专家史树青的诗。尝试借助工具书查询疑难字词的读音和词义，在"我的诗词宝典"中做好记录（见图3-8-17）。此后，每首大声诵读三遍，并在小组内讨论诗的主要内容和情感，每人选择一两个喜欢的词进行赏析。

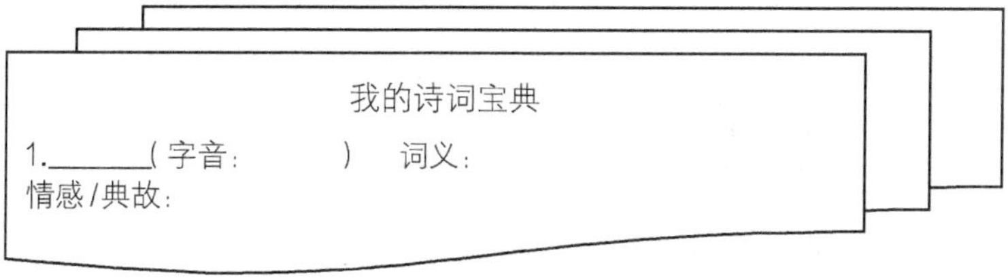

我的诗词宝典

1._____（字音：　　　）　词义：
情感/典故：

图3-8-17　我的诗词宝典

（2）小组讨论以上五首诗在语言形式上有何妙处，分别有哪些值得借鉴之处。此后，确定活版工艺推荐语的撰写方向，形式包含但不限于古体诗、现代三行诗、颁奖词等。

2. 采撷优长，吟诗作文

(1)整理活字印刷优势清单：整合活字印刷的相关资料，小组成员共同罗列活字印刷的优点、地位、价值和意义，最后整理在活字印刷优势清单上(见图 3-8-18)。

活字印刷优势清单

☑节省时间   ☑节约成本

☑易于修正错误   ☑具有灵活性

……   ……

图 3-8-18　活字印刷优势清单

(2)仿照毕昇或史树青的诗，结合活字印刷的优势，撰写活版工艺推荐语。形式不限于小诗，进行大胆而积极的创意设计。

(3)设计各式各样的创意卡片，誊抄自己的活版工艺推荐语，制作活版工艺推荐卡。

(4)评选活版工艺推荐卡：根据评价表(见表 3-8-4)评选出活版工艺推荐卡"最佳文案奖""最佳伯乐奖""最佳人气奖"各 3 个(不重复)，其中"最佳人气奖"须经现场投票，取得票数前三名。

表 3-8-4　活版工艺推荐卡评价表

奖项	要求
最佳伯乐奖	能准确把握活版工艺的优点、地位和价值，并将其相对全面而自然地融入推荐语中，最大程度呈现活版工艺的魅力。
最佳文案奖	能大体把握活版工艺的主要优点和价值，并用凝练隽永、诗意优美的语言生动而形象地予以呈现，给人带来美的联想和想象。
最佳人气奖	文质兼美，大体能表现活版工艺的优点和价值，又具有感染力。同时，现场投票结果为得票数最多的前三名。

···活动三：制作活版工艺宣传单/视频···

活字印刷术是中华传统手工艺的杰出代表，而今却日渐"势衰"。作为年青一代，我们有责任让千年活版工艺重现光彩，让中华优秀传统文化深入人心。那么，如何向中学生宣传和推广活版工艺呢？让我们发挥聪明才智，积极行动起来吧！

（一）制作活版工艺宣传单

1. 整合活版工艺宣传资源

(1)列出宣传资源清单：整理活版工艺校园推介会筹备过程中的宣传资源，如活版工艺科普图鉴、推荐卡，归类并列出清单。

(2)精选宣传单，制作素材：宣传资源包括有关活版工艺的图画、照片、漫画，或简介、小诗、口号、标语等，遴选其中的优秀资源作为宣传单制作的素材(见图3-8-19)。

图片集　　　　　　　　小诗集　　　　　　　　口号集

图 3-8-19　活版工艺宣传单制作素材

2. 设计活版工艺宣传单

(1)确定宣传单制作任务：注意从活版工艺宣传单或宣传视频中任选一项任务即可，确定活版工艺宣传单制作小组，进行相应分工。

(2)活版素材"征集令"：向全校师生发出"征集令"，邀请感兴趣的学生积极提交与活字印刷相关的历史照片或故事、活版印刷刊物实物等珍贵资料，为活版工艺校园推介会预热。

(3)整合宣传制作的相关素材，自行设计多版宣传单，可手绘，也可设计电子宣传单。

(4)评选我最喜爱的活版工艺宣传单：学生投票选出自己最喜爱的活版工艺宣传单，得票最多的 3 份宣传单设计稿将作为定稿印发。

（二）制作活版工艺宣传视频

1. 观看视频重提炼

(1)观看视频《中文打字机》，提炼宣传视频制作的基本要素，填在下图相应位置(见图 3-8-20)。

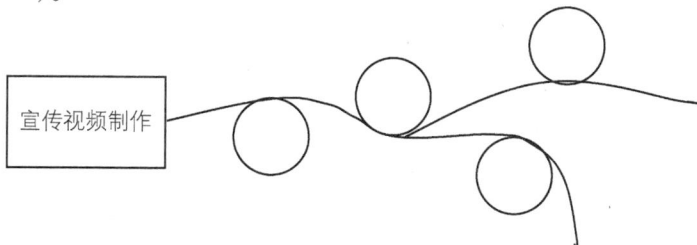

宣传视频制作

图 3-8-20　宣传视频制作的基本要素

(2)教师播放视频《中文打字机》，学生结合视频比较明快打字机和活字印刷术在原理等方面的联系和区别(见表3-8-5)。

表 3-8-5　明快打字机和活字印刷术的联系和区别

联系和区别	明快打字机	活字印刷术
联系		
区别		

2. 分工合作创视频

(1)组建视频制作团队，确定人员分工及职责安排(见表3-8-6)，并讨论确定视频选题。各小组任选一个角度，介绍活字印刷术的相关内容，如工艺流程、工艺价值等。

表 3-8-6　小组视频制作团队职能分工表

岗位安排	人员配置	职责分工
编导		根据选题编写视频脚本或剧本大纲，想好镜头和场景的运用，并不断进行修改。
摄影师		根据视频脚本内容进行拍摄，确保运镜自然、衔接顺畅。
剪辑师		剪辑视频并进行美术设计和后期的包装制作、运营输出。
演员		熟悉剧本台词或视频脚本，配合导演准备与主题相符的造型和妆容，出镜演绎。
......		......

(2)撰写视频解说脚本：根据视频选题，结合课文《活板》及活版工艺相关材料，撰写视频解说脚本。根据视频选题和特点，可在前期活字印刷术说明书和活版工艺推荐语的基础上修改调整，完善内容。

(3)视频拍摄与制作：选择合适的场景进行现场拍摄，并录制活字印刷实际操作流程。根据选题征集相关的图画、照片、漫画、视频等素材，完成视频的剪辑和制作。

(4)评选活版工艺宣传视频：根据下列评价表(见表3-8-7)，为每个活版工艺宣传视频打分，得分最高的前5名获得"活版工艺宣传视频优胜奖"。

表 3-8-7 活版工艺宣传视频评价表

评价维度	评价标准(满分 60 分)	得分
宣传性	紧扣主题,充分展现活版工艺的制作方法、价值地位,起到积极正面的宣传作用,视频播放量和转发量高。(30 分)	
艺术性	画面清晰,包装精美;形式新颖活泼,语言生动有趣,具有强烈的视听冲击力;能合理使用视频特效,加强情节表现。(20 分)	
技术性	剪辑合理,镜头稳定,转场自然;能合理使用字幕工具,字幕清晰,停留时间合理。(10 分)	

···活动四:筹办活版工艺校园推介会···

通过活版工艺校园推介会,学生不仅能够展示自己的学习成果,而且能向更广泛的群体推广活版印刷工艺,增强人们对这一传统技艺的兴趣,推动中华优秀传统文化的传承与发展。

(一)特邀嘉宾讲座

第一,邀请专家或教师进行活版工艺的宣传讲座,传授活版工艺的专业知识和经验,分享活版工艺的发展与演变历程。

第二,设置问答环节,鼓励现场师生提问,让师生能够与嘉宾互动,增加互动性,解答他们对活版工艺的疑问。

(二)宣传视频演播

播放学生制作的活字印刷宣传视频,让嘉宾更直观地了解活版印刷工艺。在视频播放过程中,学生进行现场解说,帮助观众更好地理解视频内容。视频播放结束后,可以设置一个简短的问答环节,让观众提问,增加参与感。

(三)实地体验

设置活版工艺坊,让学生通过多个活版印刷体验项目亲身体验活字印刷的过程,增加互动性和体验感。同时安排专业的教师在现场指导操作,确保体验活动的安全和有效。

(四)现场推介

第一,学生现场展示和推介在活版工艺坊完成的作品,布置作品演说厅和作品展览区,增加推介会的趣味性和实用性。

第二,学生结合活版工艺推荐卡,创意演说活版工艺之妙,并由现场观众投票选出"活版工艺形象大使"和"活版工艺最佳代言人"。

（五）科普宣传

第一，推介会前通过微信公众号、宣传海报等方式进行预告，加大宣传力度。

第二，推介会现场各分区提前准备好学生绘制的活字印刷科普图鉴，由各分区负责人向积极参与活动的学生免费赠送一份活字印刷科普图鉴。

第三，学生提前绘制或印制活版工艺宣传单，在校园推介会现场或活动结束后分发。每位参加推介会的嘉宾和学生均可得到一份活版工艺宣传单，他们可以将这些宣传单带给身边的亲朋好友，传播活版工艺。

六、课例评析

跨媒介阅读与表达是当代语文生活的特点，也是当代语文课程的内容之一。本项目式学习在落实学习目标之外，比较好地呈现了不同媒介形式在表达与交流中的不同功能与作用。流程图要求简约、完整，需要调动图像化策略，引导学生用图式呈现课文的主要内容。推荐语要凸显事物的特点，尤其是"活板"在彼时彼刻的先进性和对当代印刷术的影响，侧重引导学生分析事物，用概括性的语言体现事物的特点。宣传单要图文并茂，充分发挥图和文的不同作用，借助图文关系实现宣传目的。要有明确的针对性和指向性，根据宣传目的和对象的特点整体设计。推介会上，推介者需要使用口头语言。如何将前期准备的各种材料用口头语言连接起来，形成较好的宣传效果，是推介者关注的重点。另外，录制视频要求声音、画面的良好配合，这有助于学生反思自身的信息素养。不同的媒介形式有不同的语言运用的要求，以实现不同的信息传递的效果。虽然教师没有讲授各种媒介形式与文体样式的常识，但学生在学习过程中通过实践活动认识了不同媒介形式与实用类文本的写作要求，从而掌握了能够满足当代社会需求的综合性的表达方式。在这一过程中，学生的文化基础得到加强，自主发展的意识得以增强，社会参与的积极性更加强烈，核心素养得到整体发展与提高。

课例九 《火星一日》科幻小说创作周

——七年级(下)第六单元项目式学习教学方案

一、项目信息

项目名称	《火星一日》科幻小说创作周
核心驱动问题	如何鉴赏并撰写一篇科幻小说?
学习时长	两周
项目成果	《火星一日》科幻小说集
实践学校	北京市第四中学
指导教师	张蓉芳

二、学习目标

统编版语文教材七年级(下)第六单元的课文是按照人文主题"探险和科幻"选编的。本单元四篇课文包括文言说明文、传记与科幻小说,记录了我国古代劳动人民的智慧,展现出了探险家、航天人的勇气与担当。本单元的课文重点在于激发学生对探索自然世界和科学领域的兴趣和想象力。根据教材单元内容,依据《义务教育语文课程标准(2022版)》中实用性阅读与交流和文学阅读与创意表达任务群第四学段的内容,教师将本单元的学习主题定为"发挥科学想象,创作科幻小说",指向学习主题,制定以下学习目标。

①从科学资料中提取信息,在科学的基础上发挥想象。

②了解小说的创作要素,提炼故事公式,构建故事冲突。

③学习绘制人物行动地图,拟写分节标题。

三、学情调研

为了了解学生对本单元学习的准备状况,摸清学生现有的水平,确定学生的能力起点,在开启项目式学习之前,教师对学生进行了问卷和访谈调研,调研内容如下(见图3-9-1)。

亲爱的同学们：

科幻小说创作周即将开始啦！在这两周里，我们将以四人小组为单位，接力创作科幻小说。为了较好地开展活动，现在邀请你参与一个有趣的小调研，希望你认真思考，如实作答。

一、选择题

1. 你喜欢阅读科幻小说、观看科幻电影吗？

A. 喜欢　　　　　B. 一般　　　　　C. 不喜欢

2. 你觉得科幻小说最重要的是什么？（可多选）

A. 故事情节　　B. 人物描写　　C. 场景描写　　　D. 前沿科学

E. 想象力　　　F. 写作手法

二、问答

1. 你读过或看过哪些关于太空探索的科幻小说、电影？最喜欢的是哪一本、哪一部？为什么？

2. 你平时创作过小说吗？如果有，可以分享在创作小说时遇到了什么困难吗？

图 3-9-1　"《火星一日》科幻小说创作周"项目式学习学情调研

调研发现，学生对科幻作品充满热情，有一定的科幻小说、电影的积累。他们在阅读中比较关注故事情节、前沿科学、想象力，但囿于知识水平，在理解科幻作品中的科学知识部分时有困难。在尝试创作小说的过程中，学生常常遇到的问题是故事无法自圆其说，写着写着不知情节如何继续，或半途而废。

根据学情调研，学生在创作科幻小说时需要在尊重科学的基础上发挥想象、厘清故事发展脉络。因此，教师将驱动问题定为"如何鉴赏并撰写一篇科幻小说？"，计划通过项目，帮助学生将阅读能力和写作能力提升到更高一层的水平。项目给予学生充分的语言实践，从课内延伸到课外，学生阅读科普文章，进行科幻创作，拓宽语文学习领域，提高语言能力，发展创新思维。同时，学生在阅读中感受到的是英雄人物探索未知的勇气与担当，在写作中随着主人公一起战胜重重困难，进行心灵的历练，这体现了以文化人。在项目中，学生关注并了解我国科技创新成就，学习我国航天的精神，这既体现了课程的时代性，又充分体现了语文学科的育人功能。

四、学习项目

基于学习目标，围绕核心知识和驱动问题，教师将"《火星一日》科幻小说创作周"作为学习项目，要求学生以小组为单位，围绕火星探索的情境，接力创作出一篇科幻小说。

我国航天取得了辉煌的成就，"嫦娥"奔月，"祝融"探火，"天宫"驻留，鼓舞人心。同时，刘慈欣的《三体》小说大热，《流浪地球》被搬上银幕。在现实探索的大背景下，在科幻阅读的基础上，学生对浩瀚的宇宙充满向往与幻想。对创作一篇与火星有关的科幻小说，学生有强烈的兴趣。七年级学生有阅读科幻小说、写作想象故事的经验，因此本项目与他们的学习与生活经验相契合。

要完成学习项目，学生需要了解火星知识与我国的航天技术成就，需要从课文中学习如何构建故事冲突，学习小说情节的发展，学习在科学的基础上发挥想象，学习描写环境，等等。根据完成学习项目的真实过程，教师进行了活动分解，设计了结构化的活动链，带领学生在想象中奋楫星河，逐梦九天。具体活动设计如图3-9-2所示。

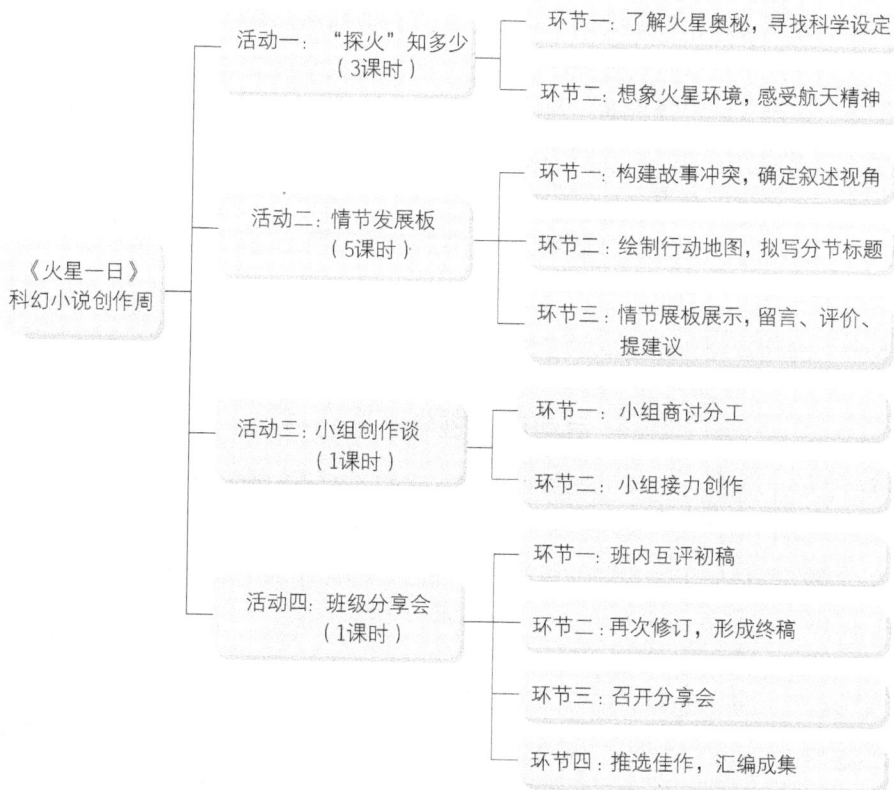

图 3-9-2 "《火星一日》科幻小说创作周"项目结构图

···活动一："探火"知多少···

单元项目起始，先明确写作任务。

假如 2035 年你被选派乘坐飞船到火星考察一天，你将会有怎样奇特的经历呢？请你发挥想象，以《火星一日》为题，四人一组，接力写一个科幻故事，要求用到 4 个小标题来分节。

科幻是建立在科学基础之上的想象。这是一个有关航天的故事，情境设定在火星。进行科学阅读，了解航天及火星的奥秘，是写作的第一步。学生需要查阅有关火星和航天的各种资料，整理出写作所需信息，对感兴趣的内容进行深入阅读，并且通过想象火星环境来进入科幻场景，为自己的写作做准备。

···活动二：情节发展板···

这一活动可以为创作小说搭建充分的支架。一个好的故事必须主线清晰，情节的发展要合情合理；一个好的故事常常有冲突，主题往往会在冲突中展现。项目任务是以《火星一日》为题进行分节接力写作，为了使每个部分的逻辑相贯通，学生需要在写作前厘清思路，根据时间和地点的转移，拟写小标题。

在这一活动中，学生通过阅读课文，学习构建故事冲突，形成故事公式，确定叙述视角，绘制人物行动地图，拟写分节标题，制作出直观的情节发展板。在评议过程中，小组成员能够厘清情节的发展，知道如何写、怎样写。

···活动三：小组创作谈···

分节写作任务是由小组合作完成的，这实际上提高了写作的难度。通过讨论、分配任务、合作撰写，小组成员之间的关联会得到加强，从而形成真正的合作。

···活动四：班级分享会···

这一活动指向科幻小说的鉴赏与评价。教师将基本要求中的要点进行分解，采用等级和评语相结合，自评、互评、师评相结合的方式，对各组的创作进行评估。学生在分享、交流中进一步明晰了优秀作品的标准。评选出的《火星一日》优秀小说将印刷成集。多维多元的评价方式会使学生明晰自身的学习情况，增强学习的信心，迸发出学习的热情。

本项目包含四个活动，前三个是创作的基石，从科学想象到小说创作再到小组合作，三个维度缺一不可。教师用大量课时进行写前指导。磨刀不误砍柴工，在"躬行"之后的评价、交流则是水到渠成的。学生在阅读和想象写作过程中提高语言能力，发展创新思维，自然而然打破了学科的边界，提高了科学与人文素养。

五、学习过程

核心驱动问题	分解驱动问题	阶段成果	项目成果（产品）
如何鉴赏并撰写一篇科幻小说？	①你了解火星和航天探索吗？ ②如何讲故事？ ③如何在科学的基础上发挥想象？	①火星探索灵感卡 ②情节发展板 ③《火星一日》科幻小说	《火星一日》科幻小说集

… 活动一："探火"知多少…

火星，又被称为"荧惑"。千百年来，人们对这颗"红色星球"的好奇心从未消失。在科幻小说创作周，我们将创作科幻小说《火星一日》。科学是科幻小说的基础。在创作之前，我们需要了解火星，了解我国对航天的探索，为创作寻找科学灵感。

（一）了解火星奥秘，寻找科学设定

1. 讨论关键词并查找资料

提起火星，你会想到什么？如果需要了解火星，你会从哪些方面去查找资料？

例如：火星的基本形貌是怎样的？火星上有氧气吗？火星上有水吗？火星为什么看起来是红色的？火星上的气温高吗？火星的一日有多少个小时？"天问"探火计划分几步走？"祝融号"现在的工作情况如何？火星车有什么功能？载人登火方案研究现在有什么突破？人类在火星上活动时需要注意什么？

2. 制作火星探索资料夹

阅读并整理收集到的科学资料，建立火星探索资料夹，归类整理，如图 3-9-3 所示。

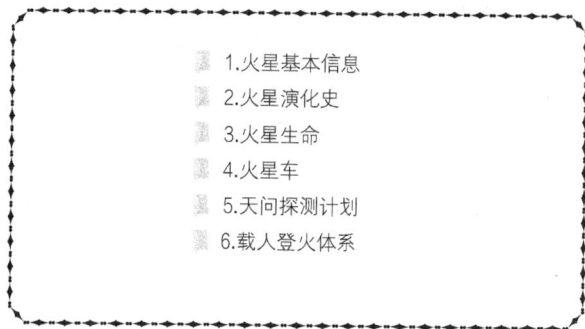

1. 火星基本信息
2. 火星演化史
3. 火星生命
4. 火星车
5. 天问探测计划
6. 载人登火体系

图 3-9-3　火星探索资料夹

3. 阅读科学资料

围绕火星，筛选、提炼科幻写作可能需要的信息，遇到不懂的内容可以请教物理教师，为写作做准备。

4. 制作火星探索灵感卡

寻找科幻小说中的科学设定(推动故事情节发展的科学原理和知识)，制作火星探索灵感卡(见图 3-9-4)。

(1)阅读课文《带上她的眼睛》，思考讨论这篇科幻小说有哪些科学设定，它们是如何推动或影响情节的发展的，你觉得其中哪一个比较重要。

(2)阅读你所整理的资料，你最感兴趣的点是什么？制作火星探索知识卡(见图3-9-4)，并在小组内交流，互相激发科幻灵感。

火星探索灵感卡

班级：　　　　　名字：

1. 在整理的资料中，你最感兴趣的"科学点"是什么？

2. 对于这个"科学点"的未来发展，你有怎样的想象？

3. 设想一下如何推动故事情节的发展？

图 3-9-4　火星探索灵感卡

(二)想象火星环境，感受航天精神

第一，阅读改编自《天地九重》的太空环境描写(见图 3-9-5)，学习写法，观看火星照片与视频，利用火星探索资料夹里的信息，想象火星环境，进行环境描写片段练习，并进行自评、互评(见表 3-9-1)。

我乘坐飞船每 90 分钟左右就可以目睹一次日出和日落的循环。我的整个飞行持续将近一天的时间，飞船一共绕地球飞行 14 周，我看了 14 次日出与日落。由于飞船的速度比较快，太阳在出现和落下时就如火球一般飞跃而出、飞跃而下。尤其是日出，气势磅礴、撼人心魄，我曾在新疆的天山上，也曾站在家乡的大海边看过几次日出，每次都会欢呼雀跃，但那些日出都无法与太空中的日出相比。因为在太空中，日出的参照物不是远远的地平线或海岸，日出不是在大气散射、折射的光线下出现的。在太空中，在日出前，地球的边缘呈现一片亮丽的白色，好像镶嵌了美丽的金边。随着飞船的高速飞行，这条金边逐渐扩散开来，迅速地照亮整个大地，光明的一天就这样来到了。从白天向黑夜过渡的时候，大地是逐渐变暗的，它一部分、一部分地黑去，直到我看到的这一面地球完全融入宇宙的一片漆黑之中。

—— 改编自杨利伟在《天地九重》中所写的"太空日出、日落"

图 3-9-5　太空环境描写

表 3-9-1　环境描写自评、互评表

评价维度	等级(A−B 或 C)	意见
描写科学		
内容具体		
语言生动		

第二，通过观看视频和阅读文章或书籍，了解我国的航天成就，了解航天人的故事，感受航天精神。

推荐：

①动画视频《"天问一号"火星着陆》

②视频《3 分钟看完中国航天高燃时刻》(《人民日报》公众号)

③文章《从孤独里找到一束光》(中国科学院院士、空间物理学家王赤)

④自传《天地九重》(神舟五号航天员杨利伟)

…活动二：情节发展板…

小说最吸引人的部分是情节。情节既要有意思，又要符合逻辑。在写小说时，往往一打开思维的闸门，就容易天马行空，这样写出的故事要么跳脱离奇，要么复杂拖沓，都难以让读者理解。因此，在写作之前，很重要的一环是确定好情节的走向。在这个活动里，教师设置了情节发展板，小组成员进行留言评议，共同创作好小说故事。

那么创作故事需要注意哪些要点呢？

（一）构建故事冲突，确定叙述视角

第一，阅读课文《伟大的悲剧》，理解冲突的设置。冲突是目标与障碍之间的矛盾。请你说一说，《伟大的悲剧》中的冲突是什么，冲突是如何体现主旨的。

第二，阅读课文《带上她的眼睛》，以文中的"我"和"小姑娘"的视角，梳理出情节的发展，体会以"我"的视角来讲故事的好处。

第三，小组进行头脑风暴(见图 3-9-6)，大家一起设想故事冲突以及后续，拟写《火星一日》的故事公式(见图 3-9-7)，思考主旨，确定人物与叙述视角。

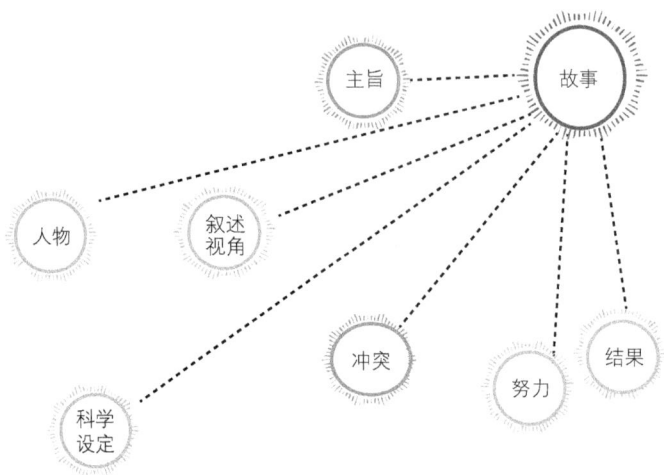

图 3-9-6　头脑风暴

简单版故事公式：目标—阻碍—努力—结果

复杂版故事公式：目标—阻碍—努力—结果—意外—挽救—结局

图 3-9-7　故事公式

（二）绘制行动地图，拟写分节标题

第一，阅读课文《伟大的悲剧》，为斯科特一行绘制人物行动地图。学生作品如图 3-9-8 所示。

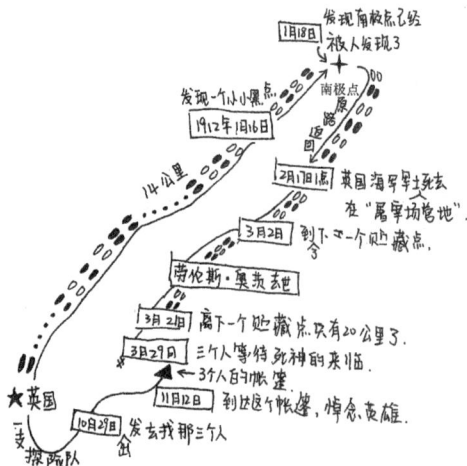

图 3-9-8　学生手绘人物行动地图

第二，根据之前的设想，为本组《火星一日》科幻小说绘制人物行动地图，进一步厘清情节发展。可以参考教师提供的模板(见图 3-9-9)，也可以自行设计。

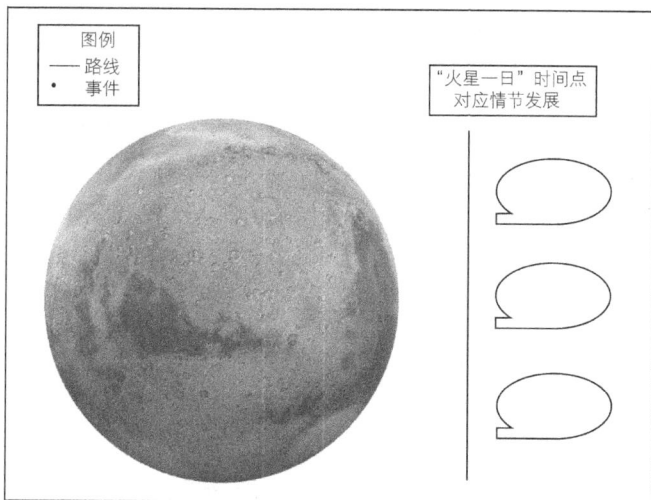

图 3-9-9 《火星一日》科幻小说人物行动地图模板

第三，阅读课文《太空一日》，思考文中的四个小标题是如何体现情节发展脉络的，并根据本组的故事公式和人物行动地图，为小说拟写分节标题。同时思考从什么维度来分节最好，小标题的形式可否有创新性。

(三)情节展板展示，留言、评价、提建议

将本组的故事主旨、情节、人物行动地图、小标题、人物设定和叙述视角贴在情节展板上，请同学根据评议表进行留言评议(见表 3-9-2)。展板模板如图 3-9-10 所示。

表 3-9-2 情节发展板评议表

评价维度	意见
情节体现中心	
情节合乎情理	
情节符合科学逻辑	
小标题分节合理	

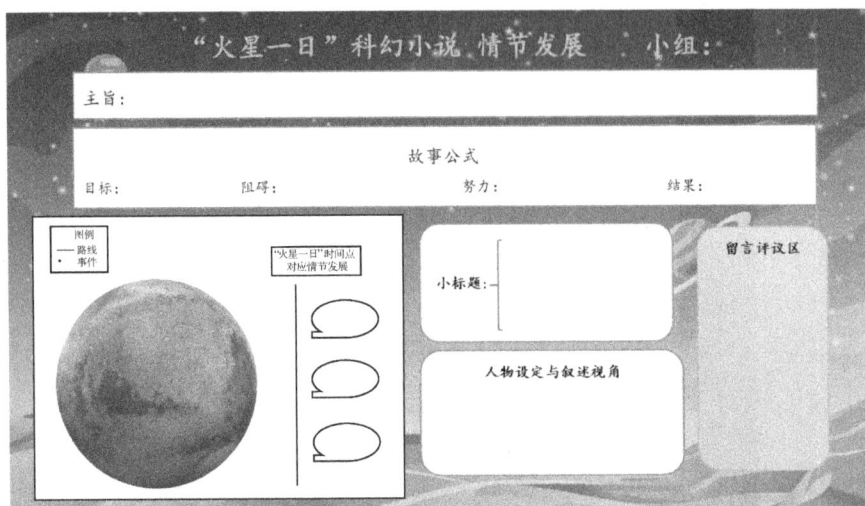

图 3-9-10　展板模板

⋯活动三：小组创作谈⋯

（一）小组商讨分工

为集思广益、形成共识，在实践中，分工是小组合作的一个重要的基础。在组长的带领下，小组商讨分工，计划时间，保证任务的完成。分工表示例如表 3-9-3 所示。

表 3-9-3　分工表示例

内容	写作负责人	时间点	汇总负责人	修改负责人
小标题一				
小标题二				
小标题三				
小标题四				

（二）小组接力创作

在小组分工的基础上，学生在一定时间内进行创作，完成后汇总到小组，在组内进行修改润色，最终完成小组作品初稿。

⋯活动四：班级分享会⋯

第一，小组接力完成科幻小说初稿后，打印并传阅，在班内根据评价量表进行互评（见表 3-9-4），并邀请物理教师参与评价。

表3-9-4 《火星一日》科幻小说评价量表

评价项目及分值	等级	意见
中心明确深刻		
故事清晰有趣		
环境心理描写生动		
科学逻辑合理		
小标题分节合适		
总评 （评语）		

第二，根据评价量表的反馈，各组再次修改，有能力的组可以配上插图，形成终稿。

第三，在阅读后，召开分享会，总结创作经验，分享阅读感受。

第四，推选佳作，汇编成集。

六、课例评析

不同的个体有不同的学习风格：有善于执行计划的活动型学习者，有善于从不同角度观察情境、思维发散的想象型学习者，也有擅长逻辑分析的分析型学习者……科幻小说创作周的项目式学习是一次集体创作的过程，各种类型的学习者发挥特长，体会到成功感和获得感。设计者充分发挥了项目式学习能够促进多种类型学习者发展的功能，学习活动的设置有利于发现并发展学生的个性特长。特别需要关注的是，项目中的学习活动比较好地体现了自主学习与合作学习的结合，教师依据不同的学习内容选择了不同的学习方式，有利于学生在情境化、综合化的实践活动中高质量完成学习内容。另外，本项目巧妙地创设了科学想象情境，学生进行科学和科幻文本的阅读、梳理、探究、交流和写作，综合运用物理、生物、地理等多学科知识，提高了语言文字运用能力。本项目式学习自然而然地打破了学科的边界，融合了科学和人文，较好地体现了语文跨学科学习特点。

课例十　新闻报道
——八年级(上)第一单元项目式学习教学方案

一、项目信息

项目名称	新闻报道
核心驱动问题	如何撰写一篇新闻报道?
学习时长	两周
项目成果	新闻报道
实践学校	北京市第四中学
指导教师	刘薇

二、学习目标

　　统编版语文教材八年级(上)第一单元是一个活动探究单元。本单元的学习内容是新闻。新闻属于实用文体,不同于一般的文学作品,所以学生不能用学其他文体的方法来学,教师也不能用教其他文体的方法来教。学生要以独特的方式来学新闻。本单元的学习方式是活动探究。学生在教师的帮助下,联系生活实际进行有意义的语文实践活动,发挥创造力和兴趣特长,在语文的实践活动中建构自己的语文知识体系,提高语文能力。

　　对照《义务教育语文课程标准(2022 年版)》关于学段课程目标的相关描述,即"阅读新闻和说明性文章,能把握文章的基本观点,获取主要信息","关心学校、本地区和国内外大事,就共同关注的热点问题收集资料,调查访问,相互讨论,能用文字、图表、图画、照片等展示学习成果",以及学习任务群的相关内容,即"阅读新闻报道、时事评论等作品,关注社会主义建设新成果,就感兴趣的话题与同学进行线上线下讨论,根据目的与对象选择合适的媒介进行交流沟通",教师将本单元的学习目标确定如下。

　　①了解新闻的特点,能掌握阅读新闻的基本方法。

　　②通过合作学习,能通过多种媒介收集新闻素材并确定新闻选题,在此基础上制定采访提纲,实施新闻采访。

③对采访信息进行梳理和筛选，撰写新闻报道。

三、学情调研

为了了解学生对本单元学习的心理预期，确定学生的能力起点，在开启项目式学习之前，教师对学生进行了学情调研，调研内容如下(见图 3-10-1)。

亲爱的同学们：

为较好开展"新闻报道"项目式学习活动，现邀请你参与一个有趣的小调研，希望你认真思考，如实作答。

1. 你近期关注的新闻是什么？
2. 你是通过哪些途径或形式来了解新闻的？
3. 你觉得我们为什么需要新闻？
4. 你觉得一则好新闻有什么特点呢？
5. 并非人人都要做记者，那我们为什么要在中学阶段学习新闻呢？
6. 如果你要采访身边的人，你想采访谁？想问他什么样的问题？

图 3-10-1　"新闻报道"项目式学习学情调研

通过学情调研可以看出，学生对新闻有一种模糊的认识，能体会到新闻存在的意义在于对社会进行观察。对个体来说，新闻可以帮助人们了解世界，从而不断调整自己的意识和行为。对社会来说，新闻可以推动社会各部分不断协调相互关系，进行自我更新。报道先进事迹的新闻能够让全社会获得启示。

但是，学生并不清楚新闻作为一种实用性文本的特殊性何在，也不能明确认识到对新闻的学习体现着教育越来越重视对解读各种媒介信息的能力的培养。在当今的电子媒介时代，不同的媒介延伸了学生的不同感官，除了听、说、读、写能力之外，学生还应该具有对来自电视、网络、报刊等媒介的信息进行批判性接收的能力，以及使用信息技术手段来传播信息的能力。

根据学情调研，学生需要的核心知识有新闻的一般特点、本质属性、"六要素"等。更重要的是，在学习过程中，学生要思考：对同一新闻事件，不同的媒体为什么有不同的报道角度；新闻媒体是如何报道国内外大事的，是如何反映社会生活的；人们对新闻的阅读和理解方式有什么不同；等等。新闻的学习并非要将我们训练为记者或新闻从业人员，而是要让我们在这个过程中进行思维的训练，以提升我们解读媒介信息的能力。

教师将驱动问题设置为"如何撰写一篇新闻报道?",计划让学生通过新闻阅读、新闻采访和新闻写作三个环节来完成一篇深度报道。

四、学习项目

基于学习目标,围绕核心知识和驱动问题,教师将"新闻报道"作为学习项目,希望学生通过新闻阅读、新闻采访、新闻写作三个环节,来理解新闻这一实用文本的基本特点,在高强度、高质量的训练中,体验新闻形成的整个流程,完成一篇新闻报道。本项目与八年级学生的学习与生活经验相契合,学生有实用文本阅读的能力和经验,有过小组合作学习的经历,在校园活动中有过采访和观摩采访的经历,在写作训练中积累了选材、修改作文的方法和经验。这些都是进行本次学习项目的良好基础和起点。

要完成学习项目,学生需要在阅读常见的散文、小说等的基础上,了解新闻作为一种特殊的实用性文体的特点,从而进行相关阅读。经过网络资料的收集和整理,明确新闻选题的意义。在实地采访中,通过提问、聆听来获取有效信息,然后对信息进行整理,并调动写作经验,完成一篇深度报道。整个项目涉及学生的阅读、表达、口语交流、团队协调与合作的各项能力,是一个综合提升学生学习能力的活动(见图3-10-2)。

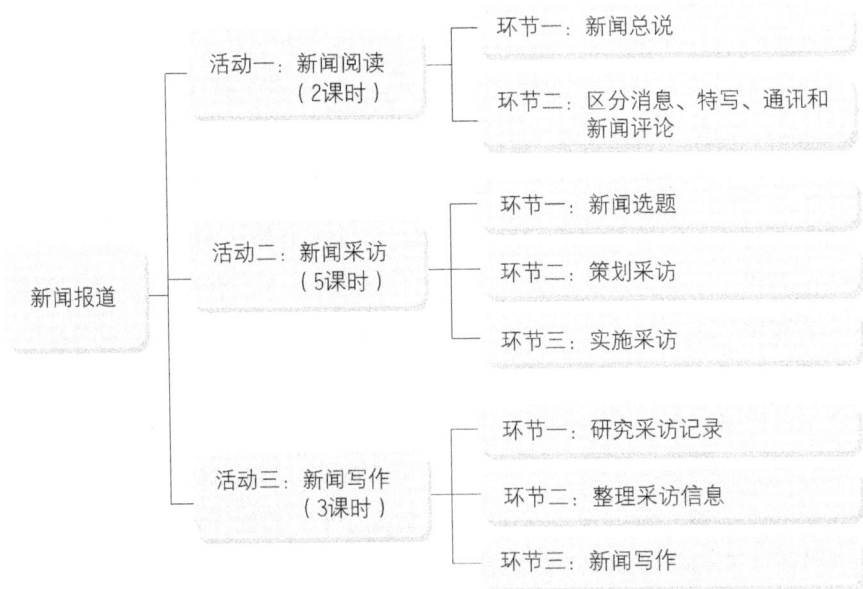

图 3-10-2 "新闻报道"项目结构图

···活动一：新闻阅读···

本活动希望学生从整体上对新闻这一文体有初步的了解，解答这些问题：到底什么是新闻？它有什么特点？新闻有哪些体裁？我们为什么要读新闻？新闻的价值是什么？我们应该用什么方法来读新闻？通过对消息、特写、通讯、新闻评论的学习，学生了解到在实际生活中新闻会以多种样态出现。新闻的四种体裁分别满足人们了解新闻事实的不同需求：需要第一时间简要了解事件，看消息；需要感受现场细节，看特写；需要了解事件来龙去脉、人物心路历程，看通讯；需要了解社会主流舆论，看新闻评论。

···活动二：新闻采访···

在学生对新闻有了整体感知的基础上，教师指导学生进行实践活动，包括新闻选题、策划采访、实施采访三个阶段。

对新闻进行自主选题能激发学生的主动性。学生在收集资料、交流讨论、确定选题的整个环节中，能自主关注社会的热点问题，带着自己的疑问和思考收集、整理信息，进而形成自己的想法和认识，形成综合能力。之后，学生要针对本小组的新闻选题来确定采访对象，并能够针对采访对象的年龄、身份等特点来设计采访的问题，通过小组讨论最终调整、确定采访的问题。

教师要指导学生在采访的过程中尊重采访的对象。学生要注意言行得体，同时做好采访的记录，并且在采访过程中力争随机应变，快速地应对并追问。

···活动三：新闻写作···

在本活动中，学生需要完成一篇深度报道的写作。学生要思考的问题是：面对丰富的采访记录，如何将其整理、加工为一篇逻辑完整、富有深度的文章？

首先，要研究采访记录。学生在采访后需要区分重要信息和次要、无关信息，并能在采访记录的基础上进行调整，以确定自己的写作主题。其次，学生需要整理采访信息，要对众多的信息进行汇总、归类，并安排好文章的详略。最后，在写作环节，教师要在标题、开头、结构、结尾等方面对学生的新闻写作进行指导，并重点关注一些具体问题，如如何使用新闻背景、如何在报道中表达自己的情感倾向、如何使用采访记录等问题，帮助学生完成一篇深度报道。深度报道的写作其实和学生的日常写作是有很多相通之处的，能综合提升学生阅读、写作、思维的水平。

本项目的几个活动密切关联。新闻阅读活动让学生明白需要关注的不仅仅是学校、课本，更是广大的世界、鲜活的生活。新闻选题环节让学生意识到阅读不仅仅是书面文字的阅读，网络信息、影像资料等都在挑战着他们的阅读能力。最终选题的确定要求他们面对海量的信息，在思考、分析、甄别后得出属于自己的结论，这需要进一步提升自己的理解能力，并养成勤于思考的好习惯。通过新闻写作，学生明白要善于表达自己的想法，让自己成为参与社会讨论的一员，发出自己的声音。

五、学习过程

核心驱动问题	分解驱动问题	阶段成果	项目成果（产品）
如何撰写一篇新闻报道？	①新闻是什么？ ②如何进行新闻采访？ ③如何进行新闻写作？	①一则消息以及相关特写或通讯，或一则新闻评论 ②新闻采访记录 ③新闻报道初稿	新闻报道（以报纸、网页、微信推文的形式呈现）

···活动一：新闻阅读···

对新闻的学习体现着教育越来越重视人们对各种媒介信息的解读能力的培养。新闻是我们在日常生活中普遍接触到的媒介信息文本。什么是新闻呢？

（一）新闻总说

思考1：我们为什么要学习新闻？

思考2：你近期关注的新闻是什么？我们为什么要看新闻？你都是通过哪些途径或形式来了解新闻的？

学生通过讨论和交流明确了新闻是新近发生或变动的事实信息，产生于人们沟通和了解社会情况的需要。对个体来说，新闻可以帮助我们了解世界，从而不断调整自己的意识和行为；对社会来说，新闻可以推动社会各部分不断协调关系、实现自我更新，还可以通过报道先进事迹来让全社会获得启示。

思考3：新闻是什么？

学生通过阅读教师提供的材料，总结新闻的一般特点：新闻的本质属性是快速、准确地将信息传递给具有一般文化水平的受众，基本原则是用事实说话，强调信息传递的准确性。一般来说，新闻需要具备六要素。六要素，就是一篇完整的新闻作品所应具备的最基本的因素——何时、何地、何人、何事、为何、如何，它们全都指向具体的事实。

思考4：新闻有哪些体裁？教材中的几篇文章分别属于新闻的哪些体裁？

学生快速浏览教材，明确：《消息二则》《首届诺贝尔奖颁发》——消息，《"飞天"凌空——跳水姑娘吕伟夺魁记》——特写，《一着惊海天——目击我国航空母舰载战斗机首架次成功着舰》——通讯，《国行公祭，为佑世界和平》——新闻评论。新闻的上述四种体裁，分别满足人们了解新闻事实的不同需求。

思考 5：学习新闻有哪些特别要注意的问题？

要善于辨别、评估新闻的真伪，做理性的读者。

(二)区分消息、特写、通讯和新闻评论

1. 消息

消息是最广泛、最经常采用的新闻基本体裁，它报道事情的概貌而不讲述详细的经过和细节，并以简要的语言文字迅速传播新近事实。以《我三十万大军胜利南渡长江》和《首届诺贝尔奖颁发》为例，消息的结构为：标题—电头/消息头—导语—正文(主体、背景、结语)。

总结：在消息的正文中，导语集中讲述最重要的新闻事实，此后事实的重要性逐渐减弱，这就是消息的倒金字塔结构，即从导语到主体，按重要性递减原则来安排事实。如果有相关的背景材料，一般放在新闻事实的后面。

2. 特写

所谓特写，本是电影镜头的景别名称。在拍摄时，特写指拍摄人或物的一部分，细腻地刻画人物的细微表情或物体局部的特征，形成强烈的视觉效果，增强艺术表现力。新闻特写往往从新闻事件中选取一个瞬间加以表现，需要表现出这个瞬间的独特之处。

对比《"飞天"凌空——跳水姑娘吕伟夺魁记》中的片段和相关消息，体会特写的特点。

相关消息：

1982 年 11 月 24 日，在印度新德里举行的第九届亚运会中，我国运动员吕伟获得女子十米跳台跳水比赛冠军。

《"飞天"凌空——跳水姑娘吕伟夺魁记》中的片段：

白云似在她的头顶飘浮，飞鸟掠过她的身旁。

轻舒双臂，向上举起，只见吕伟轻轻一蹬，就向空中飞去。那一瞬间，她那修长美妙的身体犹如被空气托住了，衬着蓝天白云，酷似敦煌壁画中凌空翔舞的"飞天"。

她已经展开身体，像轻盈的、笔直的箭，"哧"地插进碧波之中，几串白色的气泡拥抱了这位自天而降的"仙女"，四面水花则悄然不惊。

明确：消息往往报道新闻事件的全过程，新闻特写则主要描绘新闻事件中的片段。

3. 通讯

通讯是新闻的一种，它的内容和消息必须具有新闻性，不仅要真实，而且要新鲜。从时效性看，它多报道新事、新人。从主题上来说，通讯作品有明显的思想主题。

对比《一着惊海天——目击我国航空母舰载战斗机首架次成功着舰》中的片段和相关消息，体会通讯的特点。

相关消息：

中国首艘航母舰载机的训练进展成为外界关注焦点。本报获悉，中国航母舰载机歼-15今天上午降落在"辽宁舰"甲板上，由飞行员戴明盟首降成功。

《一着惊海天——目击我国航空母舰载战斗机首架次成功着舰》中的片段1：

渤海某海域，海风呼啸，海浪澎湃。辽阔的海面上，我国第一艘航空母舰——辽宁舰斩浪向前。舰岛的主桅杆上，艳红的八一军旗迎风招展。

相关消息：

在整个着舰的复杂过程中要让飞行员完全发挥技术水平是不现实的，但在这种高度紧张的复杂任务阶段，要求飞行员不能犯太大的错误，尤其是不能连续犯错误，而关键的着舰拦阻过程则不允许犯任何错误，这对飞行员而言是一项几乎难以完成的任务，而对首飞飞行员来说，他必须在保证绝对安全的前提下尽可能高质量地完成任务，这需要飞行员有强大的心理和绝对高超的技能。

《一着惊海天——目击我国航空母舰载战斗机首架次成功着舰》中的片段2：

"咔嚓！""咔嚓！"……随着照相机的快门声响起，中国第一位成功着舰的航母舰载战斗机飞行员的风采，定格在人们的镜头里，镌刻在共和国的史册上。

通过对比，学生可以明确：从选材来说，消息侧重写事，纵然是人物消息，也主要是写人做的事，而通讯很注重写人；从表达方式上说，消息以叙述为主，较少用描写、议论、抒情，通讯则综合运用多种表达方式。

4. 新闻评论

新闻评论是对新闻事件、社会现象、重要问题等发表的评论。与新闻叙述事实的特点不同，新闻评论的特点是评论事实。新闻评论是一种主观的议论，体现评论者的观点。

教师可以引导学生思考以下问题：

①一篇好的新闻评论应该具备哪些要素？

②面对新闻事件，你的观点是什么？

③如果赞同，你将如何让别人觉得你不是在一味地迎合？

④如果反对，你将如何让别人觉得你不是很偏激？

通过思考，学生可以明确：发表新闻评论不只是简单地就新闻发议论，而是要第一时间定义事件、引导舆论、凝聚共识。评论向来被视为媒体的灵魂和旗帜。宣传思想工作是面向人的工作，评论承载的是思想，表达的是价值，更是直接与读者对话、引导受众思考、进行有效说服的载体。

（三）从下面的作业中任选一个完成

任务一：

为开学典礼拟写一则消息。要求包括以下三点：①确定恰当的标题；②合理安排正文结构并写好导语；③注意语言的准确性。

在此消息的基础上，选择你关注和感兴趣的点，拟写一则特写或通讯。

任务二：

请针对下面这则消息，写一则新闻评论，要求包括以下三点：①自拟标题；②观点鲜明，有理有据；③不少于300字。

大学食堂推出"小鸟胃专属餐"火了

"光盘行动"要怎么做才有效？上海大学想出一个妙招，推出了"小鸟胃专属餐"，深受同学们的喜爱，网友直呼：建议全国推广。为鼓励同学们减少餐饮浪费，上海大学食堂一开学便推出小份菜、半份饭的用餐方式，如小份炒面、半份馄饨、小份生煎等。这些小份菜、半份饭被称作"小鸟胃专属餐"。

…活动二：新闻采访…

本项活动主要包括这样几个环节：新闻选题、策划采访、实施采访。

新闻分为硬新闻和软新闻。硬新闻通常指那些严肃的、有时效性的重大新闻，它重在迅速传递信息，多是动态新闻和现场报道。软新闻的时效性要求低于硬新闻，会经历较长的采访过程，会有比较长的篇幅，写作风格轻松活泼。它不仅和消息一样寻求事件的真实，更追求文字的美，呈现复杂的真。

深度报道属于软新闻。完成深度报道可以训练学生的写作能力，从收集资料、确定选题、策划采访、实施采访到进行写作的全过程，都在训练学生的思维，是一种高强度、高质量的训练。

（一）新闻选题

1. 分组活动，确定话题

学生自由分组，每组以2～4人为宜，进入第一个环节——新闻选题。

选题的第一步是新闻发现。一个优秀的记者，穷其一生，都在追求发现，即用毕生去发现。① 整个活动的第一步，是要在生活的海洋中，去发现那些新鲜的、真实的、能打动人心的事。

任务一：

每个小组初步确定三个新闻话题，以便后期讨论。在选择话题时请注意关注下面的问题。

①与我们自己的生活密切相关。

②有价值，有深入讨论的必要。

③便于实施采访。

学生的备选话题如下。

①关于垃圾分类。

2020 年 5 月 1 日，修订后的《北京市生活垃圾管理条例》正式实施，但各个小区的具体实行措施还不够完善。只有调查一下小区垃圾分类的情况以及人们对垃圾分类的意识，才能打好这场持久战。

②关于学生的暑假生活。

大家已经适应了自主学习的模式，但是有些学生在假期不能较好地安排自己的时间。自律是一种可贵的品质，希望通过这次采访来呼吁学生合理地安排自己的时间。

③关于志愿者。

有许多人作为志愿者服务社会。通过这次调查采访，我们希望能带给大家温暖，也想呼吁更多的人奉献爱心。

④关于阅读。

我们可以对当今社会人们的阅读时间和阅读方式展开调查，了解人们阅读的现状及变化，思考人们是否应该回归纸质书籍的阅读。

⑤关于环境。

有报道称，现在全球的二氧化碳量明显增加，这是什么原因造成的？通过调查采访，我们希望呼吁人们保护环境，思考有效的保护环境的措施。

⑥关于一次性筷子的使用。

关于回收一次性筷子的新闻让我们重新对这个话题展开思考。可以从调查一次性筷子的使用量入手，了解我国对一次性产品的生产和使用情况，提出对一次性商品使用的建议。

⑦关于近视防治。

---

① 穆青：《穆青论新闻》，471 页，北京，新华出版社，2003。

众多家长、学生都表达了对用眼卫生的担忧。如今近视眼情况越来越严重，几乎覆盖了所有年龄段的学生。我们希望可以通过调查和采访，对人们的用眼卫生提出建议。

教师点评：整体来看，学生选择的话题有共同的特点，它们都是比较有热度的问题。可以看出，学生在这一环节充分查找了资料，阅读了新闻，力图从中发现话题。

任务二：

每组展开充分讨论，从备选话题中确定新闻话题。可以从实际操作的可行性、话题的新颖程度等角度进行分析和评判。

2. 收集资料，明确选题

新闻选题是对话题的进一步明确和细化。

任务一：

学生分为近视防治组和垃圾分类组两组，分别围绕本组关注的话题充分地查找资料，了解这个话题的背景、现状、趋势等，确定自己的关注点。

此活动训练了学生收集、整理信息的能力，非连续性文本的阅读能力，筛选和提取信息的能力，以及在阅读大量信息后进行归纳的能力。

任务二：

整合收集到的资料，确定选题。可以考虑的因素如图 3-10-3 所示。

①阅读者可能对哪个问题更感兴趣。

②哪个问题具有普遍性。

③哪个问题在报道之后的预期效果会比较好。

......

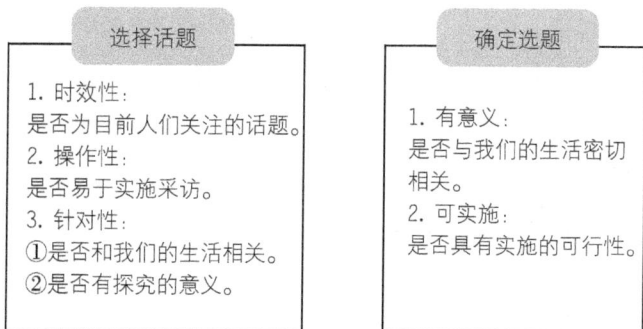

选择话题

1. 时效性：
是否为目前人们关注的话题。
2. 操作性：
是否易于实施采访。
3. 针对性：
①是否和我们的生活相关。
②是否有探究的意义。

确定选题

1. 有意义：
是否与我们的生活密切相关。
2. 可实施：
是否具有实施的可行性。

图 3-10-3 选择话题和确定选题时的考虑因素

（二）策划采访

任务一：拟定采访对象

  学生在确定采访对象时最先考虑的是社区的住户，了解他们对垃圾分类的理解及对现状的态度，关注到年龄、性别、职业的差异性。同时，学生争取采访社区的工作人员，了解他们在垃圾分类工作中做出的努力。北京各个社区开展了"桶前值守"活动，学生及时将志愿者纳入采访的人员名单中。

  学生在拟定采访对象时，一般遵循的原则是有针对性、有代表性和便于实施。

  任务二：拟定采访提纲

  采访提纲一定是因人而异的，针对不同的采访对象，我们需要拟定有针对性的问题(见表 3-10-1、表 3-10-2、表 3-10-3)。

表 3-10-1 小区居民访谈提纲

时间	2020 年 8 月 12 日	地点	北京市某小区
采访对象	小区居民		
采访目的	找出小区垃圾分类工作的不足，给小区提建议		
采访形式	深度访谈		
采访器材	手机、纸、笔		
采访问题	①您在家如何进行垃圾分类？ ②您每次扔垃圾时，会认真思考放入哪个垃圾桶吗？ ③您觉得自己所掌握的关于垃圾分类的知识完备吗？您是从哪里获得相关信息的？ ④您认为本小区垃圾分类宣传得怎么样？ ⑤您认为现在本小区垃圾分类情况如何？ ⑥您想为本小区的垃圾分类工作提出哪些建议？		

表 3-10-2 社区工作人员访谈提纲

时间	2020 年 8 月 13 日下午	地点	北京市某小区社区工作站
采访对象	社区工作人员杨某		
采访目的	了解社区的垃圾分类工作		
采访形式	深度访谈		
采访器材	手机、纸、笔		
采访问题	①社区在垃圾分类前期做了哪些工作？ ②社区垃圾桶的配置情况怎么样？ ③社区是怎样宣传垃圾分类工作的？ ④社区"桶前值守"志愿者的报名情况如何？效果如何？ ⑤目前社区垃圾分类工作还有哪些需要改进的地方？		

表 3-10-3　"桶前值守"志愿者访谈提纲

时间	2020 年 8 月 14 日	地点	北京市某社区
采访对象	"桶前值守"志愿者		
采访目的	通过志愿者的值守工作来了解社区垃圾分类的现状		
采访形式	深度访谈		
采访器材	手机、纸、笔		
采访问题	①您今天的志愿工作都包括哪些内容？ ②根据您今天的观察，本社区的居民进行垃圾分类的情况如何？ ③社区居民在投放垃圾的过程中会自觉接受您的垃圾分类指导吗？ ④您想对社区的居民说些什么？ ⑤您对社区的垃圾分类工作有什么建议？		

（三）实施采访

除了需要注意言行得体等问题，在采访过程中学生还需要做好采访的记录。在采访的过程中学生要认真倾听，快速、简单地记录，并且在采访之后要对采访中获得的信息进行整理。以下是近视防治组的学生在采访后整理的采访记录(见图 3-10-4)。

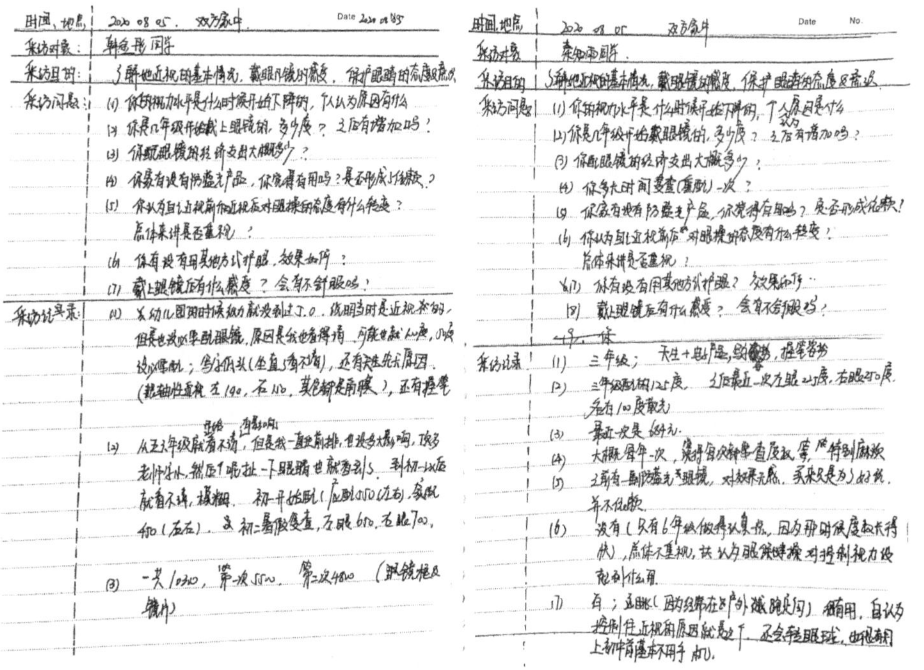

图 3-10-4　近视防治组采访记录

活动二要点总结如图 3-10-5 所示。

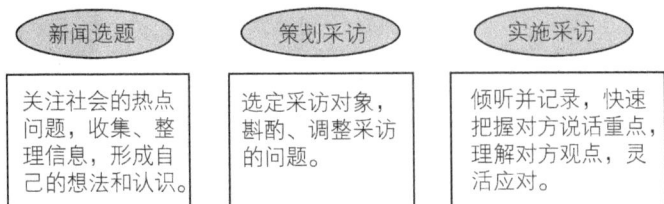

图 3-10-5　活动二要点总结

⋯活动三：新闻写作⋯

在这一活动中，学生组合加工丰富的采访记录，最终撰写一篇深度报道。

（一）研究采访记录

根据新闻主题，看看采访记录中哪些是重要信息，哪些是无关信息，还要看看在采访的过程中有没有意外之喜。采访对象的发言可能激起新的灵感和发现，同时采访对象的回答会让你在一定程度上调整对原来主题的设想。各成员整理采访记录，确定写作角度和写作重点。

在垃圾分类组采访小区居民时，受访居民普遍反映没有获得垃圾分类知识的途径，社区没有进行良好的宣传，学生计划将写作的重点放在希望社区加大宣传的力度上。在采访"桶前值守"志愿者时，学生发现有些居民会把所有的垃圾都放到标有"其他垃圾"字样的桶里，甚至有人不把垃圾扔进垃圾桶，可见人们的垃圾分类意识有待加强，垃圾分类工作任重而道远。垃圾分类组的学生决定以志愿者的视角来进行写作。学生在研究采访记录时绘制了思维导图，如图 3-10-6 所示。

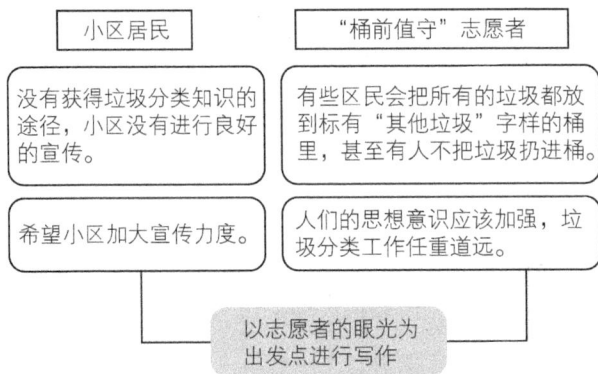

图 3-10-6　垃圾分类组写作角度和写作重点

本来采访之初，近视防治组认为很多学生不认真做眼保健操是因为不重视，但实际采访后发现很多学生对做眼保健操的重要性是有明确的意识的，只是在行动上没有做到。比如，有时候课间着急补笔记，占用了做操的时间。这启发学生在写作的过程中不仅要强调眼保健操的重要性，更要给出一些让同学自觉地做眼保健操的好建议。

（二）整理采访信息

学生按照下面的环节，整理采访信息，为写作做充分准备(见图 3-10-7)。

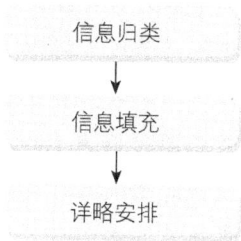

```
信息归类
  ↓
信息填充
  ↓
详略安排
```

图 3-10-7　整理采访信息的环节

近视防治组将所有的信息归纳为八点，即近视的原因、近视的时间、近视度数、近视后的感受、用眼习惯、对眼保健操的重视程度、关于防蓝光的问题、关于角膜塑形镜的问题。学生对不同受访者的回答进行汇总，从而形成对各个问题的全面认识(见图 3-10-8)。

> 你平时会使用哪些护眼方式？
> 被采访者1：我觉得眼保健操很有用！用力按揉太阳穴后，松开的一刹那眼睛看得特别清楚。
> 被采访者2：做操后眼睛比较舒服。
> 被采访者3：远眺很有用，在相当长的一段时间控制了我的近视度数。
> 被采访者4：转动眼球对于预防近视很有帮助。

图 3-10-8　采访者答案汇总(部分)

在采访中，近视防治组发现大家并没有用过很多防蓝光产品，所以决定在写作时少写或不写这一内容。从主题出发，可以把内容分主次。为了避免写作的内容过于分散，可以不把所有的采访内容都放入文章中。

（三）新闻写作

深度报道则要强调文学性和创造性。要"追寻文字的美，呈现复杂的真"。

任务一：拟一个夺人眼球的标题

学生写作标题：

《暑假期间，你控制住你的眼睛了吗？》

《未雨绸缪 VS 事后诸葛，你真的领悟到近视防治的精髓了吗？》

这两个标题都是用问句来唤起同学们的注意。第一个题目用"暑假期间"的时间限定，让热爱暑假的同学们对这个话题更加关注；第二个题目可以引起同学们对于近视以防为主还是以治为主的关键问题的思考。

任务二：写一个精彩的开头

学生写作片段1：

暑假结束，在上开学后的第一节课时，一些同学突然发现平日黑板上清晰的粉笔字变得模糊不清，上课发言、记笔记都成了问题。

同学们开始在课上摆弄眼镜。有的同学探着身子，伸长脖子，手握眼镜腿，将眼镜轻轻向前拉，皱着眉头，眯着眼睛使劲看黑板，来回辨认几何图形上的字母；有的同学瞪着眼睛，挺直身子，使劲看黑板上的字；有的同学干脆把旁边同学的眼镜套在自己眼镜前面，才能看清教师的板书。

这段开头描写了学生重返校园时的课堂百态，但小作者没有满足于简单陈述，而是很好地进行了细节描写，同学们八仙过海各显神通，奋力看清黑板的姿态如在眼前，让读者忍俊不禁，极易引起共鸣。

学生写作片段2：

这天，一位穿着朴素，袖子上别着红色的"治安志愿者"袖章的中年女士，站在垃圾桶旁，微笑着面对走来的每一个居民。她是一位"桶前值守"的党员志愿者。她站在垃圾桶边，一边跟居民聊天一边指导居民进行垃圾投放。遇到没有分好类的生活垃圾，她就会耐心地对居民进行垃圾分类知识的普及，常常会打开垃圾袋，细心地分类，再妥善地把它们放在相应的垃圾桶中。

这是以志愿者的视角来进行描写的开头，描写细致、朴实，很容易让人们感受到志愿者工作的不易，会由此对自己的垃圾分类工作进行一定程度的反思。

深度报道的开头并没有固定的模式，但共同的目标是引发读者的共鸣，让他们能够进入文章的情境中，产生阅读的兴趣。

任务三：思考下面的问题，完成正文部分的写作。

问题1：如何安排报道的结构？

以近视防治组所写的报道为例，整个报道由四个部分组成：开头引出话题，之后介绍目前流行的治疗方式的利弊，转而介绍有效的预防方式——眼保健操，结尾发出对养成良好用眼习惯的呼吁。可以通过添加小标题的方式让文章层次清晰。

问题2：如何撰写新闻背景？

学生写作片段1：

随着近视人数的不断增加和近视龄的不断降低，角膜塑形镜逐渐成为一些学生缓解近视的选择。它通过暂时性改变角膜的弯曲度来改善视力并控制度数的增长。"戴了一年左右基本没涨度数，真的很有用。"一个学生这样说道。

在这段文字中，作者用简洁的语言介绍了角膜塑形镜的治疗原理，并将其很好地和采访记录融合在一起。

学生写作片段2：

"暑期天气炎热，不能常进行户外运动，该如何保护视力呢？""可以在注意用眼卫生的同时，多做眼保健操。"是呀！我恍然大悟，眼保健操是个实用的好办法！按摩穴位可以疏经活血，促进眼睛周围的血液循环，缓解视力疲劳，从而起到预防控制近视的作用。

这段文字则巧妙运用对话，对眼保健操预防近视的原理加以阐释。

问题3：如何使用采访记录？

很多时候，我们需要对采访记录进行整理，使其成为报道的有机组成部分。

学生写作片段：

回想起教室里眼保健操音乐响起时的场景——大家该说说，该笑笑，继续做着手头的事，似乎眼保健操音乐只是一个伴奏。好不容易在教师的督促下十分不情愿地闭上了眼，有的同学把手放到穴位上，但没有认真做眼保健操，似乎心里还在想着下个课间的计划或回味着刚刚精彩的聊天。

这段文字源于采访记录，但不是直接引用采访记录，而是将其有机整合在报道中，与整篇报道的行文风格保持一致。

问题4：如何在报道中表达自己的情感倾向？

新闻报道贵在真实客观，我们在写作时要把自己的立场、倾向委婉地嵌入事实的陈述中。

学生写作片段1：

戴上了眼镜才发现，不仅运动、学习甚至娱乐等日常生活的方方面面都受到了影响（不仅看不清，有时候还会因为担心眼镜掉下来而不能好好享受运动的过程），还需要抽时间进行一次又一次的视力复查。你开始后悔，当初即使再忙也应该每天能抽出10分钟的空闲时间，如果利用这个时间未雨绸缪地做做眼保健操，就省去了近视后验光、配镜、复查的烦琐过程以及配眼镜的费用，这是一笔多么划算的交易啊！

学生写作片段 2：

说着，一位年迈苍苍的老奶奶走来扔垃圾，她笑了笑。因为年纪大了，她看不清展板上的字。如果展板上的文字减少一点，多配上形象生动且直观的图画，就能让她看得清也看得懂。

任务四：为报道写一个精彩的结尾。

学生写作片段 1：

我们能做的就是垃圾分类等环保小事。每个人都成为改变的开始，只要付出点滴行动就会产生巨大的力量。

学生写作片段 2：

如果不想等到视力变差再悔不当初，那么从现在开始每天做两次眼保健操就是很好的选择。如果觉得行动起来有困难，可以请家人帮忙或与朋友互相督促。总之，主动地未雨绸缪总比被动地采取措施或做"事后诸葛"来得轻松得多，也积极得多！

这是一种直截了当的结尾方式，向广大学生发出号召，提倡大家未雨绸缪，养成卫生用眼的好习惯。

学生写作片段：

在夕阳柔和的余晖洒落之际，志愿者们带着温暖的微笑，穿梭在社区的每一个角落。他们不仅接过居民手中的垃圾袋，更肩负起了一份对美好环境的承诺与守望。每一次细心的检查，每一次耐心的指导，都是对绿色生活理念的坚定践行。垃圾分类成了一种生活的艺术，它像一缕清风，悄然吹进了每个人的心田。我们不禁要问，当每个人都能成为这绿色变革中的一分子，当垃圾分类成为我们生活中自然而然的一部分，未来的世界将会是怎样一番景象？在这样的思考中，让我们携手前行，用行动书写绿色生活的诗篇，共同迎接那个更加美好的明天。

这个结尾则采用了一种文学化的语言和处理方式，留给读者回味和思考的空间。

本活动的学习评价可以采用以下方式。

第一，学生互评（过程评价），可参考以下维度（见表 3-10-4）。

表 3-10-4　学生互评

评价内容	评价维度
新闻选题	①选题是否新颖。 ②话题是否有价值。 ③作者对该选题是否进行了较为深入的挖掘和探究。

续表

评价内容	评价维度
新闻采访	①收集的资料是否完备。 ②采访记录是否详尽。 ③采访结论是否具有普遍性。
新闻写作	①新闻报道是否具有可读性。 ②写法上是否有用心之处。

第二，教师评价与学生互评相结合(成果评价)。

教师对学生新闻写作的作品进行评价。学生可以编辑制作报纸或新闻网页，或者通过编辑微信推文来呈现自己的作品，学生之间可以对成果展开互评。

六、课例评析

2017 年，教育部印发的《中小学综合实践活动课程指导纲要》(下文简称《纲要》)，明确提出综合实践活动是从学生的真实生活和发展需要出发，让学生从生活情境中发现问题并转化为活动主题，通过探究、服务、制作、体验等方式，培养学生综合素质的跨学科实践性课程。《纲要》规定了综合实践活动包括四种基本的活动方式，即考察探究、社会服务、设计制作、职业体验。本课例可视为以项目式学习的方式开展的综合实践活动，其中包含社会服务和职业体验两种活动方式。学生阅读新闻，了解新闻的社会功能及撰写过程，是参与社会服务的认识基础；设计采访提纲，完成采访过程，撰写新闻稿，是开展社会服务的实践历程，也是体认传媒类工作从业者的职业角色的过程。教师有效联结了阅读与欣赏、梳理与探究、表达与交流，让学生能够在知识储备较为充分的基础上运用知识解决问题，增强了学习的责任心与使命感。值得关注的是，教师并不回避知识讲授，并不淡化单篇课文的研读，充分发挥了课文作为例文的作用，使课文成为学生梳理探究新闻知识的有效载体，通过对新闻知识的梳理与建构来为学生开展实践活动打下良好的认知基础。

后　记

　　出于对项目式学习特征的把握和遵循，充分考虑项目式学习从实践中来、在实践中发展成熟的历程，本书的组织编写依照理论和实践两条线并行交融的思路展开。在统筹阶段，依照理论背景和实践经验两个维度综合考量，组建编写团队。在编写过程中，理论组与实践组在分别开展工作的同时不断交流、融合、碰撞观点，分工明确又通力合作。两组共同商讨，结合已有经验和前期文献综述，研讨新课程对于项目式学习的指引，以及项目式学习为新课程提供的实践路径。理论组及时将理论成果传达给实践组，确保编写理念同步。实践组依照学段、项目式学习类型、对应任务群分布汇总课例雏形，和理论组商讨，确定符合编写理念的课例，确定体例并设计实施。

　　编写组充分考虑实践过程中可能遇到的问题，尊重实践规律，用理论指导实践，用实践完善理论，希望为具有不同项目式学习经验的一线教师提供可实践、可操作的项目式学习课例。比如，学情调研环节不仅体现学习活动对学生主体地位的尊重，更提供了具体的调研思路和方式，让学情调研真实发生，让教学的起点不再是教师的评估，而是学生的真实状况。成果导向是项目式学习的特点，评价过程的加入旨在确保项目式学习活动的完整性，充分体现新课程建构的素养导向的教—学—评互促模式，提升教学评价的科学性和有效性。

　　十个课例完整呈现了微项目学习教学方案、单元项目式学习教学方案和整本书阅读项目式学习教学方案的样例。结合学段特征，设计和实施过程聚焦几对关系：项目式学习与教材、项目式学习与学习任务群、项目式学习内部活动之间的关系，旨在探究项目式学习与日常教学的融合。

　　项目式学习与教材的关系：教材的单篇、单元可以作为项目式学习的材料。有的立足单篇，深挖与辐射结合；有的统整单元，建立内外联系；有的聚焦实践活动，将课文作为样例。或忠实教材，或调适教材，或创生教材。

　　项目式学习与学习任务群的关系：项目式学习课例涉及基础型任务群——语言文字积累与梳理，发展型任务群——文学阅读与创意表达、实用性阅读与交流，拓展型任务群——整本书阅读。依照任务群内部学段要求和任务群之间的相互关系，设计并实施恰当的学习项目，在实践中充分探索项目式学习与任务群的链接方式。

　　项目式学习内部活动之间的关系：课例教学用时长短不一，2～4周不等，充分体现了项目式学习的灵活性和完整性，展现了语文项目式学习在实际操作中的可行性。项目式学习内部各个活动之间存在不同关系：阶段分解，如课例九"《火星一日》科幻小说创作周"的四个活动环环相扣，后一活动建立在前一活动的基础上；螺旋上升，如课例一"偏旁部首游艺会"，每个活动都包含部首识字方法的渗透和应用，随着活动的推进，逐步达成在生活中识字、深化对偏旁部首意义的理解、扩大识字量的目的；中心辐射，如课例七"《西游记》剧本创编"，围绕一部名著展开，分别探讨"西游"世界、"西游"故事、"西游"人物、"西游"剧本主题，各主题相互之间存在关联。

　　本书的编写充分体现项目式学习的"做中学"，符合项目式学习规律、学生认识水平、语文学科特点，顺应学生认知发展的基本规律和培养全面发展的人的目标导向。

　　感谢北京市第四中学、北京市第二实验小学、北京市海淀区红英小学、北京市上地实验学校对课例编写工作的支持，通过大家的设计、实践、反思，高质量的教学课例形成了。感谢编写组秘书李晓华，她扎实、细致的工作得到编写组的一致好评。感谢北京师范大学出版社的鲍红玉等老师，在其督促和支持下，本书得以顺利出版。

吴欣歆　张悦

2024年6月于北京